面向"十二五"应用型高校国际经贸系列规划教材

实用国际经贸地理

于志达　主编

南开大学出版社
天　津

图书在版编目(CIP)数据

实用国际经贸地理 / 于志达主编.—天津：南开大学出版社，2013.4(2015.1 重印)

图书在版编目(CIP)数据

面向"十二五"应用型高校国际经贸系列规划教材

ISBN 978-7-310-04135-0

Ⅰ.①实… Ⅱ.①于… Ⅲ.①国际贸易－商业地理－高等学校－教材 Ⅳ.①F742

中国版本图书馆 CIP 数据核字（2013）第 051798 号

版权所有　侵权必究

南开大学出版社出版发行

出版人：孙克强

地址：天津市南开区卫津路 94 号　　邮政编码：300071

营销部电话：(022) 23508339　23500755

营销部传真：(022) 23508542　　邮购部电话：(022) 23502200

*

天津市蓟县宏图印务有限公司印刷

全国各地新华书店经销

*

2013 年 4 月第 1 版　　2015 年 1 月第 2 次印刷

230×170 毫米　16 开本　14.125 印张　4 插页　256 千字

定价：28.00 元

如遇图书印装质量问题，请与本社营销部联系调换，电话：(022) 23507125

面向"十二五"应用型高校国际经贸系列规划教材

编委会名单

顾　　　问：张仁德　纪益员

主 任 委 员：杨灿英

副主任委员：王文治　王乃合

编委会委员：(以姓氏笔画为序)

于志达　王昭凤　刘　琳　孙　蕊　宋春丽　李　菁

张世荣　崔　彤　韩德昌　扈　涛　臧文平

面向"十二五"应用型高校国际经贸系列规划教材

总 序

  高校教学质量保障体系建设中的教材建设很重要,对于应用型高校来说尤其重要。这是因为:第一,教学需要教材,教材建设需要与时俱进。加强立体化教材建设,教师编写适应网络共享、满足学生自主学习需要、开放式立体化的教材,是适应先进教学理念的需要。第二,改变应用型高校教材建设相对滞后的局面。现行研究型高校本科教材不能适应应用型高校的教学需要,与应用型高校以社会需求为导向、培养高素质应用型人才的教育定位之间存在较大差距。主要表现为:教学内容应试性较强、选择性较弱,与实际需求不相适应,与科学创新不相适应。

  鉴于此,我们在编写本套规划教材时特别注意了这些问题,并与实务部门及有关教育主管部门沟通、交流意见,力争建立起与应用型高校国际经贸专业外向应用型人才目标管理培养相适应的教材模式和品牌教材。在这个基础上,进一步实施应用型高校的质量管理工程和"本科教学工程"。而着力点是学以致知、学以致用,即以知识和技能的传授、创新、应用为重点,以教学过程管理为主要的工作方法,注意实施形成性评估、养成性教育,而非一次性的终结式评估和终结式教育。这样做的终极目标是突出应用型高校办学最佳质量特色,不断提升人才培养质量这条高教生命线的认知水平,更好地满足经济社会发展对应用型、复合型、创新型人才的需要。

  本套教材规划出版多部书,"十二五"期间将出版 10 部,它们是:《涉外企业管理》(第五版)、《国际贸易实务操作流程与实训设计》、《创业教育指导教程》、《实用国际经贸地理》、《涉外会计实务》、《国际商务沟通》、《现代商务日语初级教程》(非日语专业教材)、《西方经济学学习指导书》、《企业文化教程》等。此前已出版《中国商务法律》。

  本套教材涉及面广,受水平和时间所限,内容上难免存在缺点和错误,恳切期望广大读者批评指正。最后以宋·陆游两句诗作结尾:"纸上得来终觉浅,绝知此事要躬行"。大意是说,书本上得到的知识终究很肤浅,真正弄懂还要在读书之后亲历实践。

编委会

2012 年 7 月于南开大学滨海学院

目　录

总　序

上篇　总论部分

第一章　国际贸易发展的"硬环境"——自然地理环境 （3）
　　第一节　地形和气候 （3）
　　第二节　河流、湖泊等水环境 （5）
　　第三节　地理位置对经贸活动的影响 （8）

第二章　国际经贸发展的"软环境"——人文地理环境 （12）
　　第一节　人文环境概论 （12）
　　第二节　人口环境 （13）
　　第三节　宗教环境 （16）
　　第四节　语言、风俗、法律和价值观 （17）

第三章　生产力的发展与世界贸易中心区的形成和转移 （21）
　　第一节　产业革命前的区域贸易中心 （21）
　　第二节　产业革命和北大西洋东西两岸世界贸易中心的形成 （22）
　　第三节　20世纪60年代后世界贸易中心区开始向亚太地区转移 （26）

第四章　世界区域性经济集团 （31）
　　第一节　区域性经济集团概述 （31）
　　第二节　世界主要区域经济集团 （34）

第五章　世界能源贸易地理 （43）
　　第一节　世界能源的储藏和生产 （43）
　　第二节　世界能源消费与贸易 （49）

第六章　国际贸易与环境保护 （53）
　　第一节　环境与环境问题 （53）
　　第二节　国际贸易与环境保护 （57）

第七章 世界工农业生产的地理格局 ……………………………………(63)
第一节 世界农业生产的地理格局 …………………………………(63)
第二节 工业制成品生产与贸易地理格局 …………………………(68)
第三节 钢铁、汽车、电子工业生产与贸易的地理格局 ……………(71)

第八章 国际贸易运输地理 ……………………………………………(77)
第一节 交通运输概述 ………………………………………………(77)
第二节 国际海上货物运输 …………………………………………(83)
第三节 国际陆上货物运输 …………………………………………(89)
第四节 航空运输及其他新兴运输方式 ……………………………(91)

下篇　　国别分论

第九章 超级大国——美国 ……………………………………………(97)
第一节 地理概况 ……………………………………………………(97)
第二节 经济发展历程和经济特征 …………………………………(99)
第三节 主要产业部门 ………………………………………………(103)
第四节 主要经济区和城市 …………………………………………(109)

第十章 欧盟四国(一)英国和法国 ……………………………………(111)
第一节 英国 …………………………………………………………(111)
第二节 法国 …………………………………………………………(118)

第十一章 欧盟四国(二)德国和意大利 ………………………………(125)
第一节 德国 …………………………………………………………(125)
第二节 意大利 ………………………………………………………(131)

第十二章 日本 …………………………………………………………(137)
第一节 地理概况 ……………………………………………………(137)
第二节 经济发展历程和经济特征 …………………………………(139)
第三节 主要产业部门 ………………………………………………(141)
第四节 对外贸易与市场状况 ………………………………………(144)
第五节 区域经济差异 ………………………………………………(145)

第十三章 "金砖国家"(Brics)(一)俄罗斯 ……………………………(147)
第一节 俄罗斯地理概况 ……………………………………………(148)
第二节 俄罗斯经济状况 ……………………………………………(150)
第三节 主要产业部门 ………………………………………………(154)
第四节 主要经济区域 ………………………………………………(159)

第十四章 "金砖国家"(二)印度 (162)
第一节 基本国情 (162)
第二节 印度独立后经济的改革与发展 (165)
第三节 主要产业部门 (166)
第四节 对外贸易及市场状况 (170)

第十五章 "金砖国家"(三)巴西 (173)
第一节 自然与人文地理环境 (173)
第二节 经济发展历程 (175)
第三节 主要产业部门 (177)
第四节 对外贸易和主要经济区 (180)

第十六章 "金砖国家"(四)南非 (183)
第一节 从"黑暗国度"向"彩虹之国" (183)
第二节 自然和人文地理环境 (184)
第三节 经济发展概况及主要产业部门 (186)
第四节 对外贸易与主要经济 (189)

第十七章 地广人稀的资源大国——澳大利亚和加拿大 (191)
第一节 澳大利亚 (191)
第二节 加拿大 (198)

第十八章 新兴工业化国家——韩国、新加坡 (205)
第一节 韩国 (205)
第二节 新加坡 (212)

上篇　　总论部分

上篇　阿房宮考

第一章 国际贸易发展的"硬环境"——自然地理环境

自然地理环境又称自然条件,是由地球表面岩石圈、大气圈、水圈和生物圈组成的相互影响、相互制约的有机综合体。它是人类自身生存和发展的物质基础,是人类从事经济活动的"硬环境"。尽管随着科学技术和生产力的发展,自然环境对人类生产和生活的制约作用无论是广度还是深度越来越小,但其影响绝不能忽视。

第一节 地形和气候

一、地形的影响

地形是地球表面形态的总称,包括陆地地形和海底地形两部分。陆地地形根据绝对高度(海拔)和相对高度的差异,又分为平原、高原、山地、丘陵和盆地五种形态。海底地形根据离陆地的远近和水深又分为大陆架、大陆坡、海沟和洋底四种形态。

陆地上的山脉主要分布在两大高山带,即阿尔卑斯—喜马拉雅高山带和由落基山、安第斯山、大分水岭、台湾山脉、长白山等组成的环太平洋高山带。平原主要分布在大河的中下游、沿海和河谷地带。主要平原是亚马孙平原、密西西比平原、东欧平原、西西伯利亚平原、长江中下游平原、东北和华北平原等。高原主要分布在亚洲、非洲、南北美洲、澳大利亚。主要高原有巴西高原、阿拉伯高原、东非高原、青藏高原、中西伯利亚高原、德干高原等。盆地主要有非洲的刚果盆地,亚洲的塔里木盆地、准噶尔盆地和四川盆地等,丘陵分布广泛而零散。

地形对人类经济活动的影响,主要表现在:

1. 地形以平原、高原为主的国家或地区,由于海拔低、地势平坦,一般耕地多,土壤肥沃,有利于种植业的发展,多是粮食生产国或出口国。如美国、中国、印度、俄罗斯等国。平原和高原地区,由于地面平坦适宜铁路、公路建设,因此交通方便,便于相互往来。

  2. 地形以山地、丘陵为主的国家或地区,由于海拔高,地势起伏大,一般耕地少,不适宜发展种植业,有利于林业和畜牧业发展,多是林产品和畜产品生产国和出口国。山地、丘陵地区由于地表崎岖,不利于铁路、公路建设,交通不便,往往造成市场的分割。

  3. 岩溶、丹霞、火山、冰川、风蚀等独特的地形区,往往山奇水秀,风景独特,有利于发展旅游业,如中国广西桂林、欧洲的克罗的亚均是世界著名的旅游胜地,其风景就在于岩溶地形发育。但岩溶地形区地表缺水,岩石裸露,土壤贫瘠,对耕作业不利。

  4. 盆地地形由于四周高中间低,空气对流不畅,易造成空气污染,不适宜发展钢铁、化工、精仪和电子等工业。

  5. 海底大陆架地形由于是陆地向海底的自然延伸,地势平坦,水深不超过200米的区域,不但适宜发展近海捕捞和海水养殖业,而且石油、天然气资源丰富。我国的渤海、黄海、东海,欧洲的北海,西亚的波斯湾,北美的墨西哥湾和北冰洋均是海底大陆架宽广的海域。

  6. 海拔超过4000米的高山、高原地区,不但气温低,空气稀薄,不适宜人类生活,而且地下有永冻层,不适宜铁路、公路和大型工程项目的建设。

二、气候的影响

  气候是一个地方的长期的天气状况。气候具有多样性、地域性和季节性。多样性和地域性是由于纬度位置不同、离海远近的差异和海拔高低的不同,世界约有13种大的气候类型,即热带的热带雨林、热带草原、热带沙漠、热带季风四种气候;亚热带有亚热带地中海式气候和亚热带季风气候;温带有温带海洋性气候、温带大陆性气候和温带季风气候;亚寒带有亚寒带针叶林气候;寒带有极地苔原气候和极地冰原气候。在高大山区有高山气候。气候的季节性是指除在热带和寒带地区,气候终年为夏或全年为冬外,在温带和亚热带、亚寒带,一年中随着太阳直射点的北移或南迁,气候有四季变化。

  气候对人类经济活动的影响,主要有:

  1. 气候的多样化、地域性和季节性,使农作物的生长也具有多样性、地域性和季节性,从而影响了国际贸易中农产品的构成和流向。例如咖啡、橡胶等产品生长在热带,因此巴西、印尼、马来西亚是这些产品的生产国和出口国。

  2. 气候的差异,使农产品的品质不同,买卖价格当然不同。例如,瓜果在温带大陆性气候条件下,含糖分最多,品质最好。

  3. 气候的差异,影响出口商品的包装、储存和运输,应注意防冻、防潮和防霉变。

  4.灾害性天气如台风、寒潮、热浪天气的发生往往使工农业生产遭到损失，交通中断，从而影响国际贸易中商品供需的数量和价格，以及履约的时间。

  5.气候的差异，影响人们的消费习惯，使其需求的商品种类和数量不同。

  6.良好适宜的气候是一种旅游资源，如明媚的阳光，夏季凉爽，冬季温暖的气候，可以吸引游客来此避暑或御寒。

第二节 河流、湖泊等水环境

  水是人类生存的必备条件。地球表面的水分为海洋水和陆地水两部分。陆地水和海洋水由于其数量、物理和化学性质及运动方式等存在明显差异，因此人们对它们利用的方式和程度也不一样。

一、人类对海洋的利用

  地球表面海水总面积为 3.61 亿平方千米，平均深度 3800 米，因此海水的总体积为 13.7 亿立方千米。世界的海水是相互贯通、连为一体的，但由于有陆地的存在，又被分割为四个相对封闭的区域，即太平洋、大西洋、印度洋和北冰洋。海洋对人类的意义为：

  1.捕捞和养殖水产品。从海洋中捕捞鱼、虾、蟹，养殖参、贝、藻等水产品是人类对海洋利用最古老、最悠久的方式。世界海水渔场主要分布在沿海大陆架寒、暖洋流交汇处，如日本的北海道、欧洲的北海、加拿大的纽芬兰岛附近海域都是世界著名渔场。世界捕鱼大国主要有日本、中国、挪威、冰岛、俄罗斯等。鲜鱼等产品由于不易保存，出口量并不大，捕鱼大国所获鱼产品主要做成鱼粉，用作饲料，大量出口。其中秘鲁是最大的鱼粉出口国。海水养殖业发达的国家主要是中国、韩国、泰国、越南和菲律宾等，主要养殖扇贝、紫菜、海带和虾、蟹等。

  2.开采海洋矿物资源。海洋中的矿物资源丰富，如食盐、石油、天然气、金红石、锆石等。人类对海洋矿物的利用，最早是食盐，目前全世界海盐的产量约 1 亿吨。20 世纪 60 年代以后人们开始从海洋中大量开采石油和天然气，至今它们已是海洋提供给人类最宝贵的财富。海洋油气资源最丰富的地区主要分布在欧洲的北海，亚洲的波斯湾、渤海、黄海、东海和南海，非洲的几内亚湾，北美的墨西哥湾和加勒比海，以及北冰洋沿岸的大陆架地区。主要海洋采油国为英国、沙特、科威特、中国、挪威、尼日利亚、美国、委内瑞拉、墨西哥等。

  近年来主要储存在太平洋深水水域的一种多金属矿物锰结核，以其巨大的储量引起人们的关注。目前美、日、英、德等国已对其进行试开采。2011年7月,中国"蛟龙"号深潜器已潜入太平洋东部5100米处,并采集到锰结核样本。中国已取得联合国海底资源委员会批准的在东太平洋海域约10万平方千米的海底资源勘探开发权。

3.开发利用海水动力资源。利用海水的潮汐、波浪、洋流等运动方式来进行发电,在美、日等发达国家已进行了试验,并建立了少量试验性发电站,虽然目前尚未形成规模,但随着科学技术的进步,以海水的动力来索取能源,将会是对海洋资源利用的最重要方式。

4.海上运输是当今海洋开发利用最重要的方式。由于世界海水是连为一体的,因此以海洋为通道,以船舶为运载工具进行运输,这也是人类对海洋利用的最古老的方式。海运的优点是运量大、运费低,对货物的适应性强,通过能力大。目前国际贸易中80%的进出口货物是靠海运来输送的。尤其像煤炭、粮食、石油、铁矿砂等大宗散装货物的运输,海运更是最佳选择。

世界四大洋中的大西洋和太平洋海运最发达,其原因是欧洲、北美多为发达国家,而亚太地区多为新兴工业化国家,经济增长迅速,贸易往来频繁。印度洋中的海运主要是波斯湾的石油和非洲的农矿产品,其运量远不如上述两洋。北冰洋由于大部分海域全年结冰,不利于航行,目前可航行的地区只有欧洲的巴伦支海。但随着地球"温室效应"的加剧,北冰洋海冰的融化速度也加快了,因此人们希望途经北冰洋,从美洲经亚洲到欧洲的所谓"西北航道"的开通,这将大大缩短三洲各国往来的距离。

美国、日本和欧盟中的许多国家由于从事海运的历史悠久,船舶众多,技术先进,因此在世界海洋运输中占有举足轻重的地位。但二战后,随着中国、韩国、新加坡、中国台湾、中国香港经济的崛起,这些国家和地区在世界海运中的地位也日益重要。

二、人类对陆地水的利用

陆地水分为地表水和地下水两部分,约占地球表面总水量的2.7%。其中地表水广泛分布在河流、湖泊、沼泽、极地冰原和高山冰川中。由于地表水与地下水是淡水,因此其对人类的生存和发展具有重要意义。

陆地水除供给人们生产、生活用水,其中河流、湖泊的水体还具有航行、灌溉、发电等功能。这些功能的发挥主要取决于河流的水系特征及水文特征。水系特征是指河流的长度、流域面积、支流的多少和上、中、下游如何划分。水文特征是指水量、流速、含沙量、结冰期等状况。

1.航行功能。利用天然河流和人工运河进行航行是人类对河流、湖泊最早的利用方式。利于航行的河流一般具有流程长、水量大、流速慢、落差小、水位变化小、冬季不结冰等特点。大部分流经平原的河流（河段）具有上述特点，如我国的长江中下游，美国的密西西比河，俄罗斯的伏尔加河，欧洲的多瑙河、莱茵河等都具有航行意义。

长江，发源于青藏高原，注入东海，全长6300多公里，宜宾以下均可航行。万吨船从河口可上溯至南京，5000吨船可直达武汉，3000吨船可抵重庆，又有汉江、湘江、赣江等众多支流，因此十分利于航行，有中国"黄金水道"之称。

密西西比河，发源于落基山脉，注入墨西哥湾，全长6000多公里，世界第四大河。大部分河段流经平原，又有众多支流与人工运河把其与五大湖和大西洋直接沟通，因此十分利于航行，是美国的"黄金水道"。

莱茵河，发源于瑞士，流经法国、德国、荷兰等国家，注入北海，全长1320公里。瑞士巴塞尔以下河段均可航行，5000吨船从河口可至德国曼海姆。在德国境内有许多人工运河把它与多瑙河、易比河、威悉河等相沟通，因此航运发达，有欧洲"黄金水道"之称。

亚马孙河，发源于安第斯山脉，向东注入大西洋，全长6400多公里，它是世界上流域面积最广、支流最多、水量最大的河流。7000吨船可从河口上溯至玛瑙斯，3000吨船可上溯至秘鲁境内的伊基托斯。但它流经的地区，多是尚待开发的热带雨林区，因此其航行功能尚未得到充分利用。

2. 灌溉与发电功能。利用地表水与地下水灌溉农田，无论是农耕社会还是工业化的现代社会，都是发展农业生产的关键。尤其在一些气候干旱、降水稀少的国家或地区，引水灌溉更是农业生产的命脉。因此，自古以来世界许多国家修建了许多著名的水利灌溉工程，如中国四川的都江堰，宁夏河套平原的秦渠、汉渠和唐徕渠，新疆的坎儿井，乌兹别克斯坦的土库曼大运河，美国密西西比河上的田纳西水利工程等。第二次大战后，随着世界各国农业和工业的迅猛发展，人们在河流的上中游筑坝蓄水，建造具有灌溉、发电、航行等综合效益的水利水电工程，更是十分普遍。其中比较有名的、规模宏大的是中国长江三峡水利水电工程、埃及在尼罗河上修建的阿斯旺水利工程、巴西和巴拉圭在巴拉那河上修建的伊泰普水利水电工程。

都江堰水利工程。它位于在中国四川省灌县西北部岷江中游，是秦朝时由李冰父子修建的，距今已有2200年。该工程通过在岷江上修建分水鱼嘴，开凿玉垒山成宝瓶口，开挖走马河等灌渠，把岷江水引入成都平原。目前灌溉面积已达800万亩。

坎儿井工程。它位于我国新疆吐鲁番地区。吐鲁番是位于天山山脉之间的一个陷落盆地，四周被天山山脉包围。天山山脉的冰川和积雪融化后渗入地下。

随着地势的坡度流入盆地底部,当地维族民众就在盆地中凿井,地下水在压力下自然涌出地面,形成自流灌溉的坎儿井。

土库曼大运河。土库曼大运河主要河段在中亚土库曼斯坦境内。它是20世纪60年代修造的,是把阿姆河与里湖连接起来的水利工程,全长1400多公里,可灌溉830万公顷的土地。

阿斯旺水利枢纽工程。它位于埃及尼罗河阿斯旺地区,是20世纪60年代至70年代埃及独立后修建的。阿斯旺水坝截流形成的纳赛尔水库,其库容量可达1640亿立方米,可容纳尼罗河两年的流量,并可灌溉两岸的农田,年发电量可达100亿度。

长江三峡水利水电枢纽工程。长江三峡水利水电枢纽工程位于长江上游宜昌市以西的三斗坪镇,是中国开发治理长江的骨干工程。1994年2月开工兴建,2009年全部完工投入使用。

三峡工程由拦河大坝、电站、船闸等建筑设施所组成。拦河大坝坝顶高185米,长2309米,正常蓄水水位高度175米,最大库容量为393亿立方米。发电站分为左侧和右侧两组,共安装26台发电机组,总装机容量12800MW,年发电量847亿千瓦小时。船闸为双向五级船闸,能通过3000吨客货轮,年过货量可达350万吨。

三峡水利水电工程具有综合经济效益与社会效益,即防洪、发电、航运和供水。所发电力供给华中、华东、四川、广东等地。其防洪能力使长江荆江河段由十年一遇,提高到百年一遇。

第三节 地理位置对经贸活动的影响

地理位置是指地球上某一个事物所在的空间区域,有两种表示方法,即绝对位置,又称经纬位置(天文位置、数理位置);相对位置,又以可分为自然地理位置、经济地理位置和政治地理位置。地理位置与人类经济活动关系密切。

一、经纬位置

经纬位置是用地球仪或地图上相互交织的经线和纬线的坐标点所表示的位置。由于两条直线相交只能有一个坐标点,因此经纬位置是唯一的,是不能改变的,因此称为绝对位置。

经纬位置与人类的生产、生活关系密切。首先,纬度位置的高低影响日照的长短、气温的高低、降水量的多少和季节的更替。在纬度低的热带地区全年气温高,降水量多,终年为夏季,农作物一年二熟至三熟。在温带中纬度地区,一年有四季的变化,冬冷夏热,冬干夏湿,农作物一年一熟至两熟。而在高纬度寒带地区,冬长夏短或全年皆冬,气温底,降水少且以雪为主,对农业生产不利。中低纬度地区日照充足,益于农作物生长和人类居住,而南北极圈以内则会出现极昼、极夜现象,不适于作物的生长与人类的生活。其次,经度位置的差异使不同经度的地区日出日落的时间不同而产生时差,国际交往要考虑时间的差异,即每隔经度15°,区时相差一小时,向东早见太阳1小时,向西晚见太阳1小时。国际上为了防止日期上发生偏差,又规定了以180°经线作为日界线,从西向东跨越日界线要减去一天,从东向西穿过日界线要加上一天,否则就会出现日期的混乱。

二、自然地理位置

以相邻的山川、河流、陆地、海洋等自然界的事物来表示的某一个事物所在的空间区域,是相对地理位置。如中国位于亚洲大陆东部、太平洋西岸,这是中国的自然地理位置。自然地理位置对人类经济产生的影响往往是比较固定的,这是由于自然界的事物如山川、河流等在短时间内不会发生大的变动。人类在选择自然地理位置的时候,往往注意的是海拔的高低,地表是崎岖还是平坦,靠近河流和湖泊以便于取得水源和航行。概览世界地图,世界著名的大城市几乎都位于平原和大河的沿岸,其原因就在于此。

三、经济地理位置

经济地理位置是以相邻的具有经济意义的地理事物(无论是自然的还是人为的,但必须具有经济意义)表示的某一事物所在的空间区域。某一事物的经济地理位置是否优越,往往会对其经济和社会发展起到加速或延缓作用。突出的事例是二战后新加坡的崛起。

新加坡是位于马六甲海峡东端的一个岛国,第二次世界大战前,由于石油尚未成为主要能源,西亚石油没能得到大规模开发。亚洲各国除日本外,经济均不发达,因此作为国际航运通道的马六甲海峡,当时并不具有十分重要的经济意义。位于这里的新加坡的经济十分落后,只是英国的一个转口贸易基地,把马来西亚产的橡胶、锡,泰国产的稻米、柚木,以及印度尼西亚产的香料、木材等转口到世界各地。二战后由于石油取代了煤炭成为最重要的能源,从而促进了西亚石油的大规模开发,加上日本、韩国、中国台湾经济的迅速发展,使马六甲海峡成为世界上最繁忙的海运通道,新加坡所处的地理位置就变得十分优越了。新加坡政府及时利用了这一有利条件,迅速发展了以炼油、修造船、电子等为主的加工工业和以旅游、金融、信息为主的第三产业,仅仅经过20多年就改变了落后面貌,成为世界瞩目的新兴工业化国家。正像新加坡的前总理李光耀曾经指出的,"新加坡处于主要交通中心,是北半球与南半球、东方与西方之间的十字路口,这是我们经济发展的一个重要因素"。

四、政治地理位置

政治地理位置是指一个国家与其相邻的其他国家之间的空间关系。因此,邻国国力的强弱、两国之间的关系、邻国的对外政策和政治经济制度,都将影响彼此的对外贸易。斯大林曾经对美国的地理位置作过精辟的分析。他说:美国东西有两大洋保护,远离两次世界大战的主战场——欧亚大陆。独立战争后,美国没再发生大规模战争,一直享受着和平。其北面是加拿大,南面是墨西哥,美国对它们无所畏惧。这一切均加快了美国经济的发展。目前美国与加拿大的贸易额占其他对外贸易额的1/5。加拿大最大的100家公司中,有37家为美国所有或控制。美国对墨西哥的投资约占墨西哥外资总额的70%。这样的地理位置,是北美自由贸易区形成的一个重要条件。

我们在分析地理位置与经济贸易关系时,应坚持下列几个辩证观点。

● 经济地理位置与政治地理位置属于社会历史范畴,它既随着社会生产力和科学技术的发展而发展,又随着世界政治局势的变化而变化。因此评价经济和政治地理位置的优劣,要防止静止的、片面的观点,要将其放在世界政治经济的动态中去认识。

● 地理位置与交通、信息和资源等经济要素是一个相互影响、相互制约的统一体。地理位置的优劣,交通和信息是重要的体现;而交通、信息条件的改善,必然使位置条件优化。例如中国的连云港是陇海铁路的起点,但在第二条欧亚大陆桥开通之前,其地理优势并不明显,随着第二条欧亚大陆桥的正式营运,其经济地理位置的优势变得十分明显,已经成为中国对外贸易的重要港口城市。

● 每一个地理事物只能有一个地理位置,每个地理事物的地理位置都有特殊性,因此对每个国家地理位置的研究和分析,只能具体问题具体分析,不能一概而论。

※ **研读、分析与回答**

1. 1984年加拿大A贸易公司从英国进口了一批名牌轿车,加拿大汽车用户只开了一个冬天,轿车锈蚀严重,用户认为是伪劣产品,向进口商索赔,A公司为此要求英国出口商赔偿。英出口商感到十分冤枉,自己出口的明明是正品,为什么在英国行驶几年也不会如此生锈,而到加拿大就出现上述问题,请你帮助它找出原因。

2.搜集2012年10月美国发生的"桑迪"飓风对美国经济造成损害的资料。
3.新中国建立前四川省境内几乎没有一寸铁路,分析其原因。
4.仔细研讨世界地图,找出古代四大文明国家,并说明它们灿烂文明的形成与哪些地理条件有关。
5.从地图上分析我国第一个经济特区为什么设在深圳?

第二章　国际经贸发展的"软环境"——人文地理环境

第一节　人文环境概论

一、文化的定义及其属性

著名的社会学家爱德华·泰勒在《原始文化》一书中指出:"文化是包括全部知识、信仰、艺术、道德、法律、风俗以及作为社会成员的人们所学习和接受的任何其他才能和习惯的复合体。"文化的内涵十分丰富,从形态上说,既包括有形的物质文明,如机器、服饰、建筑、栽培的农作物、饲养的牲畜等,也包括无形的精神文明,如宗教、语言、风格、道德等。组成文化的各个方面是相互影响、相互制约的,因此文化是复合体,即有机整体。

文化具有下列属性:

1. 代表性。所谓代表性是指文化必须通过某种具体事物、行为或现象表现出来,如武术、书法体现了中华民族文化;斗牛体现了西班牙文化;"碰鼻礼"体现了毛利人文化。

2. 多样性。多样性是指文化因民族、宗教、地域的不同,而呈现出多样性。从宗教上看有伊斯兰文化和基督文化,从民族上看有维族文化和藏族文化等。

3. 差异性。差异性是指即使同一个国家,同一种民族,同一种宗教信仰,也会因历史、自然、社会等原因,使文化产生差异。如欧洲同属基督教文化,但法国为天主教,荷兰、比利时为新教,俄罗斯为东正教。英国和美国都说英语,但美式英语与英式英语仍然有差异。

4. 相对稳定性。由于文化是各地居民长期适应自然、社会各种因素的影响而形成的思想意识、道德观念和行为方式,因此是不容易改变的,即使发生改变,新文化中也或多或少有传统文化的烙印。如孝顺父母,即使久居海外的华裔居民也将其视为一种美德。

5.融合性。融合性是指各国、各地区、各民族的文化会随着科学技术的进步,生产力的发展,人员交往的日益增多,而相互融合、渗透和借鉴,摒弃有害的文化,接受有益的文化,使文化更适宜人类自身的生存和发展,更适宜生产力的发展和社会的进步。如汉堡包、比萨饼、可口可乐原属于美国饮食文化,但它适应了当代快节奏的社会生活,因此已成为许多国家饮食文化的一部分。

二、入乡随俗、入国问禁

入乡随俗、入国问禁,是指人们在对外交往中要做好文化适应,想问题、办事情要注意摆脱"母文化"的羁绊,要学会站在对方文化的角度想问题、处理事物,克服"母文化"与当地文化的障碍,使自己的观点、方法和行为被对方乐于接受。

要做到入乡随俗、入国问禁,应从下述几个方面着手:

1.摆脱"自我参照系"。所谓"自我参照系"是指人们在想问题、办事情时,往往首先按照自身"母文化"价值观念去思考、去处理,而不是站在对方文化的立场上。由于两种文化的差异,自己做出的决策,常常不能被对方接受。要想摆脱"自我参照系",一要了解"母文化"对此事物应如果处理;二要了解"当地文化"对此事物应如何处理;三要找出"母文化"与"当地文化"的共同点和差异性,对差异性应研究自身能否适应,如何去适应。

2.文化适应不应采取简单的"拿来主义",而应弃恶扬善,吸取其美好的、进步的;舍弃其丑恶的、落后的,以便使"文化适应"的最终后果是社会的和谐和进步,是生产力的迅速发展,是人民生活水平的提高。

3.做好文化适应,除应吸收外来文化积极的、进步的方面外,更应对自己"母文化"中各种优良的传统和风俗习惯加以宣扬和推广,以使自己的文化能为更多的国家和人民所接受,以便加快各种文化的融合,减少文化的差异。

第二节 人口环境

人在社会再生产过程中扮演着两个关键角色,一是生产者,二是消费者。作为生产者,人是劳动力;作为消费者,人是顾客,是市场。因此人口数量的多少、人口素质的高低、人口的结构及人口移动,必然既影响生产又影响消费,当然更影响处于生产和消费中间环节的贸易活动。

一、人口数量的分布

目前全世界约有70亿人口。随着经济的发展,人口的数量呈现出越来越多的趋势。1800年全世界人口只有10亿,而1960年已增至30亿,1999年更增至60亿,2011年增至约70亿。

世界人口分布不均,七大洲中亚洲人口最多,约占世界人口的一半以上,其后依次是非洲、欧洲、北美洲、南美洲和大洋洲。从国家(地区)看,中国人口最多,约14亿;其次是印度,约有10亿;人口超过1亿的国家有美国、印尼、巴西、巴基斯坦、俄罗斯、尼日利亚、孟加拉国、日本和墨西哥。人口少的国家多是一些袖珍小国,如梵蒂冈、摩纳哥、安道尔、圣马利诺等。梵蒂冈为教皇之国,仅1000多人。从海陆关系看,人口稠密的地方是沿海,而内地人口相对稀少。从城乡关系看,城市人口多于农村人口,发达国家城市人口大多在70%以上。

人口数量和分布对经济活动的影响主要有:

1. 人口数量多的国家和地区,劳动力充足,劳动成本低,有利于发展劳动密集型的工业和农业,如纺织、服装、制鞋、玩具、电子装配、植棉、采茶等。二次大战后,中国、韩国、越南、印尼等国家的崛起,正是依靠丰富的劳动力,大力发展出口加工工业和农业取得的。

2. 人口数量多,需求量大,市场广阔。巨大的市场需求潜力有利于引进外商的直接投资,从而带来先进的技术、设备和管理,并能借助外商成熟的销售渠道使产品顺利地打入国际市场,为国家取得更多的外汇收入。

3. 在一些发展中国家人口数量多,也会产生一些负面效应,即在生产中单纯依靠人的体力劳动,大搞"人海战术",不重视新技术、新设备、新方法的研究和使用,从而限制了生产效率的提高和产业的升级,一旦经济增长出现停滞乃至危机,则会出现大量失业人口,从而引起社会的动荡。当经济增长赶不上人口增长时,收入减少、大量贫困的人口,会使人们对社会的前途和国家的政治、经济制度丧失信心。

4. 人口数量少的国家则不宜发展劳动密集型产业,同时迫使人们研究新技术、新设备,用机器生产来代替人类的某些劳动,以降低劳动成本和提高生产效率。美、日等发达国家大量使用"机器人"来装备劳动密集型产业就是典型事例。

二、人口素质

人口素质是指人的文化教育水平、劳动技能、身体健康状况和交往开拓能力等多方面的状况,其实质是指人适应当代社会再生产的能力。因此在不同生产力水平下对人的素质的要求是不同的。例如在古代农耕社会,一个精于耕作的农夫或一个巧手工匠就是高素质的人。而在现代工业化乃至信息化社会,高素质的人不但应有较高的文化水平、熟练的劳动技能、健康的体魄,而且应当具有不断创新、开拓进取、善于沟通的能力。人口素质的提高重在教育和培养,例如日本在二战后不久,经济尚处于起飞时,就普及了高中义务教育,并把职工的在职培训定为企业的制度,因此才会有今天的高素质的人才。目前在亚非拉的一些发展中国家人口素质较低,这是过去长期遭受殖民地和半殖民地统治,独立后旧的国际政治经济秩序尚未完全破除所造成的恶果,因此国际上尤其是发达国家有义务帮助它们减缓人口增长的速度和不断提高人口素质,否则会对世界经济的长期发展不利。

人口素质高的国家和地区有利于发展知识和技术密集型的加工工业和金融、保险、旅游、教育、咨询等高端服务业。人口素质高对时尚、新潮、精巧、自动化程度高等高档消费品的接受能力强,因此能为电脑、手机、豪华汽车、游艇等商品提供广阔的市场。

三、人口结构

人口结构是根据人的年龄、性别等生理特征及人的职业、宗教、居住地区等社会经济特征而划分的各种人口占总人口的百分比。人口结构的不同,反映了人在社会再生产和生活中充当不同的角色,发挥不同的作用,有着不同的行为方式和不同的需求和爱好,因此对经贸活动的影响也不同。

从年龄结构上分析,如果一个国家(地区)青壮年人口占比重大,则劳动力充足,劳动成本低,消费需求也相对旺盛,必然有利于生产和经营。如果当地人口老龄化严重,必然导致劳动力缺乏,消费需求下降,社会上的保健、医疗和养老负担加重,对经济社会发展是不利的。目前欧美等发达国家纷纷推迟退休年龄,就是应对在经济不景气条件下,养老负担加重的一种政策。

从性别结构分析,如果男性人口占比重大,则有利于发展钢铁、采矿、造船、伐木等重工业;女性人口多的地区则适宜发展纺织、服装、刺绣等轻工业。男性人口多则对酒类、足球、攀岩等产品和运动需求旺盛,女性多则对服装、化妆品需求量大。

从职业结构分析,如果一个国家(地区)第一产业人口占的比重大,则说明经济相对落后,出口以农牧等初级产品为主,需要进口工业制成品;如果当地第二、第三产业人口比重大,则说明当地经济发达,出口以工业制成品或服务产品为主,价值高,收益大。

从地区结构分析,城市化水平高的国家,一般经济发达,交通便利,营销网络健全,对经贸活动有利;而农村人口占比重大的国家,不但经济相对落后,而且交通不便,缺少必要的营销网络和手段,对经济活动不利。

四、人口的迁移

人口的流动和迁移的原因是多种多样的。从自然原因分析可能是恶劣的气候、水源的缺乏和地震、火山等地质灾害,从社会原因分析可能是宗教、民族冲突、局部战争和经济形势的极剧恶化。但究其本质,人口的流动多数是出于自身的考虑,即"趋利避害",也就是追求更好的生存环境;当然也有少数是被迫的、被强制的,如地理大发现后,非洲黑人被以奴隶身份贩卖到美洲。人口的流动和迁移无疑会对本国和世界经济与社会发展产生重大影响。

1.15世纪~16世纪地理大发现后,大量人口从欧洲、非洲迁移到美洲,不但给美洲带来了大量的劳动力、资金和技术,从而促进了美洲的开发,而且改变了新旧大陆彼此隔绝的状态,促进了世界统一市场的形成。

2.二战后,大量的东南亚、西亚和北非的人口迁移到欧洲、美洲和大洋洲,为欧洲恢复战争创伤提供了廉价劳动力,有利于英、法、德、意的复兴和发展。这些移民把从欧洲赚取的外汇汇回本国后,相应地支持了本国经济的发展。

3.1978年中国改革开放后,四川、云南、贵州、江西、安徽等地大量农村劳动力移向长三角和珠三角,促进了中国沿海地区外向型经济的发展,推动了中国经济的腾飞。

4.德、法、意等国外来移民的增多,在各国经济出现危机的情况下,常常造成本国民众与外来移民就业的争端,出现种种排外现象,引发社会的动荡,对经济社会发展不利。

第三节 宗教环境

原始的宗教起源于"图腾"崇拜,即在科学技术和生产力极端落后的原始社会,当人们对某种自然现象或社会现象无法做出科学的解释时,就把某种动物、植物或自然现象作为自己的祖先、神灵加以供奉和崇拜,企图通过自己的祭祀、祈祷、供奉求得它们的保护,以避免各种灾难。进入奴隶社会、封建社会当国家产生之后,统治者为了麻痹人民的斗争意志,就大力推崇某种宗教,以维护自身的统治。

宗教的种类众多,历经数千年的发展目前信众人数多,教理教义完善,形成固定宗教仪式和风俗的有三大宗教,即基督教、伊斯兰教和佛教。

基督教信奉"上帝",以《旧约全书》、《新约全书》(即《圣经》)作为基本教义。奉行祈祷、洗礼、礼拜和忏悔等宗教仪式和风俗。基督教在发展过程中已分裂为三大教派,即天主教、新教和东正教。三大教派虽都信奉耶稣和上帝,但在宗教管理和个别理念上有区别。天主教,主要分布在意大利、德国、西班牙等南欧国家;新教主要在比利时、荷兰、爱尔兰等中西欧国家;东正教主要在俄罗斯、乌克兰、波兰、罗马尼亚等东欧国家。

伊斯兰教信奉"真主"穆罕默德,以《古兰经》为基本教义和行为的准则,奉行祈祷、朝觐、净身等仪式和风俗。伊斯兰教徒全世界约有7亿,主要分布在西亚、中亚、南亚、东南亚、北非和西非广大地区。

佛教起源于印度的迦比罗卫国(现尼泊尔境内),后向东、向北传入缅甸、泰国、柬埔寨、中国、蒙古、朝鲜、日本等国。在东南亚各国为小乘佛教,传入中国、蒙古、朝鲜等国的为大乘佛教。佛教主张依据"经"、"律"、"论"三藏,修持"戒"、"定"、"慧"三学,彻底放弃世俗的认识和欲望,走出生死轮回范围,达到最高境界——涅槃。

宗教对人们经济生活的影响主要有:

1.许多宗教活动和仪式,已演变成重要的节日,如"圣诞节"、"古尔邦节"等,这些节日往往是商业销售的旺季。

2.伊斯兰教、印度教、犹太教等往往对某些事物(如动物、食品、行为等)形成禁忌或崇拜,直接影响教徒的日常生活,乃至社会生产。在国际交往中应尊重他们的爱好和禁忌,以免发生不愉快事件。

3.许多宗教的教堂、庙宇、清真寺,具有独特的建筑风格和装饰,蕴含着丰富的文化内涵,常常成为人们瞻仰、旅游的胜地,有利于各国人民之间的交往和扩展国际旅游业。

4.某些宗教的生育观,如基督教反对堕胎,犹太教主张多生育,会加大人口"爆炸"的压力。

5.不同宗教的相互排斥或争端,往往造成国家之间、民族之间、不同信众之间的冲突,从而引起地区形势的紧张和国内社会的动荡。如基督教、犹太教和伊斯兰教争夺"圣城"耶路萨冷的矛盾,印度教与锡克教争夺庙宇的矛盾等。

第四节 语言、风俗、法律和价值观

一、语言

语言是人类进行交流的工具,而文字是语言有形的载体。由于世界各个国家、各个民族、各个地区的差异,世界上使用的语言种类众多,不下数千种。即使

同一种语言由于使用的国家、民族、地域的不同,也会有差异。因此在国际交往中使用语言要注意下列几点:

1. 世界各种语言中,使用人数超过 5000 万人的有 10 多种,其中汉、英、法、俄、西班牙、阿拉伯语被指定为联合国工作用语言。

2. 英语是世界上使用人数最多、分布地域最广的语言,尤其在国际贸易中许多专门词汇来自英语,因此进行国际往来应精通英语。

3. 同一种语言由于使用的国家和地域的不同,其中含义也会发生变化,应注意加以区分。例如"Table the motion",美国人认为其含义为"搁置争议",而英国人则认为是"把建议提到桌面上来"的意思。

4. 一个国家中往往因民族或地域的不同,使用两种官方语言,因此使用哪种语言更便于交流,要注意恰当地选择。例如在加拿大英语和法语同为官方语言,但是到蒙特利尔、魁北克最好说法语,而到多伦多、温哥华等西部地区最好说英语。

5. 随着计算机和互联网被广泛应用,以及各国之间交往的增多,一些网络用语以及外国语言语音的借用已成为一种流行趋势,应注意了解和运用。如"粉丝"、"秀"等就是外国语言语音的借用。

6. 无声语言(肢体语言)是语言的重要补充,但同一种肢体语言在不同国家和地区其含义往往不同,甚至恰恰相反。例如点头这一动作,多数国家的含义是"yes",但在尼泊尔等少数国家其含义恰恰是"No",因此要注意别国肢体语言与本国有什么不同。

二、法律

法律是调节人与人关系的行为准则,人的一切行为应当遵纪守法。尤其在现代社会市场经济条件下,一切经济活动更应依法办事。国际间经贸往来既要遵守本国法律,更应遵守东道国法律以及国际法和国际惯例。法律环境对经济活动的影响主要有:

1. 了解"大陆法系"与"英美法系"在对同种事物法律判定上有何不同,从而在解决贸易争端时选择对自己有利的法律。

2. 规范国际经济往来最重要的法律是世贸组织框架下所签订的各种协议,如《服务贸易总协定》、《关贸总协定》、《政府采购协议》等,因此要了解这些协议的内容及其适用的条件和范围。

3. 运用世贸组织《贸易保障措施》的有关规定,努力保护本国市场和相对落后的产业,并妥善运用"争端解决机制"反对发达国家不正当的"双反"调查。

4. 利用法律手段保护知识产权,打击各种侵权行为,为平等竞争和创新发明创造一个良好的环境,以不断地推动技术的进步和产品的更新。

5. 运用法律手段保护消费者权益,防止生产、销售伪劣产品和进行价格欺诈等不法行为。

6. 国际经济贸易惯例虽不属于法律,但一旦在交易合同中被引用,对买卖双方就有法律约束力,因此应对有关惯例如《UCP600》、《汉堡规则》、《国际贸易术语解释通则》等正确理解和运用。

三、风俗

风俗是一个民族在长期的生产、生活实践和社会交往中为适应环境,求得生活的和谐和安定而形成的风气与习惯。中国古代把因自然原因的不同而形成的风尚称为"风",由于社会环境不同而形成的习惯称为"俗"。风俗的主要内容包括节假日及其欢庆仪式、婚丧礼仪、饮食习惯、服饰、请客送礼等诸多方面。风俗因民族、宗教信仰、居住地域的不同而不同。但同一个民族或居住在同一地区的居民往往风俗具有共同性和相对稳定性。但不管哪一种风俗也会随着经济和社会的发展发生不同程度的变化。例如中国汉族妇女在结婚时,传统风俗穿红色服装,但现代中国女性在出嫁时,也喜欢披白色婚纱。

在国际交往中,必须注意"入乡随俗、入国问禁"。

1. 西方的"圣诞节"、中国的"春节"、伊斯兰教的"开斋节"均是盛大隆重的节日,因此形成了商业销售和旅游的旺季,企业应抓住这种有利机会,做好供应和服务工作,努力扩大收入。

2. 不同民族和宗教往往有不同的交往礼仪,要充分了解并予以尊重。如与伊斯兰教徒交往,接送礼物时要用双手或右手,不能只用左手,否则他会认为你侮辱他。

3. 不同民族往往对颜色、图案、数字有不同的爱好和禁忌,如基督教徒讨厌"13"这个数字,日本人不喜欢荷花,西方人只是在葬礼上送菊花,因此企业在商品颜色、图案和日期的选择上要予以注意,以免引起对方的反感。

4. 西方发达国家和阿拉伯国家往往不喜欢对方送价值昂贵的礼物和印有企业标志的礼物,以免误认为行贿和变相的广告宣传。

四、价值观

所谓价值观是指特定的人群判断是非的标准、行为的准则和规范。不同的国家、民族乃至不同的社会阶层价值观往往不一样,因此价值观具有多样性,同时具有相对稳定性。但随着社会生产力、科学技术的发展,人们的价值观也会发生变化。价值观对人们经济生活的影响主要表现在:

1. 时间观念存在差异。欧美等发达国家重视时间,视时间为"金钱"、"生命",因此汉堡包、方便面等快餐食品受到欢迎,双方约会希望对方守时。而在巴西等拉美国家和某些阿拉伯国家往往不重视时间,常常把约会迟到不当一回事,因此和他们交往不能因对方迟到而不快,否则会影响双方交往。

2. 家庭和社会等级观念。东方人家庭观念强,认为家庭是社会的"核心",主张忠于家庭,"父慈子孝、兄宽弟让"。因此家庭养老成为一种重要的养老方式,从而减轻了国家承担的社会保障的压力,而"养老保险"等金融产品的销售远不如西方国家。而西方人则强调个人的独立性,东方人等级观念强,爱面子,而西方人则讲求实际利益。

3. 对待财富的态度不同。西方人以拥有财富为荣,财富越多越能受到社会重视。因此他们愿意购买名车、别墅、出国旅游,以显示自己的财富和地位。这为他们超前消费如赊销、信用卡透支等提供了依据。而东方人属于财富内敛型,即使拥有大量财富,仍主张节俭,进行储蓄。因此投资理财、储蓄盛行,而反对赊销、透支等超前消费风气。

4. 竞争和风险观念不同。西方国家由于市场经济发达,市场秩序完善,人们喜欢竞争,敢于担当风险,因此保护公平竞争和避免各种风险的政策与措施相对完善。而东方人由于过去长期遭受西方国家的剥削和掠夺,经济落后,独立或解放后,市场经济尚处于起步阶段,市场机制尚不健全,因此无力和无法参与竞争,害怕竞争和风险。各种防范风险、保护竞争的措施不健全,从而使企业的经营处于不稳定的状态,同时也增加了政府的负担。

5. 对待人与自然关系的认识不同。一些国家在实现工业化初期,曾凭借着科学和技术优势企图征服大自然,提出了"改造征服自然"、"人定胜天"等错误的口号,结果造成了各种环境危机。因此,当今"天人合一"、"人与自然和谐相处"等观念日益受到人们的理解和重视,绿色营销、绿色产品必将成为今后发展的主流趋势。

※ 搜集、研读、分析和回答

1. 观看电影《刮痧》,分析在美国华人夫妇被法院起诉的原因。
2. 2010~2011年比利时曾因其政府首相辞职,有长达一年半的时间政府处于群龙无首的状态,分析是什么原因形成的。
3. 搜集有关国家对颜色、图案、数字、请客、送礼等方面有何禁忌的资料。
4. 试分析如果企业到国外经营,应如何适应西方人对待财富和风险的观念。

第三章 生产力的发展与世界贸易中心区的形成和转移

第一节 产业革命前的区域贸易中心

地理大发现和产业革命前,世界上大多数国家和地区都处于封建社会发展阶段,生产力水平低下,属于自给自足的自然经济,商品经济不发达。那时的国际贸易只是邻国之间互补余缺的性质和为满足王公贵族对丝绸、珠宝、香料等奢侈品的需求,因此贸易往来不但地域范围小,而且商品种类和数量少,交易方式单一,多是以货易货方式,并不属于真正的国际贸易。

真正的国际贸易产生于资本主义生产方式的确立,而资本主义生产方式启蒙于欧洲。公元11~15世纪是西欧封建社会鼎盛时期,随着城市的兴起,手工业和商业的发展,不但促进了封建社会的解体,而且也促进了国家与国家、地区与地区之间的贸易发展。当时手工业最发达也是贸易往来最发达的地区有三个,即比利时的佛兰德尔地区,意大利北部的威尼斯、佛罗伦萨、热那亚等地的城邦国家,德国北部由汉堡、不来梅、吕贝克等城市组成的"汉萨同盟"。

一、佛兰德尔地区

佛兰德尔,是指以现在比利时西部的布鲁日、根特和法国西北部阿拉斯等城市为中心的地区。11世纪至12世纪,这里的毛纺织手工业十分发达。通过海运从英国进口羊毛,经加工后把呢绒经内河运往香槟集市,其呢绒的数量与质量在13世纪的香槟集市是所向无敌的。14世纪香槟集市衰落后,布鲁日成为西欧一个重要的商业中心,同英国、法国、德国、意大利、北欧地区的许多城市有着广泛的、经常的商业联系。14世纪位于德国北部的汉萨同盟成立后,布鲁日又成为汉萨同盟南北商路的集散地。繁荣的对外商业联系更加促进了佛兰德尔地区毛织业的发展,所产呢绒不但行销全欧,而且远销近东地区。

二、汉萨同盟

汉萨同盟地区,是指现在德国北部以吕贝克、汉堡、不来梅为中心的地区。汉萨同盟是中世纪时德国北部各城市进出口贸易商的政治经济联盟。在13世纪时加入的城市有90多个,14世纪时多达160个,盟主城市是德国的吕贝克。14~15世纪汉萨同盟几乎掌握了整个欧洲大陆的贸易,并控制了北海到波罗的海的商路。这些城市的商人把北欧产的粮食、毛皮、林业产品等贩运到德意志的南部、佛兰德尔地区和香槟集市,又把购自佛兰德尔的呢绒、手工业品和从意大利北部买自远东地区的珠宝、香料等奢侈品运到北欧地区。它在佛兰德尔的布鲁日、英国的伦敦和俄罗斯的诺夫哥罗德等地都广泛设有自己的商业会馆。

三、意大利北部以威尼斯为代表的城邦国家

意大利北部的威尼斯、佛罗伦萨、热那亚、米兰等城市都是在11世纪后因直接或间接受益于欧洲与近东地区的贸易而发展起来的。从12~14世纪,威尼斯一直是西欧最大的商业中心和海上强国。威尼斯当时除垄断了近东贸易外,还有发达的手工业,特别是造船和丝织业,而热那亚和佛罗伦萨是威尼斯近东贸易的强劲竞争对手。此时,在意大利北部各城市中手工业最发达的是佛罗伦萨,它利用近东贸易发展的有利形势,建立了自己的毛织业和丝织业,也是欧洲发达的毛织业中心之一。它从英国、西班牙购进羊毛织造呢绒,或从英国购进本色呢绒经过染色加工后,再出口到近东地区。

上述三个地区虽然贸易发达,但由于封建制度尚未解体,资本主义生产方式尚处于萌芽时期,因此其贸易往来并不是在真正的国际分工和世界统一市场的基础上进行的,因此并不属于现代意义的国际贸易,仍为互补余缺,这些中心地区只是区域贸易中心,并不是世界贸易中心。

第二节 产业革命和北大西洋东西两岸世界贸易中心的形成

北大西洋东西两岸世界贸易中心的形成经历了从16世纪至19世纪末的漫长发展历程,其决定因素是在地理大发现、第一次产业革命和第二次产业革命推动下的西欧封建社会彻底瓦解,资本主义生产方式完全取代了封建落后的生产方式,生产力水平大大提高,国际分工和国际市场已经形成。其空间范围为最初的西班牙、葡萄牙、荷兰,产业革命后又转移到英国和法国,第二次产业革命后再扩展至美国和德国。

下述事件推动了北大西洋世界贸易中心的形成。

一、地理大发现

所谓地理大发现,是指三个重大历史事件:一是1487~1488年葡萄牙人迪亚士和1497~1498年达伽马分别率船队从葡萄牙出发,沿非洲西海岸南下,意在寻找到达印度的新航路。迪亚士未能成功,从好望角折返;而达伽马最终绕过好望角抵达了印度。二是1492年哥伦布受西班牙国王派遣,率船队从西班牙西行穿越了大西洋到达美洲,发现了新大陆。三是1519年~1522年麦哲伦奉西班牙国王之命率船队西行,绕过南美洲南端的海峡进入太平洋,后经马来群岛、印度洋、好望角,又回到西班牙,绕地球环行一周。这三大事件对欧洲封建制度的瓦解、资本主义生产方式的产生起到了极大的促进作用。

1. 促进了资本主义的原始积累,使欧洲各宗主国从非洲、美洲的殖民地掠夺了大量金、银等货币资本和棉花、木材、羊毛、橡胶、煤炭等工业原料。

2. 地理大发现结束了新大陆和旧大陆之间相互隔绝彼此孤立发展的局面,有助于世界统一市场的形成。

3. 地理大发现促进了新旧大陆之间生产要素的交流。欧洲人开始移居美洲,并向美洲贩卖黑人奴隶;迅速增加的劳动力,促进了美洲的开发和发展。而原产于美洲的玉米、蕃茄、烟草、橡胶等农作物,也传入了欧、亚、非旧大陆,从而促进了旧大陆各国农业的发展。

4. 地理大发现后,经地中海往来欧、亚两洲的旧航路地位下降,而欧洲大西洋沿岸的地位上升,使贸易中心由地中海沿岸向大西洋沿岸转移,从而促进了西、葡、英、法等国的崛起。

二、第一次产业革命

第一次产业革命于18世纪60年代首先发生在英国。14世纪以前英国是一个经济十分落后的国家,曾被称为"世界荒凉的边缘"。15世纪末到18世纪60年代英国国内发生了巨大的变化。第一,通过"圈地运动"实现了对农民的彻底剥夺,消灭了小农经济,为资本主义工业的发展提供了充足的劳动力和国内市场。第二,大力发展以毛纺织为主的手工业工场,为过渡到大机器生产准备了必要的经济和技术基础。第三,完成了资产阶级革命,建立了资产阶级政权,为资本主义生产方式的形成和发展提供了政治上的保障。第四,在国外先后战胜了西班牙、葡萄牙、荷兰、比利时等海上强国,取得了海上霸权。并通过大肆占领海外殖民地,为工业的发展积累了大量货币资本和可靠的原料供应,并相应地开拓了海外市场。这一切为资本主义生产方式的产生积累了必要的政治和经济基础。但当时以手工制作为主的工场手工业,无论从生产效率、生产成本和满足国内外市场需求能力等方面,都无法满足新兴资产阶级追求更多利润的欲望,从而迫切需要以大机器生产代替手工生产,以便迅速增加产品数量,提高质量,因此促进了以机械和动力为代表的产业革命的发生。

新发明的机械主要有纺纱机、织布机、飞梭等,动力方面主要是发明了蒸汽机。这些新机械和新动力的发明对英国实现工业化、成为世界贸易中心起了决定性作用。

1. 大机器生产代替了手工生产,蒸汽动力代替了人力、风力、水力和畜力,大大提高了生产效率,增加了产量并降低了成本。据统计,从1770~1840年英国工人的生产效率提高了20倍。1788年一磅棉纱价值为35先令,而到1833年只值3先令。

2. 工业的分布由过去的分散走向了集中,在主要的产煤区出现了以铜铁、采煤、纺织、造船等多种工业的集中区,像曼彻斯特、伯明翰等。

3. 改变了产业革命前宗主国对殖民地的"强盗"式的掠夺,代之为宗主国高价出售工业制成品给殖民地、低价从殖民地购买原材料的不等价剥削。

4. 国际间的产业分工开始形成,欧洲实现工业化的国家如英国、法国成为工业品的生产者,而广大的亚、非、拉殖民地成为原料的供应者,垂直型国际分工开始形成,从而促进了国际贸易的发展。

三、第二次产业革命

第二次产业革命发生在19世纪70年代,主要的发明和创造来自后起的资本主义国家美国和德国。这次科技革命的标志是电的发明及其被广泛使用、内燃机的发明和使用以及新的炼钢技术。

这次科技革命对世界经济贸易的影响,主要有:

1. 大大促进了生产力的发展,不仅表现在效率和产量的提高,而且出现了新兴工业部门和新的工业制成品。如电力和电器工业、石油和汽车工业、飞机工业等。在国际贸易中,用于交换的产品中工业制成品超过了农矿等初级产品。

2. 资本主义国家间的政治和经济发展不平衡加剧。在产业部门上表现为农业落后于工业,轻工业落后于重工业,传统工业落后于新兴工业。在国家间老牌的资本主义国家如英国、法国落后于美国和德国。这种不平衡加剧了主要资本主义国家在贸易和抢夺殖民地上的竞争。

3. 资产阶级为了使自身的利润最大化,力图控制原料、生产、销售的全过程,从而导致企业不断出现兼并和重组,具有垄断性质的跨国公司开始出现。跨国公司在进行商品贸易的同时,不断通过海外投资扩大市场和攫取更多利润。国际贸易由过去的自由竞争,开始出现了垄断竞争。

4.以垂直型的国际分工和不等价交换为特征的旧的国际经济贸易秩序彻底形成。

四、北大西洋世界贸易中心区形成的历程

北大西洋世界贸易中心区的形成经历了从16世纪到20世纪初的漫长历程,从地域空间上看经历了16~17世纪的西班牙、葡萄牙、荷兰为中心;18世纪第一次产业革命后转移到英国和法国;19世纪末到20世纪初第二次产业革命后扩展到美国和德国,最终形成以美欧为中心的世界贸易中心区。

(一)以西班牙、葡萄牙、荷兰为中心的时期

地理大发现后,葡萄牙和西班牙成为最早向海外殖民的国家,它们在亚洲、非洲和拉丁美洲占领了大量殖民地,并以这些殖民地为据点对周边地区进行海盗式的掠夺和垄断贸易往来。它们在亚洲以极低的价格购买丝绸、香料、珠宝、茶叶、糖和大米;在非洲以其廉价的工业品换取象牙、钻石、铜等有色金属;在拉丁美洲除掠夺黄金、白银等贵重金属外,还低价购买糖、可可、烟草、棉花和兰靛。不等价交换获取的利润高达400%~500%。16世纪时里斯本已成为世界最大的商港和贸易中心。

17世纪荷兰取代了西班牙、葡萄牙两国,它通过东印度公司和西印度公司垄断了欧洲、亚洲和美洲的贸易,它拥有世界上最大的商船队,被称为"世界海上马车夫"。当时的阿姆斯特丹和安特卫普是世界贸易中心和国际信贷中心。

(二)以英国为主的世界贸易中心

英国在产业革命后已成为世界最大的工业品生产国,被称为"世界工厂",在海外它通过战争先后战胜了西、葡、荷、法,成为世界最大的殖民帝国,拥有比本土大100多倍的海外殖民地。对外贸易快速增长,英国是世界工业消费品和工业设备的供应者,其所需的农矿原料,几乎全部要从国外进口,贸易成为其经济发展的命脉。英国是世界经济贸易中心,主要体现在:

1.它是"世界工厂"。1870年,英国工业生产占世界的32%,煤的产量占51.5%,生铁产量占50%,棉纱产量高达100700万磅。

2.它是世界金融贸易中心。1870年英国对外贸易额占世界贸易额的25%,相当于同期法、德、美三国对外贸易额之和。其拥有的商船吨位,超过法、德、美、俄之和。伦敦是世界金融中心,各国发行的国债和公司债务均到伦敦推销,英国海外投资总额高达14亿英镑,为其获得了大量非贸易收入。

(三)19世纪末至20世纪初美国崛起,世界贸易中心区由欧洲扩展到北美洲

美国是地理大发现以欧洲移民为主体建立起来的国家。最早到来的英、法等国移民和后来贩卖来的黑人奴隶,主要是利用这里广袤的土地、温暖的气候发展农业,种植小麦、棉花、烟草、花生和兰靛,向欧洲输出农产品,从欧洲购买工业品。1812~1814 年美英发生战争,双方贸易中断,美国被迫发展工业。

美国的工业化是在学习利用英国设备和技术的基础上不断创新而取得快速发展的,如发明了轧棉机、收割机、缝纫机、电报机等。19 世纪 50 年代其资本主义的大机器生产、大工厂制度已经确立,80 年代工业生产能力就已超过英国跃居世界首位。到第一次世界大战前的 1913 年,其工业生产占世界比重已高达 38%,相当于英、法、德、日四国之和。随着工业的发展,其对外贸易总额从 1860 年的 6.9 亿美元增至 1913 年的 246.6 亿美元。并开始对海外大量直接投资,其对外贸易与投资已与英国并驾齐驱。世界贸易中心区在大西洋两岸已经形成。

第三节　20 世纪 60 年代后世界贸易中心区开始向亚太地区转移

亚太地区的范围有广义和狭义之分,广义的亚太地区是指位于太平洋东西两岸的国家和地区,狭义的亚太地区是指位于太平洋西岸亚洲和大洋洲的国家和地区。目前世界上提到亚太地区是指狭义的。自 20 世纪 60 年代以来,亚太地区的日本、韩国、中国、中国台湾和中国香港以及东盟各国经济取得了飞速发展,截至 2010 年,亚太各国的 GDP 总额已占世界的 25%,GDP 总额在世界前 15 位的国家中亚太地区有 5 个,其中中国和日本居世界第二位和第三位,中日两国 GDP 之和超过英、法、德、意四个欧洲最发达国家。2010 年亚太地区的对外贸易额已占世界的 40% 以上,出口额居世界前 20 位的国家中亚太地区有 8 个,其中中国和日本居世界第一位和第四位。尤其近年来在美国金融危机和欧洲主权债务危机的打击下,欧美各国经济普遍增长缓慢,甚至出现负增长,而亚太各国 GDP 的增长率平均都在 4% 以上,亚太地区也是世界投资最活跃的地区,许多大的跨国公司的总部和研发中心纷纷向亚太地区转移。世界经济贸易中心向亚太转移的趋势已露端倪。亚太地区的崛起得益于其地理优势、经济优势和政策优势。

一、亚太地区的地理优势

(一)地域范围广大,自然条件多样

亚太地区陆地面积约 2800 万平方千米,约占世界陆地面积的 1/5,从纬度看,跨南北半球的五个温度带,因此气候和自然带多样。从赤道走向南北两极由热带雨林到极地冰原依次交替,具有多种多样的动植物资源。地形上既有广阔的平原、高原,也有雄伟高大的山脉。国家中既有海陆兼备的大国,也有内陆国和岛国。这种多样的自然条件为亚太各国经济多元化的发展和合作提供了可靠的物质基础。

(二)丰富的陆地和海洋资源

在陆地资源中,既有丰富的矿产,也有广袤的森林和草地。矿产中,有分布在俄罗斯西伯利亚和远东地区的石油、天然气和煤炭;分布在中国的钨、锑和稀土;分布在东盟的锡和石油;分布在澳大利亚的铁矿、铝土矿和煤炭。森林中,既有亚寒带针叶林,也有热带雨林。草地中,既有蒙古、中国的温带大草原,也有澳大利亚的热带草原。

在海洋资源中,除鱼、虾、蟹等生物资源外,近海大陆架有丰富的石油、天然气,深海盆地中有数量巨大的锰结核和含有稀有元素的金红石与锆石。

(三)重要的交通位置

亚洲由于和欧洲陆地相连,与非洲仅隔苏伊士运河,与美洲仅隔35公里宽的白令海峡,从印度尼西亚到澳大利亚空中距离仅1小时,因此亚太地区距世界各地的交通十分方便。这里的马六甲海峡、龙目、望加锡海峡是太平洋往返印度洋的咽喉要道,中国香港的维多利亚港,新加坡港,我国上海港,日本的东京、神户,中国台湾的高雄港均是世界著名的港口。这种交通条件无疑会有助于亚太经济的发展。

二、亚太地区的经济优势

(一)经济增长速度快

据1994年世界银行发表的调查报告《东亚奇迹》中指出:中国香港、中国台湾、印度尼西亚、马来西亚、新加坡、韩国和泰国等7个国家和地区,自1965年以来其GDP的年均增长率均在5.5%以上,比拉美地区快2倍,是世界经济增长最快的地区。进入20世纪90年代以后,由于受日本泡沫经济以及之后的东南亚金融危机和美国次贷危机的影响,亚太各国经济增长的速度虽有所下降,但仍是世界经济增长最快的地区。2009年不含日本在内的亚太各国GDP的增长率均在4.5%以上,其中中国自1979年改革开放后GDP年均增长率均在8%以上,GDP总量2010年已达5.745万亿美元,成为仅次于美国的世界第二大国。

(二)经济总量和人均收入都在不断增加

据1986年统计,日本、"四小龙"、东盟各国、澳大利亚、新西兰等亚太各国的GDP总和约2.8万亿美元,约占世界GDP总量的17%。而到2010年,上述各国GDP总和已达17.44万亿美元,约占世界GDP总和的25%。随着各国经济总量的持续增长,人均收入也在不断增加。据2011年统计,亚太各国人均GDP超过2万美元的有澳大利亚、日本、韩国、新加坡、中国香港、中国台湾、新西兰,人均5000～12000美元的有俄罗斯、马来西亚、泰国、中国等(参见表3-1)。

表3-1 亚太主要国家GDP总量及人均GDP

项目\国家	中国	日本	俄罗斯	澳大利亚	韩国	印度尼西亚	中国台湾	泰国	中国香港	菲律宾	马来西亚	新加坡	越南	新西兰
2010年GDP总量(千亿美元)	57.5	53.9	14.7	12.2	9.86	6.95	4.26	3.12	2.26	2.24	2.18	2.17	1.24	1.26
2011年人均GDP(美元)	5670	45947	12939	65824	22428	3543	20139	5113	49137	2346	9782	50123	1418	36754

资料来源:国际货币基金组织统计。

(三)对外贸易增长迅速,在世界贸易中所占比重不断提高

据统计,1970～1988年期间亚太地区出口贸易额增长了10.1倍,进口贸易额增长了10.6倍,而同期世界出口贸易额仅增长了8.5倍,这说明亚太地区的增长速度远高于世界贸易的增长。例如,1950年日本的出口贸易额仅有8.2亿美元,而到2005年已增至6520亿美元;中国1950年出口额仅5.5亿美元,而到2010年增至1.6万亿美元。1965年亚太各国出口额占世界比重为12.5%,少于同期美国的15.8%、欧共体的38.4%,而到1987年亚太各国出口额所占比重已占世界的22.2%,超过美国的10.4%。由于亚太各国对外贸易的快速增长,它们在世界贸易中的地位不断上升。据2009年统计,出口贸易额居世界前20位的国家和地区中,亚太地区有8个,即中国、日本、韩国、中国香港、俄罗斯、新加坡、中国台湾和马来西亚。中国在1978年改革开放前对外贸易额居世界第32位,而自2010年起中国已上升为世界第2位。

(四)不断扩大国内投资和积极利用外资

亚太各国经济快速持续地增长,其推动力是内外投资的不断增加。据统计,1960～1970年亚洲"四小龙"的国(地区)内投资率为21%～23%,而1980年增至30%,中国1965年投资率为25%,而1987年提高至38%。2008年美国次贷危机发生后,亚太各国(地区)为了保持实体经济的稳定,纷纷加大基础设施和主导产业的投资,以保持经济稳定增长。其中中国投入4万亿人民币用来支持铁路、公路、水利等基础设施的建设,以拉动经济的增长,2010年中国GDP的增长

率仍高达10.4%。

亚太各国是世界吸引外国投资最多的地区。据统计,1980年全世界引进外资的存量为4451.7亿美元,而亚太地区为575.2亿美元,约占世界的12.9%。而到2000年世界引进外资存量比1980年增长了14倍,而亚太地区增长了20倍,所占比重已增至19%。其中中国是世界上仅次于美国的第二大利用外资的国家。中国在2001年加入WTO之后,十年中累计引进外资已达7595亿美元,居发展中国家首位。

(五)产业结构不断优化

亚太各国在经济起飞阶段都是依靠发展劳动密集型的轻纺工业取得竞争优势的,随着各国经济实力的增强,各国的产业结构也不断优化。第一产业不断下降,第三产业不断上升,第二产业中传统工业下降,而新兴工业不断上升。韩国在20世纪60年代,由于工业落后,出口商品中仍以鱼、紫菜、生丝、钨矿砂等农矿产品为主,现在由于已建成了比较完整的工业体系,其汽车、船舶、电子、石化等产品已成为其出口的骨干产品。中国工业的进步更令世人瞩目,其生产的200多种工业品的产量居世界第一位,如汽车、钢铁、煤炭、电脑、电视机、洗衣机、手机等。中国生产的深海采油设备981,已开始在1500米深海进行勘探,201深海铺管船可以在海底3000米铺设油管。这一切使中国获得了"世界工厂"的称号。

(六)金融实力大大增强

在美国金融危机、欧洲主权债务危机愈演愈烈之际,亚太各国的金融实力却不断增强。据美国《银行家》杂志1996~1997年统计,按银行核心资本计算,全世界排名1000位的大银行中,亚太地区有298家。日本东京、中国香港和新加坡已成为世界主要金融中心,中国上海到2015年也将建成为国际金融中心。

亚太各国中许多国家多年外贸保持顺差,因此外汇储备不断增多,其中中国外汇储备已超过3万亿美元,居世界第一位;其次日本、中国台湾、俄罗斯、韩国、新加坡均是世界上外汇储备较多的国家和地区。由于外汇充足,货币汇率稳定,通胀率较低,抗金融风险的能力不断增强。

三、亚太各国的政策优势

1.面对经济全球化的大趋势,亚太各国都坚持对外开放的政策,大力发展外向型经济。经济发展战略纷纷从进口替代转变为出口导向,力图利用两种资源,进入两个市场。这无疑会大大提高各国的产业竞争力,不断扩大市场规模,提高效率和效益,发挥连锁带动效应。

2.开放市场,大力改善投资环境,积极利用外资。资金短缺,技术落后是亚太各国(地区)中除去日本、澳大利亚等少数国家,制约经济发展的主要瓶颈。因此亚太各国(地区)普遍走上了开放市场、实行贸易的自由化、以市场换资金和技术的道路。纷纷加强基础设施建设,降低和减少关税和非关税壁垒,放松乃至取消外汇管制,放宽外商投资的产业、比例限制和地区限制,以吸引外资的进入。例如中国加入 WTO 后,平均关税总水平已由加入前的 15.3% 下降到目前的 9.8%,中国对与自己建交的最不发达国家 97% 税目的商品实行零关税,外资企业在华获取的利润可以自由汇出,累计汇出利润已达 2617 亿美元。这种宽松的投资环境大大吸引了外资的进入,目前中国是发展中国家利用外资最多的国家,年均利用外资均在 500 亿美元以上。

3. 积极推进区域性、次区域性,紧密型和非紧密型区域经济一体化,充分发挥亚太各国(地区)经济互补性强、交往密切的优势。已经形成的一体化组织有 APEC、ASEAN(东南亚国家联盟)、CAFTA(中国—东盟自由贸易区)等。

4. 劳动力充足,重视教育,人才素质不断提高。亚太地区是世界人口数量最多、人口密集度最大的地区之一,因此发挥劳动成本低的优势,大力发展劳动密集型产业是多数国家(地区)政策的必然选择。但随着亚太各国(地区)经济的增长,实力的增强,重视教育,加强教育的投入,努力提高人才素质,也是各国(地区)普遍的趋势。例如日、韩等国在普及高中义务教育的基础上,不断提高高等教育和职工在职培训,以适应科技的发展和产业的升级。中国在实行九年义务教育后,高等教育也走向大众化。

5. 美国在克林顿总统当政时,开始把其经济贸易、军事战略的重点由欧洲转向亚太地区。奥巴马当选总统后更制定和实施了重返亚太的战略。由于美国是当今世界上经济实力、军事实力、科技水平最高的国家,其战略的转移必然要加强与亚太各国(地区)的交往和合作,从而有利于亚太经济的增长和国际地位的提高。

※ 研读、分析和回答

1. 搜集并研读中国近 10 年来经济发展所获得的主要成就,包括 GDP 的增长,出口贸易额的增长,钢铁、汽车、粮食、电子等主要产品的增长。

2. 搜集并研读地理大发现、第一次产业革命、第二次产业革命的历史事实,并说明它们对世界经济贸易发展的影响。

3. 亚太各国(地区)经济快速发展的主要政策优势是什么?

第四章 世界区域性经济集团

第二次大战后,由于科学技术和生产力的发展,国际之间各种生产要素的流动性日益加强,尤其是跨国公司的发展,加速推进了经济全球化。但是由于各国政治制度不同,经济体制和经济发展水平的差异和文化的有别,经济全球化是很难一朝一夕就能实现的。因此地理位置相邻或相接近、经济联系一贯比较密切的国家间,往往首先建立一些区域性经济组织,实施相互一体化的措施,以实现彼此政治经济利益的最大化,从而促进了区域经济集团的诞生。

第一节 区域性经济集团概述

一、区域经济集团化的定义及其类型

所谓区域经济集团化,也叫区域经济一体化,是指两个或两个以上的国家(地区),通过签订相关的条约或协议,并建立相应的组织机构来管理和协调彼此的经济贸易往来,对内彼此实行自由贸易,对外实行适当的保护贸易,最终达到促进成员国经济和社会发展水平不断提高的区域性合作组织。

根据成员间允许商品及其他生产要素自由流动的程度来划分,区域集团可分为下述几种类型:

1. 优惠的贸易安排。成员体之间在贸易往来时,相互或者单方面给予免除关税和减税等优惠待遇。如欧洲一些发达国家与其在非洲、拉丁美洲和大洋洲一些原殖民地国家(地区)签署的《洛美协定》,中国大陆与中国台湾签署的ECFA(紧密经贸关系框架协议)就属于这种性质。

2. 自由贸易区。成员体之间贸易往来免除一切关税和非关税壁垒,实行自由贸易;对非成员体的贸易往来,各自仍旧保留自己的关税和非关税措施,不要求对外统一。如北美自由贸易区、中国—东盟自贸区等。

3. 关税同盟。成员体之间实行自由贸易,取消一切关税和非关税障碍,对来

自非成员体的商品则实行统一的关税和非关税壁垒。欧共体建立前就是关税同盟。

4.共同市场。成员体之间允许商品和一切生产要素的自由流动,形成统一的大市场;而对非成员体仍保留统一的关税和非关税壁垒。欧盟的前身就是欧洲共同市场。

5.经济同盟。成员体之间不但允许一切商品和生产要素自由流动,建立统一的对外关税和非关税措施,而且要求成员体制定和实施某些统一的经济与社会政策,使之形成统一的经济体。在经济同盟的成员国甚至建立货币同盟,发行和使用统一的货币。现在的欧盟,就是经济同盟。

6.完全的经济一体化。这是经济一体化的最高形式。在这一阶段,成员国之间在经济、金融、财政等方面的政策完全统一;废除商品、一切生产要素和人员流动的障碍,不但在对内对外经济政策方面,而且在政治、安全、防务等政策方面也趋于一致。目前的欧盟正向完全一体化方向发展。

二、二战后区域经济一体化形成的原因

(一)医治战争创伤,迅速恢复和发展经济的需要

区域经济一体化最早形成于欧洲,即 20 世纪 50 年代由德、法、意、卢、比、荷六国建立的"欧洲煤钢联营"、"欧洲原能共同体"和"欧洲经济共同体"。建立的目的是发挥成员体互补的优势,以便尽快医治战争创伤,恢复和发展经济。

(二)发展高科技产业的需要

二战后,发生的第三次科技革命成为推动各国经济快速增长的强劲动力,谁在高科技产品的研发和创新上有所突破,谁就会处在有利的竞争地位。但高科技产品的研发往往需巨额资金,多方面的人才和比较长的研发、生产周期,常常一个国家无法办到,因此就促使各国进行联合,走一体化的道路。如英、法、西、德研制的"空客"大飞机,就是走的这条道路。

(三)世界经济发展不平衡的产物

二战后,美国成为世界经济的唯一"霸主",而英、法、德、意等欧洲列强均因战争创伤而衰落了,因此欧洲各国与美国无论在政治上、还是在经济上均处于不平等的地位。欧洲国家欲与美国"平起平坐",单凭任何一个国家都无法实现,只能联合。

(四)自由贸易与保护贸易相融合的产物

二战后在美国推动下先签订了《关贸总协定》,后又建立了"世贸组织"以推动贸易的自由化。但自 20 世纪 70 年代以后,在两次能源危机冲击下,西方国家经济纷纷发生危机,它们又开始采取贸易保护主义。而区域经济集团对内自由

贸易,对外实行保护贸易这一特点,正适应了这种趋势。

(五)区域经济集团是原有地缘经贸关系的发展和深化

区域经济集团的成员,在集团成立前就是经贸往来密切的伙伴,现在成立集团只是以法律和适当的组织形式把这种关系固定下来,并加以深化和发展,因此原有的密切地缘关系是基础。

(六)发展中国家自我保护意识的提高

由发展中国家组成的原料出口国集团如 OPEC 等,其目的是反对发达国家的剥削和掠夺,保护自身资源。

三、区域经济集团的特点

从目前已经建成的区域经济集团分析,一般它具有下列特点:

1. 成员体之间经济发展水平具有一致性或互补性,但政治、文化背景具有相似性,而且原有地缘经贸关系密切。

2. 区域经济集团是一个开放与封闭相统一,以开放为主的体系,开放是指贸易的自由化,封闭是实行贸易保护政策。

3. 区域经济集团组建和发展的历程,一般以市场一体化为开端,逐步实现完全的经济一体化,乃至政治、外交、军事的一体化。

4. 组建方式一般由小到大。即开始时成员国较少,随着集团合作取得进展,加入的国家会越来越多。例如欧盟已由最初的 6 国发展到现在的 27 个国家。

5. 区域集团无论对内对外,既有合作,又有竞争。对内以合作为主,但成员国之间仍有竞争;对外以竞争为主,但必要时也必须彼此妥协和合作。

四、区域经济集团化对世界经济贸易的影响

(一)有利影响

1. 有利于成员国之间贸易的增长。这是由于成员国内部实行自由贸易政策的结果。据统计,20 世纪 50 年代至 70 年代,欧共体内部贸易量已从占对外贸易量的 30% 提高到 50%,1988 年以后更上升到 60% 以上。

2. 有利于每个成员体自身产业结构的调整和优化,加快产业专业化进程。这是因成员国建成统一大市场后,必然促使资金、技术和人才向效率最高、效益最大的产业和地区流动,因此每个国家都能发展自己最具优势产业,淘汰落后产业,从而促进产业结构的优化。

3. 区域集团改变了国际贸易的地域分布,提高了集团在世界贸易中的地位和对外谈判的力量。例如,欧盟自从与欧洲自由贸易联盟组成欧洲经济区后,2009 年对外贸易额已占世界总量的 40% 以上,大大超过北美地区的 13%,形成

了与美国相互竞争的格局,从而加强了欧盟与美国在"乌拉圭回合"乃至"多哈回合"谈判的地位。

4. 区域经济集团能充分发挥成员国之间相互合作的机制,有助于克服重大的经济危机,加快集团内部改革的进程。2007年以后,欧盟中的爱尔兰、希腊、西班牙、意大利等国均不同程度地发生了主权债务危机,使一些国家经济处于十分困难的境地。为此欧盟各国纷纷出手加以支援,并最终达成"财政契约",以法律形式约束各国的财政支出,这不但挽救了几近崩溃的希腊经济,而且对欧盟国家改变长期形成的"低效率、高福利"的社会弊端也是极大的促进。

(二)不利影响

1. 不利于与非成员国的经济贸易往来。例如,1958年美国对欧共体成员国出口额占当年欧共体进口总额的11.4%,而到1986年,欧共体的关税同盟正式形成时,美国对欧共体的出口占欧共体的进口已降至8.8%。这正是集团对外实行贸易保护的必然结果。

2. 不利于全球产业分工的合理发展。例如,欧盟成员国中的法国、意大利、西班牙等国的农业生产效率远远落后于美国,但它们为了保护自身的农业,不但限制美国农产品的进口,而且对自己的农业进行补贴,其结果是保护了落后,而不利于先进的农业技术和管理的传播,站在全球产业合理分工的立场上,这是不利的。

3. 对发展中国家的商品出口和利用外商直接投资均不利。这是集团一旦建成关税同盟,就会产生贸易创造效应及贸易转移效应,其结果是集团内部贸易增加,与非成员国贸易减少。发展中国家由于技术和生产效率远比发达国家落后,对集团的保护措施缺乏必要的应对手段,因此可能被迫退出市场。

4. 集团建立后原有的双边经贸关系被集团统一的经贸政策所取代,这样也会使集团成员国失掉某些传统市场。

第二节 世界主要区域经济集团

二战后,尤其是20世纪60年代以后,随着世界经济一体化进程的加快,区域经济集团无论从数量上、种类上还是地区分布上都有了很大发展,现已分布到六大洲的许多地区。在众多集团中,目前影响较大的是欧盟、北美自由贸易区、亚太经合组织等。

一、欧盟(EU)

欧盟是欧洲经济同盟的简称。它是一个拥有4.8亿人口、领土面积约433万平方千米、27个成员国、经济一体化水平最高的区域经济集团。2009年其国内生产总值已超16万亿美元,进出口总额超过11万亿美元,均超过美国,成为了世界最大的经济体。欧盟的形成与发展表现为下列特点。

(一)成员国不断增加,地域范围不断扩大

欧盟是在1951年由德、法、意、卢、比、荷6国建立的"欧洲煤钢联营"和1957年仍由上述6国建立的"欧洲原子能共同体"、"欧洲经济共同体"三个组织的基础上,于1965年根据《布鲁塞尔条约》合并后改称为"欧洲经济共同体"的。此后其成员国不断增加。

1973年英国、爱尔兰和丹麦加入。

1980年希腊加入。

1986年西班牙、葡萄牙加入。

1995年原属于"欧洲自由贸易联盟"的芬兰、瑞典和奥地利加入。

2004年5月爱沙尼亚、拉脱维亚、立陶宛、波兰、捷克、匈牙利、斯洛伐克、斯洛文尼亚、马耳他、塞浦路斯加入。

2007年罗马尼亚、保加利亚加入。

至今欧共体已有27个国家。广泛分布在西欧、中欧、南欧、北欧和东欧的广大地区,目前欧洲没有加入欧盟的仅有俄罗斯、白俄罗斯、乌克兰、挪威、瑞士、冰岛。

(二)一体化的层次不断提高

欧盟最初建立时要实现关税同盟,至今经历了共同市场后已演变为"经济同盟",由建立时追求经济一体化,至今已深化到政治、安全一体化,一体化的程度不断提高。

1.由关税同盟向共同市场乃至经济同盟转变

1957年欧洲经济共同体初建时,根据《罗马条约》规定,成员国要经过10年的过渡期实现关税同盟,到1992年以前12个成员国已实现了"关税同盟"。1985年欧共体委员会发表了《完善内部市场的白皮书》,决定在1992年建成共同市场,以允许成员国之间一切生产要素自由流动。共同市场如期实现前,1991年12月欧共体成员国的领导人又在荷兰签署了《马斯特里赫特条约》,决定在1993年把欧洲共同市场深化为经济和政治同盟,并改称"欧盟"。1993年11月欧盟正式成立。

2.共同农业政策

欧共体建立时把稳定成员国的农业生产、保障粮食的供应、增加农民收入作为其农业产业政策的核心目标,为此在农业生产和贸易上,它确定了三项基本原则,即单一市场、共同体优先和共同财政责任。所谓单一市场,是指成员国农产品在协调产量的基础上统一价格,并在成员体内部自由流通。共同体优先是指任何成员国要购入农产品,首先应向共同体其他成员国购买,限制非成员国农产品进口,进口时征收差价税,并制定进口限额。所谓共同财政责任,是指各成员国进口非成员国农产品时所收缴的差价税收入,一律上交欧盟委员会,欧盟利用这些收入和各成员国上缴的农业基金,形成欧盟农业发展基金,用以支持各成员国的农业生产和对农产品出口进行补贴,以提高欧盟农产品的竞争力。欧盟的共同农业政策在稳定和促进其农业生产上发挥了巨大作用,但也造成了美欧农产品贸易争端久拖不决。

3. 建立货币同盟

欧共体从1971年就决定建立货币同盟,货币同盟的最终目标是发行和使用统一的货币。为了达到这一目标,欧共体采取了分步过渡的政策和措施。

(1)1979年创立"欧洲汇率机制",为成员国货币设立固定的中心汇率,允许成员国之间的货币汇率在中心汇率上下一定幅度内波动。对非成员国汇率则采取联合浮动机制,以控制汇率风险。

(2)创立"欧洲货币单位"(ECU),用于在成员国之间尚无统一货币的情况下,成员体之间用于清算债务,制定农产品统一价格,编制和管理共同预算的计算单位。

(3)建立"欧洲货币合作基金",总金额为250亿欧洲货币单位,用于干预外汇市场。

(4)1993年签订的《马约》决定发行统一的货币——欧元,并建立欧盟的中央银行。1999年欧元在欧盟12个老成员国中的9个国家开始正式发行并流通(英国、丹麦和瑞典未加入"欧元区")。经过3年过渡期9国本币于2002年正式退出流通。

4. 积极应对成员国发生的主权债务危机,制定欧元区的"财政契约",对成员国的财政预算加以严格的监督和管理

近年来,希腊、爱尔兰、西班牙、葡萄牙、意大利等欧元区的国家相继发生了主权债务危机,它们的财政赤字和公共债务早已大大超过加入欧元区时欧盟制定的,即"财政赤字不得超过GDP的3%"、"公共债务不得超过GDP的60%"的严格标准,从而使各国出现了严重的债务违约风险,从而加剧了欧元的信用危机。为了避免欧元区的解体,欧元区的其他成员国除了提供资金援助外,还决定签署共同的《财政契约》,对各国尤其是债务国的预算支出进行严格的管理,以督

促希腊等国开源节流,度过危机,并防止类似危机在其他成员国再次发生。

5.加强政治、安全、外交和边境检查制度的一体化

为了实现欧盟的政治一体化目标,欧盟签署和通过了《里斯本条约》(即"欧盟宪法"),建立欧盟理事会,选举范龙佩为欧洲理事会主席(相当于"总统"),建立了"欧洲议会"和"法院",在外交上采取统一立场,发出一个声音。为了便于成员国之间的人员往来,把《申根协定》允许人员自由往来的规定纳入了欧盟的统一机制。目前欧盟27个成员国中除英国、爱尔兰、塞浦路斯、罗马尼亚和保加利亚外,均已加入《申根协定》,瑞士、冰岛和挪威虽为非欧盟国家,但也实行《申根协定》。

(三)欧盟扩大所面临的挑战

欧盟是当今成员国最多、一体化程度最高的区域经济集团,目前仍有土耳其、乌克兰、克罗地亚等国申请加入,因此欧盟进一步扩大是必然的趋势。但欧盟的扩大也面临着种种挑战:

1.新成员国往往与老成员国经济发展水平差距过大,导致不同的利益追求和不同的目标,往往在涉及国家利益上彼此产生矛盾,彼此互不妥协时,就难以达成协议、采取一致的行动。例如英国拒签《财政契约》。

2.欧盟预算支出分配方式,难令全体成员都满意。老成员国过去是预算支出的获利者,由于经济落后的新成员国的加入,它们反而成为预算资金的贡献者,新成员却贡献少,而获利多。

3.英、法、德、意等老成员国都希望在欧盟决策中有更大发言权,而一国一票制的决策方式显然无法满足它们力图主导联盟决策的目的。

4.面对欧盟成员国差距较大的客观现实,欧盟在一些决策上采取了"灵活变通"的方式,如允许英国和捷克不受《财政契约》的约束,这使得一体化所追求的趋同性目标发生了动摇,一旦这种灵活性进一步扩大,则会破坏欧盟存在的基础。

二、北美自由贸易区

北美自由贸易区是由美国、加拿大和墨西哥组成的区域经济一体化组织。1987年10月美国和加拿大签署了《美加自由贸易协定》后,墨西哥积极要求加入,经过多轮谈判,1992年8月三方终于达成协议,签署了《北美自由贸易区协议》,并定于1994年正式运转。它是一个拥有4.3亿人口、面积达2130万平方公里、2010年GDP总量约17.2万亿美元、由发达国家和发展中国家组成的区域经济集团。

(一)组建北美自由贸易区的动因

概括地说,动因是内部的引力和外部的压力。内部引力是指巩固和扩展三国间原有经贸关系的需要;外部压力是指由于欧盟、日本等一些国家的崛起,美国在世界经济贸易中所处的地位下降,因此希望联合加、墨以壮大自身竞争实力。具体原因有下列几点。

1.美、加、墨三国领土相连,历来经贸关系紧密。据自贸区成立前1991年统计,加拿大当年出口额为2350亿美元,其中对美出口就占出口总额的75%,美国是加拿大最大贸易伙伴,同样美国最大出口市场是加拿大。美国和加拿大是墨西哥第一和第二的贸易伙伴。

2.美、加、墨加入自贸区都有利于自身需要的满足。对美国来说,组成自贸区一方面可以使本国商品以低关税进入墨西哥市场,改善美国企业在墨西哥的投资环境,保护美国的知识产权,扩大市场准入机会。另一方面,根据原产地规划也可以防止别国商品借道墨西哥进入美国市场。在促进墨西哥工业化进程的同时,能减少墨西哥对美非法移民、毒品走私等社会问题。

加拿大加入自贸区是希望美、墨市场开放制度化,利用法律途径遏制美国的贸易保护主义,为本国产品开辟广阔和有序的市场。

墨西哥希望通过自由贸易区减少美、加贸易壁垒,使自己劳动密集型产品在美国市场上比亚太新兴工业化国家更有竞争力,同时更多地利用美、加的资金和技术加快自身工业化的进程。

3.欧盟、日本的崛起,美国所处地位下降。二战后美国一度处于世界经济的霸主地位。但20世纪60年代以后,由于日本和欧盟的崛起,美国在世界上所处地位下降了,无论是GDP总和还是出口额的总和均被欧盟超过。欧盟在乌拉圭回合谈判中开始与美国分庭抗礼。欧盟的强大在于联合,因此美国也希望走联合的道路,以壮大自己,提高对外谈判的地位。

(二)《北美自由贸易协定》的主要原则

1.贸易与投资自由化原则。三国一致同意经过最长15年的过渡期完全取消关税和非关税壁垒,实现商品贸易的自由化。实现投资自由化,墨西哥向美、加开放金融、保险、证券市场。

2.在原产地规则下实行成员体优先。三国相互交易的商品只要达到一定的原产地标准,就可以享受免税或低关税待遇。如汽车,只要其整车中62.5%的零部件是三国加工制造的,就可以免征关税。

3.动态发展原则。北美自贸区的成员国允许新成员的加入,也允许老成员国退出。《北美自由贸易协定》的内容,可根据世界经济形势和三国国情的变动,经三国协商一致进行修改。

4.人员有序流动的原则。三国允许高素质人才自由流动,但普通劳动者只能有序流动,即美国允许墨西哥每年有一定数量的人移居美国,以解决美国德州劳动力短缺问题。

5. 协商解决贸易摩擦。三国间一旦发生贸易争端,首先由三国协商解决,或由三国同意的仲裁小组进行仲裁,一般不诉诸世贸组织。

6. 各国国内法律基本不变的原则。三国为了避免各国国会对北美自由贸易协定的否决,决定即使国内法与自贸区协定有矛盾,国内法也暂时不变,出现问题后经协商解决。

(三)北美自由贸易区在成立后对三国经济贸易的影响

1. 有利的影响

(1)在促进各国经济增长的同时,三国间的贸易也在不断扩大。自1994年北美自由贸易区正式运转到2003年,美国经济累计增长了38%,加拿大增长了23%,墨西哥增长了55%,而三国间的贸易额也从1993年的3060亿美元,增至2005年8252.2亿美元,其中墨西哥对美出口占美国进口的比重已从9%增至13%,进口则从6.8%上升至11.6%。2005年墨西哥出口总额为2142.3亿美元,而对美、加出口就高达1877.1亿美元,占墨西哥出口比重高达87.7%。同年美对加拿大出口所占比重为23.4%,居美国对各国出口的第一位,对墨西哥出口占13.3%,居第二位。

(2)扩大了美国对墨西哥农产品的出口,一定程度上缓解了美国农产品过剩的危机。从1992年至2000年,美对墨、加农产品出口增长了62%,而同期美国农产品总出口的增长率只有19%。而墨西哥通过引进美国的资金和技术,也加快了产业结构的调整和升级,提高了居民收入水平。2000年墨西哥人均收入为5800多美元,而2005年已增至7180美元。

(3)加快了相互投资的步伐。在三国增加相互投资的同时,一些区外的国家为了绕过北美自贸区所设置的关税和非关税壁垒,也纷纷向三国增加投资。这对三国缓解失业危机发挥了重要作用。

(4)加快了美洲经济一体化的步伐,受北美自由贸易区成立后三国经济利好的影响,美洲先后又建立了许多经济一体化组织,如"南方共同市场"、"墨、哥、委自贸区"、"加勒比海共同体"等,这无疑会加快美洲经济的一体化。

2. 不利的影响

(1)自贸区成立后发生了贸易转移效应,使非自贸区的其他国家与三国的贸易往来减少。例如,1995年中国台湾和香港以及韩国对美服装出口占美进口的21.1%,而2000年则降至14.3%,同期墨西哥对美服装出口则由7%上升到13.6%。

(2)自贸区成立后,使发展中成员体引进外资增多的同时,也加剧了这些国家的金融危机和社会动荡。金融危机来自发达国家抽逃资金,而社会动荡则是因民族工业崩溃、工人失业和强征农民土地。

(3)自贸区成员一旦发生金融危机,其他成员尤其是发达国家成员必然要出手援助,从而加大了发达成员的社会成本,引起国内的不满。

三、亚太经合组织 APEC

"亚太经合组织"的全称是亚洲太平洋经济合作组织,英文的简称为 APEC。它成立于 1989 年,目前共有 21 个成员国(地区),即美国、加拿大、墨西哥、秘鲁、智利、俄罗斯、韩国、日本、中国、中国台湾、中国香港、越南、泰国、马来西亚、新加坡、印度尼西亚、文莱、菲律宾、澳大利亚、新西兰和巴布亚新几内亚。它是世界上人口数量最多、分布地域最广、经济贸易总量最大的区域经济集团。

(一)成立的背景

1.各国均出于维护自身利益的目的而参加 APEC。美国出于和欧盟的竞争,自 20 世纪 90 年代起开始把其经济贸易的重点转向亚太地区。据 1989 年统计,美国从亚太地区的进口占其进口额的 14.3%,出口占出口额的 30.6%;而对欧洲的出口只占 23.8%。美国海外投资有 1/3 的利润来自亚太,因此加强与亚太的合作是其必然选择。

日本本身就位于亚太地区,中国、东盟、韩国、澳大利亚均是其最重要的贸易伙伴。加强与亚太各国的合作,不但有利于其谋求所谓"正常"国家的政治地位,也能巩固其在新兴经济体中所谓"领头雁"的地位。

澳大利亚和新西兰虽属英联邦国家,但二战后由于英国的衰落,澳、新开始把经济的重点转向亚太地区,加强与中、日、韩、美的合作,以巩固其农矿产品的出口市场。

中国、韩国和东盟国家属新兴工业化国家,经济的崛起需要发达国家的资金、技术和市场,更需要彼此合作,以适应产业结构的调整和转移,它们正处于承上启下的关键地位。

2.亚太地区是当今世界经济增长最具活力的地区,亚太地区作为一个整体区域概念已为各国所认同。据统计,1986 年广义的亚太各国其 GDP 的总和已占世界的 44.1%,这已超过欧盟的 21.7%。1970~1986 年亚太各国出口总额增长了 10 倍,而同期世界出口总额只增长了 8.5 倍。亚太地区是当今世界引进外资和外汇储备最多的地区,因此亚太地区作为一个整体已为各国所认同。

3.避免被边缘化,享受区域经济一体化所带来的利益。自 20 世纪 80 年代以后各种区域经济集团日益增多,几乎遍及六大洲。区域经济集团对内自由、对外保护的贸易政策,既有利于成员国自身,又削弱了竞争对手。因此一个国家如果不参与区域经济一体化,必然在经济全球化的总趋势下被边缘化,无法享受一体化的福利,反而受到伤害。

4.亚太地区各个次区域经济集团推动扩大集团规模,以实现规模效益。亚太地区已成立的"北美自由贸易区"、"东盟自由贸易区"、"澳新自贸区"都希望扩大规模,以实现规模效益。

(二)APEC的性质、目标和运行机制

亚太经合组织是一个松散的、渐进式、论坛式的区域经济集团。其一体化的目标有三:首先,实现成员体之间贸易与投资的自由化与便利化;其次,加强成员体之间的经济合作;最后,在防治自然灾害、反对恐怖主义威胁等方面加强合作。其运行机制表现为:

1.开放性。这种开放性主要表现为两方面,第一,其成员体面向亚太地区的所有国家和地区,成员可进可出;其二,采取贸易自由化与便利化的政策和措施,无论对其成员体和非成员体一律平等相待。

2.渐进性与灵活性。由于APEC的成员体众多,而且政治、经济、文化等各方面差异明显,因此在追求贸易自由化与便利化方面,不搞"齐步走"、"一刀切",每个成员体可根据自己本国情况采取"单独承诺"方式,分步实施。

3.非强制性。APEC成员体之间没有像《马约》、《北美自由贸易协定》的法律条约互相约束,因此成员体在追求贸易自由化、便利化过程中,并无严格的义务,即达成的协议声明成员体可根据本国情况酌情履行,不履行者不负违约责任。

4.制度性与非制度性相结合。制度性是指APEC设有4个委员会、13个工作组和1个秘书处,每年召开一次成员体领导人非正式会议和部长会议、高官会议磋商实现上述目标的措施,力争达成一致的声明和决议。非制度性使APEC的任何决议均无严格的约束力,只是表达一种声音和前进的方向,如何实现由成员体独立决定。

(三)APEC一体化的成果

APEC所追求的经济一体化的目标,由于"贸易自由化、便利化"上为所有成员体认同和关注,因此已取得了一定成效;而"加强经济技术合作"多为发展中成员体关注,而发达成员并不积极,因此至今成效甚微。具体成就有4方面:

1.1994年在印度尼西亚茂物召开的第二届领导人非正式会议上,发表了《茂物宣言》,大家一致同意最晚到2020年实现贸易与投资的自由化与便利化,发达成员体应在2010年率先实现贸易自由化。

2.1995年在日本大阪召开的第三届领导人非正式会议上,发表了《大阪行动议程》,各成员体纷纷制定或宣布其减税等自由化的方案。

3. 1997年在温哥华召开的第七届领导人非正式会议上,决定在林产品、玩具、水产品、环保和医疗设备等9个部门率先实行自由化,各成员体对此做出了"单独承诺"。

4. 关税水平不断下降,非关税壁垒逐渐减少。关税已由1996年的平均水平10.7%下降到2009的5%。数量限制、进口附加税、进口许可证、出口补贴等非关税措施均在减少,新西兰已全部取消。在海关程序、标准一致和商业活动等便利化方面,已达成809项共识。

※ 搜集、研读、分析与回答

1. 搜集与分析希腊等国发生主权债务危机的原因及其对欧盟一体化的影响。
2. 欧盟共同农业政策的主要内容及其对乌拉圭回合谈判的影响。
3. 中国在亚太经合组织中处于何种地位?发挥什么作用?

第五章 世界能源贸易地理

第一节 世界能源的储藏和生产

一、世界能源消费结构

所谓能源,是指能够给人类提供各种能量的物质或物质的运动。前者如石油、天然气和煤炭等;后者如水力、风力、畜力等。上述物质或物质的运动属于天然能源或称为第一次能源,由燃烧或使用第一次能源来带动机械产生电力称为第二次能源。

综观人类对能源的开发和利用有四个特点:第一,随着科学技术和生产力的发展,人类所利用的能源由低能量的煤炭、畜力、风力、水力向高能量的石油、天然气、煤炭、核能等转变。第二,人类最初对能源的利用,仅能利用某种单一的能量形式,如燃烧薪炭可以煮饭,是利用其热能;燃烧火把可以照明,是利用其光能;水力冲刷带动石磨来磨面,是利用其动能;但当人类把各种天然能源转化为电力之后,电作为第二次能源却可以转换为各种能量为人类所使用。第三,人类利用的能源不但种类不断增多,而且数量也日益扩大。据统计,1850~1950年期间全球能源消费量已从1亿吨(标油)增至25亿吨(标油)。第四,随着石油、煤炭等化石能源的日渐枯竭和环境污染的日趋加剧,人们正在大力开发可再生能源,如太阳能、地热、风能、水能、核能、生物能等。

能源消费构成,在产业革命前主要是薪炭、水力、风力、畜力等传统能源;产业革命后至20世纪60年代以前主要是煤炭;20世纪60年代以后主要是石油、天然气,其次是煤炭。如表5-1所示。

表 5-1 世界能源消费结构的变化(%)

年份 种类	1973	1985	1995	2002
石油	47.3	37.9	39.7	37.4
天然气	18.0	20.1	23.1	25.5
煤炭	28.2	30.7	27.2	24.4
水力	5.6	6.7	2.7	6.4
核能	0.8	2.5	7.3	6.3

资料来源：[英]《英国石油公司世界能源统计概论》。

20世纪以后，导致石油、天然气等能源消费不断上升的原因主要是：(1)石油、天然气热效率高，但开采成本却比煤炭低；(2)战后波斯湾地区的大油田开始开采，世界石油产量大增；(3)中东地区的石油开采多被美、英、法等发达国家的石油公司控制，它们以极低的价格掠夺当地的石油资源，从而促使消费量急剧上升；(4)大型油轮和长距离输油(气)管道的建造，使长距离运输变为可能，并大大降低了运费。

世界能源消费在地区分布上不平衡。能源消费量大的地区是北美、欧洲和亚太地区。而能源储量多的中东、非洲和拉美地区，却由于经济发展相对落后，能源消费量很少。能源消费量居世界前10位的国家依次是美国、中国、俄罗斯、日本、德国、印度、加拿大、法国、英国和韩国。据2002年统计，美国一个国家的能源消费量就占世界消费总量的28.9%。

二、世界石油的储藏和开采

(一)石油的储藏

据《英国石油公司世界能源统计概论》报道，2002年世界已探明尚未开采的石油储量为10477亿桶，约合1424.8亿吨(每桶约136公斤)。石油的储藏分布不均，北半球多于南半球，东半球多于西半球，主要集中分布在24°N～42°N之间，约占世界石油的56%。世界石油储藏可分为6大储油区。

1. 中东储油区

中东地区的石油储量约占世界储量的65.4%，是世界石油资源最丰富的地区。其中沙特阿拉伯石油储量最多，约占世界的25%，因此有"石油王国"之称；然后是伊拉克，约占世界的10.7%，阿联酋占9.3%，科威特占9.2%，伊朗占8.6%，卡塔尔占1.5%。

中东地区的石油储藏有下列特点：(1)油田规模大，单井产量高。中东地区共有140多个油田,平均每个油田的储量在3.5亿吨以上,均属于大型油田。全世界储量超过6.5亿吨以上的巨型油田有21个,西亚就占了14个,如沙特阿拉伯的加瓦尔油田和科威特的布尔干油田,均为世界著名的巨型油田。单井产量大,如沙特一口油井的日采油量,是美国一口油井日采油量的621倍。(2)地质条件好,埋藏浅,多数油井可自喷。在中东地区一般钻探至1500米～1800米即可出油;而在美国一般要钻至3000米。(3)分布集中,离海近,运输方便。西亚各国的油田除伊拉克的基尔库克油田在内陆外,其他油田均在波斯湾或其沿岸地带,因此原油从波斯湾出口十分方便。(4)西亚全年气温高,降水少,风力小,因此海上采油十分安全。(5)西亚所产原油含腊少,质量好,多为中轻质原油。

2. 中南美洲储油区

主要分布在墨西哥湾和加勒比海周围中南美洲的一些国家和地区,如墨西哥、委内瑞拉、厄瓜多尔、特立尼达和多巴哥等,其储量约占世界的9.4%。以委内瑞拉储量最多,约占世界的7.4%;其次是墨西哥,约占1.2%。

3. 欧洲及独联体储油区

这一储油区主要分布在欧洲的北海、俄罗斯的西伯利亚和远东地区,里海周围的一些国家,如阿塞拜疆、哈萨克斯坦等国。其储量约占世界的9.3%。主要国家除俄罗斯外,还有英国、挪威、哈萨克斯坦、阿塞拜疆和土库曼斯坦。

4. 非洲储油区

非洲储油区的储量约占世界的7.4%,主要分布在撒哈拉大沙漠和几内亚湾沿岸以及南部非洲的卡拉哈里地区。主要国家有埃及、苏丹、阿尔及利亚、利比亚、尼日利亚、喀麦隆、安哥拉等。其中以利比亚储量最多,约占世界的2.8%。

5. 北美储油区

储量约占世界的4.8%,主要分布在美国的墨西哥湾沿岸、南加州、北冰洋的阿拉斯加沿岸和加拿大中部草原三省。

6. 亚太储油区

储量约占世界的3.7%,主要分布在中国、马来西亚、印度尼西亚和文莱等国。其中中国储量最多,约占世界的1.7%。

(二)石油的开采

人类对石油进行工业化开采始于19世纪50年代,即1859年美国在宾夕法尼亚州西部发现石油并进行开采,但直到第二次大战前世界石油开采主要集中在美国、苏联和委内瑞拉三个国家,它们的产量占当时世界总产量的90%,1940年世界石油产量仅2.6亿吨。二战后,由于中东等地的石油得到开发,1950年世界石油产量就增至5.2亿吨。1979年第二次能源危机前,全世界石油产量已达31亿吨,约为战前产量的12倍。从1857～1994年的128年间全世界累计开采石油767亿吨,而20世纪60年代至80年代累计采油561亿吨,约占128年总产量的78%,这说明石油的大规模开采是二战后,尤其是60年代以后的事。20世纪80年代以后,在两次能源危机的冲击下,石油价格暴涨,导致需求下降,石油产量增长趋缓,2002年产量仅35.8亿吨,以后每年的增幅也就是1%～2%左右。2010年采油量居世界前25位的国家不完全统计,石油产量为34.5亿吨。二战前美国一个国家的石油产量就占世界的70%,1965年西亚海湾地区的石油产量达到4亿吨,开始超过美国,成为世界最大的产油区。此后中国、英国、挪威、印尼、马来西亚、利比亚、尼日利亚等国纷纷加入了产油国的行列,石油生产走向了多极化。1990年苏联解体前,其年产量最高曾达5亿吨,居世界第一位,其次是沙特和美国。苏联解体、俄罗斯独立后,由于国内秩序的动荡,其石油产量曾急剧下降,沙特产量超过俄罗斯成为最大产油国。1995年沙特石油产量达4亿吨,美国为3.8亿吨,而俄罗斯仅为2亿吨。当年产量超过1亿吨的国家还有中国、英国、伊朗、墨西哥和委内瑞拉。1998年普京继任俄罗斯总统后,把稳定恢复石油、天然气生产作为经济发展的重点,2008年产量已达4.9亿吨,重新成为世界石油产量最多的国家。2010年石油产量最多的国家是俄罗斯,为5.051亿吨,其次是沙特4.678亿吨,第三是美国3.391亿吨,第四是伊朗2.032亿吨,第五是中国2.030亿吨。产量超过1亿吨的还有加拿大、墨西哥、阿联酋、委内瑞拉、科威特、伊拉克、尼日利亚和巴西。

  世界石油开采和冶炼过去主要由西方发达国家号称"石油七姐妹"的跨国公司所控制,如美孚、埃克森、英荷壳牌、英国皇家石油公司等,1949年七大石油公司控制了除美国、苏联以外世界其他国家(地区)4/5的石油储藏、90%的石油开采、75%的石油冶炼和全部的输油管道。

  20世纪60年以后,随着亚非拉一些发展中国家加入产油国行列,尤其是1960年"石油输出国组织"成立之后,这些产油国纷纷对石油的开采实行"国有化"或控制在西方石油公司的股权,以反对西方跨国公司的剥削和掠夺。目前沙特阿拉伯石油公司、俄罗斯天然气工业股份公司、中国石油天然气公司、伊朗国家石油公司、委内瑞拉石油公司、巴西石油公司和马来西亚石油公司已控制本国72%的石油生产,并积极参与国际石油的开发与合作,被称为"石油新七姐妹"。

  随着原油产量的不断增长,世界炼油能力也日益增强。20世纪50年代,年炼油能力超过1亿吨的国家仅有美国,而到20世纪80年代,炼油能力大的国家除了美、英、俄、法、德、意、日等发达国家外,还有中国、墨西哥、新加坡、委内瑞拉等国。世界重要的炼油工业中心有美国的休斯敦、俄罗斯的乌法、荷兰的鹿特丹、日本的鹿尔岛、新加坡等地。

三、天然气与煤炭的储藏与开采

（一）天然气

天然气与石油一样，是具有发热量高、开采成本低、污染小而又能作化工原料等特点的能源。世界上对天然气实行规模化商业开采是1948~1949年，大大晚于煤炭和石油的开发利用。但由于它具有的上述优点，使天然气在能源消费构成中所占比重不断上升，从1960年时占能源消费总量的15.1%上升到2002年的25.5%，超过了煤炭，仅少于石油。

据《BP世界能源统计2007》报道，2006年世界已探明天然气储量为181.46万亿立方米。天然气的储藏具有地域分布广、但又相对集中的特点。从地域来看，包括独联体在内的欧洲储量最多，占世界总储量的39.2%；其次是中东地区，约占世界的36%；亚太地区占8.1%；非洲占7.6%；南北美洲合计占9.1%。从国家来看，天然气最丰富的国家是俄罗斯，约47.65万亿立方米，占世界的26.2%；其次是伊朗，约28.13亿立方米，占世界的15%；第三是卡塔尔，约25.36万亿立方米，占世界的13.9%。其他较为丰富的国家有沙特、阿联酋、土库曼、美国等。

由于油气具有共生的特点，世界大型天然气田与油田的分布大体一致，也多分布在波斯湾、墨西哥湾、加勒比海、几内亚湾、北海、北冰洋沿岸和西伯利亚、中亚、里海周围等内陆地区。著名的大型天然气田，如俄罗斯位于西西伯利亚平原上的乌连戈依天然气田和土伦平原上的奥伦堡天然气田，位于波斯湾沿岸伊朗的北帕果斯、南帕果斯、塔布纳克、霍马等气田，以及美国阿拉斯加州北冰洋沿岸的普拉德霍湾气田。

随着石油价格的飚升，天然气的身价也越来越高，产量也就随着需求量的增长而不断增加。据统计，1994年天然气的产量比1950年净增了9.6倍。2006年世界天然气的总产量为28653亿立方米，产量居世界前10位的国家是俄罗斯（6121亿立方米）、美国（5241亿立方米）、加拿大（1870亿立方米）、伊朗、挪威、阿尔及利亚、英国、印尼、沙特和土库曼斯坦。2010年天然气开采量居世界前10位的国家是美国（6610亿立方米）、俄罗斯（5889亿立方米）、加拿大（1598亿立方米）、伊朗（1385亿立方米）、卡塔尔（1167亿立方米）、挪威（1064亿立方米）、中国（968亿立方米）、沙特（839亿立方米）、印尼（820亿立方米）、阿尔及利亚（804亿立方米）。

（二）煤炭

从18世纪至20世纪60年代，煤炭一直是占第一位的能源。全球含煤地层约占陆地面积的15%，但分布不太平均，北半球多于南半球，东半球多于西半球。北半球的煤炭主要分布在 30°N～70°N 之间,东起中国的华北、东北、西北地区,向西经哈萨克斯坦、俄罗斯、乌克兰、波兰、德国、法国到英国,再向西跨越大西洋到达美国的阿巴拉契亚山脉、落基山脉东侧、密西西比河中游。上述地区约占全球煤炭储量的 70%。南半球的煤炭资源主要分布在澳大利亚、南非和博茨瓦纳。

目前全世界已发现有煤炭储藏的国家约 80 多个,但以美国储量最丰富,其次为俄罗斯、中国、印度、澳大利亚、南非、乌克兰、哈萨克斯坦、波兰和巴西。根据《BP 世界能源统计 2007》报道,2006 年世界已探明的煤炭可采储量为 9090.64 亿吨,可采年限为 147 年。美国储量为 2246 亿吨,俄罗斯为 1570 亿吨,中国为 1154 亿吨,印度为 924 亿吨。

世界煤炭开采大致经历了四个阶段:

1. 1860～1913 年,是世界煤炭开采大发展时期。1913 年世界煤炭总产量已达 11 亿吨,比 1860 年增长了 7 倍。这是由于产业革命后,西方国家正在进行工业化,煤炭作为最重要的能源需求量猛增的结果。当时的主要采煤国为英国、德国、美国、俄罗斯。

2. 1914～1950 年,煤炭产量趋于稳定,1950 年的世界总产量为 18 亿吨。

3. 1951～1974 年,煤炭的开采走向萧条,西方国家的许多老煤矿停产或关闭,煤炭作为最重要的能源已被石油取代。

4. 1974 年以后由于两次"能源危机"的发生,石油价格暴涨,许多国家又开始弃油烧煤,使煤炭开采又出现了恢复性增长,1983 年产量达到 48.8 亿吨。

世界煤炭年产量最多的国家是中国。据 2007 年统计,当年中国煤炭产量为 21.46 亿吨,其次是美国为 9.77 亿吨,第三是澳大利亚 3.58 亿吨,第四印度为 3.01 亿吨,第五是南非 2.58 亿吨。据《BP 世界能源统计报告 2007》报道,2010 年世界煤炭产量比上年增长了 6.3%,高于历史平均水平,亚太地区占全球增长的 88.6%,中国以 9% 的增幅处于领先地位。中国 2010 年产量居世界第 2 位,约 32.4 亿吨,相当于 1800.4 百万吨油当量,占世界总产量的 48.3%。美国居世界第 2 位,约 552.2 百万吨油当量,占世界的 14.8%;第 3 位是澳大利亚,235.4 百万吨油当量,占世界的 6.3%;居世界第 4、5、6 位的是印度、印度尼西亚和俄罗斯。

第二节 世界能源消费与贸易

一、石油的消费与贸易

世界石油开采地域分布不平衡,石油消费也不平衡。石油开采主要集中在发展中国家,而石油的消费却以发达国家为主。据 2002 年统计,西方 7 国集团约占世界石油消费总量的 45%,其中美国产量占世界的 9.9%,而其消费量却占 25.4%,日本、韩国、中国台湾、新加坡几乎不生产石油,而它们的消费却占世界的 11%。中国自 1978 年改革开放后,随着工业化进程的加快,石油消费量也在快速增长。目前中国石油的产量占世界的 4.8%,而消费量却占 7.4%,每年消费量中的 56% 要依赖进口。中东各产油国石油储量占世界的 65.4%,产量占 28.5%,而消费量却只占 5.6%。俄罗斯石油产量占世界 10.7%,而消费量只占 3.5%。拉美地区石油产量占世界 9.5%,而消费量只占 6%。

基于上述石油生产与消费的不平衡,在世界石油贸易中,俄罗斯、海湾地区产油国、非洲产油国、拉美产油国,以及英国、挪威、加拿大等为石油出口国,而美国、日本、中国、法国、德国、意大利、中东欧国家、亚太新兴经济体均为石油进口国,其中最大石油进口国为美国。美国进口石油的来源地主要是拉美的墨西哥、委内瑞拉、海湾国家和加拿大。其中从美洲地区进口占 51%,从海湾地区进口占 22%,从非洲进口占 22%。中国是仅次于美国的第二大石油进口国,石油来源地是伊朗、沙特阿拉伯、阿曼、苏丹、安哥拉、尼日利亚和俄罗斯。日本是世界第三大石油进口国。

二、石油危机及石油储备

(一)石油危机

二战后,石油成为最重要的能源,当石油价格暴涨,企业生产成本上升,企业经营亏损而导致国家经济全面出现衰退时,人们称其为石油危机或能源危机。第二次大战后至 20 世纪 80 年代,世界上发生了两次影响极大的能源危机。

第一次能源危机发生在 1973~1974 年。起因是 1973 年 10 月爆发了以色列和阿拉伯国家间的第四次中东战争。由于在战争期间以美国为首的西方国家支持以色列,以阿拉伯国家为主体的"石油输出国组织"决定以石油为武器打击美欧等西方国家,宣布对美欧国家实行石油禁运,并把石油日产量减少 500 万桶,从而使石油的供需平衡遭到破坏,油价由 1973 年前的每桶 3 美元到 1974 年猛涨到 10.6 美元,直到 1978 年油价始终维持在每桶 10～14 美元之间。如此高油价导致西方国家经济出现了衰退,人们称之为第一次能源危机。

第二次能源危机发生在 1979～1980 年。原因是伊朗发生了推翻巴列维王朝的伊斯兰革命,使伊朗国内局势发生动荡,伊朗石油日产量由 500 万桶减少到 100 万桶。随后又发生了伊拉克与伊朗的战争,伊拉克石油日产量减少了 290 万桶,伊朗减少了 60 万桶,导致世界石油供给量急剧下降,从而使油价暴涨,由每桶 14 美元上涨到 1981 年的 35 美元。如果再加上通货膨胀、美元贬值等因素,原油的实际价格已高达 60 美元/桶,从而又一次使西方国家经济出现衰退,人们称之为第二次能源危机。

通过上述两次能源危机发生原因的分析,能源危机并不是真正意义的石油短缺或枯竭,而只是石油供应与需求的平衡暂时遭到破坏,加之石油寡头恶意炒作和美元贬值所造成的。

两次能源危机虽然造成了世界经济尤其是发达国家经济的全面衰退等负面效应,但也促使发达国家开始调整产业结构,纷纷淘汰资源密集型和污染严重的产业,发展高科技产业和服务业,研制和开发可再生能源。发达国家产业的调整除了促使它们自身的产业升级和能源的节约外,也为发展中国家引进资金、技术,加快经济的发展提供了一个契机。

(二)石油储备

鉴于两次能源危机给西方发达国家和一些新兴工业化国家经济发展造成的巨大冲击,1974 年以美国为首的西方国家联手组建了"国际能源署"(IEA),敦促各国进行石油储备,要求其成员国最少储备约可供 90 天消费的石油,以备不时之需。世界石油储备制度由此开启。

石油储备制度分为战略石油储备和商业石油储备两部分。前者是政府行为,后者是企业行为。国家的战略石油储备以管理实施的制度来划分,可分为三种类型,即政府主导型、政策(企业)主导型和综合型。

1. 政府主导型,美国是这种类型的代表。其储备的办法是,联邦政府成立专门的石油储备管理机构来负责管理石油储备;联邦政府出资修建储油设施和购买原油;在遭到重大政治、军事和自然事故时,只有美国总统颁布命令才能动用石油储备;动用石油储备时以招投标方式,公开在市场上出售。美国自 1977 年建立石油储备以来至今已储备石油达 7.27 亿桶,另有商业石油储备 3.5 亿桶,能满足美国 158 天的消费用油。

2. 政策主导型(企业主导型),欧盟一些国家是这种类型。其战略石油储备的做法是:石油储备政策由政府制定并予以颁布实行,而具体储油工作由经营石油的企业根据政府的规定去完成,即购买石油、建设储油设施等均由企业出资完成。政府对企业储油所需资金给予一定的补贴、低息贷款或免除税收等支持政策。储油的动用由政府颁布命令,由企业按市场价格出售。

3. 混合型,这种类型的国家主要是日本。其石油储备的特点是:石油储备由政府和石油企业共同分担,即政府储备可供 90 天消费的石油,企业储备可供 70 天消费的石油,各自出资、各自实施和管理。政府对企业的储备状况予以核查、监督和评定。只有政府颁布命令时才能动用,动用时无论是政府还是企业均按市场规律操作。日本目前石油储备可供 169 天的消费。

中国石油储备很晚,2004 年以前中国只有商业储备,没有政府战略石油储备。2004 年以后,中国开始建立战略石油储备,储油基地在沿海四个地区,即大连、青岛、镇江、镇海。2006 年浙江镇海储油基地的建设已完工,并正式投入了使用,其他还正在建设中。2012 年我国石油储备可达 2.74 亿桶,远期的储油目标是满足全国 90 天的消费量。

三、天然气的消费和贸易

天然气的消费无论是在国家还是地区间均不平衡,中东地区和非洲尽管天然气资源丰富,但其消费量只占世界的 9% 和 2.6%,而其他地区占世界消费量的 89%。据 2006 年统计,全球当年天然气消费量为 28508 亿立方米,排在消费量前 10 位的国家依次是,美国 6197 亿立方米,俄罗斯 4321 亿立方米,伊朗 1051 亿立方米,加拿大 966 亿立方米,英国 908 亿立方米,德国 872 亿立方米,日本 846 亿立方米,意大利 771 亿立方米,最后还有沙特、乌克兰。其中西方七国就占世界天然气消费的 48%。

天然气的主要出口国是俄罗斯、伊朗、土库曼斯坦、沙特阿拉伯和印度尼西亚。俄罗斯是乌克兰和中东欧国家天然气的主要供应国,主要通过管道进行输送。第一条管道东起西伯利亚的乌连戈依经乌克兰到达东欧,第二条管道东起奥伦堡经乌克兰到达东南欧。目前欧盟国家中每年天然气的消费量中有 1/4 来自俄罗斯,俄罗斯向乌克兰和欧盟年输出量为 2900 亿立方米,其中 1750 亿立方米输往欧盟。沙特阿拉伯和印度尼西亚是以液化石油气的方式通过海运出口到日本、韩国等国家和地区。近年来中国加强了与中亚各国的油气资源的开发与输送的合作,已建成了从土库曼斯坦经乌兹别克斯坦、哈萨克斯坦到中国新疆的输气管道,来自中亚的天然气已融入到我国"西气东输"的网络中。

四、煤炭的消费与贸易

煤炭由于有发热量低、开采成本高、运输不便、污染环境等缺点,因此 20 世纪 60 年代以后,在能源消费中比重已下降。但 20 世纪 70 年代以后由于石油价格不断上涨,以及煤的液化、气化技术的进步和坑口发电的实行,世界煤炭的消费量又有所增长。2006年全球煤炭消费量比2005年增长了4.5%,高于过去10年的平均水平。煤炭消费中用于发电的所占比重约为44%,美国和德国占50%,印度占60%,而在中国76%的发电燃料、86%的民用燃料、60%的化工原料均是煤炭。世界产煤大国也是煤炭消费大国,中国、美国和印度三个国家的煤炭消费量约占世界煤炭总消费量的58%,其次是俄罗斯、德国和法国。

据《BP世界能源统计2007》报道,未来世界能源消费的增长,将更多地依赖煤炭,因为石油、天然气比煤更为稀缺。已探明的石油储量尚可开采40多年、天然气66年,而煤炭为162年,而且国际市场上煤炭价格上涨的幅度远远低于石油和天然气。

煤炭由于运输不便,因此出口量很少。主要出口国有澳大利亚、印度、南非、俄罗斯、中国、哥伦比亚、美国、加拿大、波兰等国。2006年它们的出口量为8亿吨,约占当年世界出口量的96.3%。主要进口的国家和地区是日本、韩国、中国台湾等,约占世界进口的40%。中国虽是煤炭生产最多的国家,但由于消费量大,2011年已成为煤炭净进口国。

※ 搜集、研读、分析和回答

1. 说明人类社会对能源利用的历史进程及当前能源消费结构。
2. 分析造成20世纪两次能源危机的原因,及其对世界经济的影响。
3. 分析世界石油、天然气、煤炭的开采与消费的地理状况,并归纳能源的流向。

第六章 国际贸易与环境保护

第一节 环境与环境问题

一、环境的定义及环境与人类的关系

环境有广义及狭义之分,广义的环境是指对任何主体而言,它周围的其他事物的状况;狭义的环境是指自然生态环境,它是由地球表面四个圈层即岩石圈、水圈、大气圈、生物圈组成的一个相互影响、相互制约的有机整体。

人类与环境相互依存、相互影响、相互制约,这种关系体现在下述几点:

1. 环境是人类赖以生存和发展的物质基础。所谓物质基础主要包括两个方面,其一,人类需从环境中摄取生存所需要的一切物质和能量,如水、空气、食物、阳光等;其二,人类要把自身生存和发展过程中所产生的一切废物排放到环境中去,由环境进行净化。当环境无法满足人类对上述物质的需要或无法净化废弃物时,人类的生存必然受到威胁。

2. 环境与人类的相互作用,主要通过人类的活动,尤其是人类的生产活动。因此环境的恶化是人类不正当生产活动造成的,反过来环境的改善与修复也有赖于人类在遵循自然规律条件下正确的、科学的生产活动。

3. 人类与环境的关系与其他生物不同,其他生物是适应环境,适者生存,不适者淘汰;人类是能动地利用与改造环境,在人与环境的关系中,人起着主导作用。环境的恶化与改善均是人类自身造成的,不能怨天,只能尤人。

二、当前人类面临的主要环境问题

所谓环境问题又称环境危机,是指环境出现的危及人类自身生存和发展的问题。当今环境问题主要表现为三个方面:第一,人类所需的各种资源面临枯竭;第二,各种污染日趋加剧;第三,人类自身繁殖过快。

(一)资源的破坏与耗竭

资源是指环境中能够为人类提供各种物质和能量的有形财富,如土地、森林、水、矿产等。近200多年来,由于工业化的迅速发展,许多资源因消耗过量而面临枯竭,尤以森林、水和矿产最为突出。

1.森林资源遭到破坏。历史上地球陆地表面森林面积曾有76亿公顷,约占陆地面积的1/2,由于人类的过度砍伐目前只剩下26亿公顷,森林覆盖率已降至20%,而且至今仍以每年200万公顷的速度在消失。撒哈拉以南非洲国家的森林面积比过去减少了30%;菲律宾曾有森林6000万公顷,目前只剩下500万公顷;近十年来全球森林面积减少了2.2%。森林面积的减少,主要是由于人类盲目地毁林以扩大耕地,扩展城市空间和修建铁路和公路;其次出口木材以换取外汇。

森林减少的首要恶果是水土流失严重、风沙侵蚀加剧和土地沙漠化的扩大。据联合国有关部门统计,自20世纪90年代中期至2000年,全球每年有3436平方千米的土地变为沙漠。土地的消失和减少已危及到100多个国家约10亿人口的生存。

森林的减少,使许多动物和植物生长或生存的条件不断恶化,导致许多动物被迫迁徙,或面临死亡,许多植物濒临枯萎或灭绝。一些动植物的减少或灭绝破坏了生物生存的"食物链",进一步加剧了其他动植物的消失,从而也进一步危及人类自身的生存。

森林的减少使土地的蓄水能力下降,从而加剧了水旱灾害。我国1998年长江中下游发生的特大洪水灾害,其中最重要的原因之一就是其上游森林资源遭到破坏,导致土地蓄水能力下降而造成的。

2.水资源日益匮乏。水是地球上一切生命的源泉。地球陆地上可供人类使用的淡水约有2800万立方千米,占地球表面总水量的2.7%,这说明水是何等稀缺。如此稀少的"淡水"中85%在南极,以大陆冰川的形式存在,人类目前无法利用。14%在地表以下为地下水,需要打井才能使用。另外1%存在于陆地的江、河、湖泊、沼泽和山地冰川中,人类可直接利用。

随着工农业的发展和世界人口的不断增长,人类对水的消费也日益增多。据有关部门测算,进入20世纪以来,工业用水增长了20倍,农业用水增长了7倍,居民生活用水增长了2倍,从而导致世界人均拥有水资源的数量不断减少。据统计,目前全世界约有80多个国家15亿人口面临供水不足,致使"水难民"日益增多。1998年全世界"水难民"的数量约有2500万人,已经超过因战争而成为难民的人数。

3.矿产资源的储量急剧下降。随着各国工业化的发展,矿产资源的消耗量也越来越多。据统计,从1961年至1980年铁矿石的开采量增长了80%,铝土矿产量增长了1.9倍,煤炭产量增长了40%。由于对矿产资源的过多消耗,有些矿产的储藏已接近枯竭状态。据专家们估计,以现已探明的储量和现年均开采量计算,石油还可供开采的年限约40年,铁矿石约240年,锡矿只能开采17年。一旦某种矿产资源枯竭,新的资源或可替代资源尚未发现,则人类的生活、生产就难以为继。

(二)环境污染日趋严重

环境污染主要包括大气污染、水污染和放射性污染。

1. 大气污染。由于现代工业生产大量使用煤炭、石油、天然气作为主要能源,它们在燃烧过程中必然向空气中排放很多的CO_2和SO_2等有害气体,有害气体的增多造成了温室效应、酸雨和臭氧层空洞等环境恶果。温室效应会加快南极大陆冰川的融化,使海平面升高,一些地势低洼的国家或地区将面临丧失家园的危险。酸雨则会导致农作物和森林、草地的枯萎,从而危及人类粮食等农畜产品的供应。臭氧层空洞是人类使用含氟的制冷剂时,产生出大量的氟、氯、烃等有害气体,这些有害气体会分解臭氧层使之发生空洞,致使太阳短波辐射可以透过大气层直射地面,危及人体健康。

2. 水源污染。由于人类在生产和生活中毫无节制地向江、河、湖、海中排放废水、废液、垃圾等废物,以及石油在海上开采和运输中发生泄漏而导致的。据统计,全世界每年约有4200亿立方米的污水排入江河湖海等水域,造成50000亿吨的水源被污染,使世界约20%的人口缺乏安全用水,因水源污染造成的损失高达800亿美元。世界著名的环境公害即日本的"水俣病"就是污染海水造成的。

3. 放射性污染,又称核污染。主要是由于世界一些核大国进行核军备竞赛、地下核试验和核电站发生事故造成核泄漏,以及核废料非法的倾倒和越境转移造成的,其结果是直接威胁人类的生存。1994年原苏联发生的切尔诺贝利核电站泄漏,2011年日本福岛核电站发生的泄漏,均产生了极大的环境恶果,至今仍未完全清除。

(三)世界人口的增长过快

自18世纪中期以后,由于世界绝大多数国家先后进入到工业化阶段,随着生产力的迅速发展,人们的生活水平也相应提高,因此促进了人口快速增长。据统计,1800年时全世界人口仅10亿,1960年增长到30亿,1999年人口已超过60亿,目前全世界人口已近70亿。人口过快的增长,导致各种资源人均数量下降,更可怕的是导致许多人口面临缺粮、缺水、缺清洁空气而无法生存的危险。据统计,目前全世界因缺乏食物而导致营养不良的人口约5亿,如非洲的索马里、肯尼亚、乌干达等国因环境的恶化导致饥饿死亡的人数不断增加。

三、人类为防止环境危机的思考

(一)充分认识环境问题产生的实质

当人类面临种种环境问题,并思考如何防止危机发生时,必然要思考一个问题,即环境问题是如何产生的?其实质是什么?当人们分析了人类社会历史发展进程之后,无疑会得出这样一个结论,即环境问题的实质是一个发展问题,是由于发达国家发展不当,发展中国家发展落后所造成的。

所谓发展不当,从环境效益的角度分析是指西方发达国家实现工业化的过程,实质上是一个全球生态环境遭到破坏的过程。这是由于它们在经济发展中走了一条"高生产、高消费、先污染、后治理"的道路。它们在使经济快速增长的同时,却使森林、草地、水和矿产等资源受到了高度的消耗和破坏;而且工业生产中排出的各种废水、废液、固体垃圾等毫无节制地向环境中排放,超出了环境自身净化的能力,导致生态环境被破坏。世界著名的环境公害,如英国的"毒雾"事件、日本的"水俣病"、美国的"沙尘暴"等,均首先发生在发达国家。直到现在,发达国家有害气体排放量仍占世界的65%,资源消耗量占80%,氟、氯、烃的排放量占85%。

所谓发展落后,是指亚非拉广大的发展中国家过去由于长期遭受殖民地、半殖民地统治,经济极端落后,二战后这些国家虽在政治上获得了独立和解放,但经济落后的状况一时难以改变,而且至今仍遭受着旧的国际经济秩序的束缚,继续受到发达国家的剥削和掠夺。因此它们只能把发展放在第一位,以维持自身的生存,无论从经济基础和科技实力上它们都无法保护环境,在经济和社会发展中多数国家仍然走着"先污染、后治理"的老路。正是由于经济和社会发展战略的不当,才造成目前世界上的种种环境问题。因此要从根本上防治环境危机,战略的改变是关键。

(二)可持续发展战略的提出

20世纪60年代以后,随着全球生态环境的日益恶化,人们开始寻找一条经济发展与生态环境和谐相处的道路。为此世界许多科学家、政治家进行了大量的探索,提出了一系列主张,从而引起了联合国的关注。1972年联合国人类环境会议在瑞典首都斯德哥尔摩召开,大会通过了《人类环境宣言》,它向全世界呼吁,在我们决定自己的行动时,必须更加谨慎地研究它对环境可能产生的后果,保护地球的环境是关系到世界人民生活幸福和经济发展的长远问题,这是各国政府的责任,也是人类共同的目标。

1983年联合国成立了"世界环境与发展委员会"(WCED),并于1987年向联合国大会提交了研究报告《我们共同的未来》,首次提出了"可持续发展道路"这一战略口号。此后在1992年和2002先后在巴西和南非召开的世界环境大会上均肯定了"可持续发展战略",并制定了落实这一战略的行动细则。1999年在日本签署的《京都议定书》,更为发达国家制定了减少温室气体排放的目标和任务。

(三)可持续发展战略的内涵

可持续发展战略,是指经济的发展应该不但满足当代人的需要,而且不能对后代人满足其自身需要构成威胁的发展。

可持续发展应从四个方面体现:

第一,从自然生态环境看,人类对自然环境各种资源的开发和利用,不但要满足当代人的需要,而且不能危害子孙后代人满足其自身需要的能力,要保持生态平衡。

第二,从社会领域看,可持续发展是在不超过生态环境承载能力下,提高人类的生活质量和水平,创造一个人与自然和谐、当代人与后代人永存永续的发展环境。

第三,从经济领域看,可持续发展的核心是发展,即经济与社会的发展。但这种经济的发展,不应当以牺牲环境为代价,不应以危及后代人的需求能力为代价,而是经济与生态保持良性的循环,当代人与后代人保持平等的延续。

第四,从技术层面看,可持续发展是指人类在生产和生活中使用更清洁的技术设备和方法,减少废物的排放,节约资源消耗,走可持续利用的道路。

可持续发展战略的目标有三点,首先,鼓励经济的增长,通过经济的增长增加社会财富,提高国力和人们的生活水平;其次,保持资源的永续利用和良好的生态环境;最后,以经济发展为基础,以保护生态环境为条件,以社会进步为最终目标,使三者协调一致,相互促进。

第二节 国际贸易与环境保护

一、国际经贸活动与环境的关系

国际经贸活动,是指商品、资金、技术和劳动力跨越本国国境向外输出、向内输入的活动。由于生产要素的跨国流动,能够大大促进生产力的发展,因此,既加深了各种环境资源的开发利用,同时也增加了废物对环境的排放,从而对生态环境产生有利和不利的影响。

国际经贸活动对环境的影响,主要决定于经济活动的规模、结构和技术,即规模效应、结构效应和技术效应。

1. 规模效应,是指一个国家国际经贸活动增加时,必然促使其经济规模扩大。一方面,当一个国家技术水平和资源使用效率低下时,经济规模的扩大必然导致自然资源的过量消耗和污染物排放数量的增加,显然对保护环境不利。另一方面,随着经济规模的扩大,国家实力的增强,居民收入水平的提高,消费者环保意识的增强,需要购买"环境友好型"的产品;厂商为了满足顾客的需求,也要大力生产清洁产品;政府为了满足居民对环境的要求,也会制定各种法规、政策和标准,对人们的生产活动、消费活动加以规范,并不断增加公共财政对环境保护的支出。因此从长远发展来看,经济规模的扩大有利于环境保护;但在短期内,当政府对经济的投入和人均收入水平较低时,规模的扩大不利于环境保护。

2. 结构效应,是指一个国家如果出口的商品是低档资源性产品,引进外资所从事的工业是资源采掘或低端加工制成品,必然加剧本国资源的消耗和污染的扩大,不利于环境保护。相反,当一国出口是高科技产品和服务产品,引进的外资为高科技型产业和高端服务业时,必然减少资源的消耗和污染物的排放,对环境有利。

3. 技术效应。技术因素的影响表现在,第一,对外经贸活动导致收入的增加,必然使国家或企业有更多的资金进行新技术、新产品的研发,往往能节约资源,减少污染。第二,自由贸易的竞争,必然促使企业要不断降低成本,以提高产品的价格竞争力。成本的降低,主要是来自减少对资源的消耗,因此促使企业向清洁生产、高技术生产转变,有利于环境保护。第三,在自由贸易条件下,一些污染严重、消耗资源过多的产品,由于缺乏竞争优势,被迫退出市场,停止生产和使用,必然对环境有利。因此技术效应永远是正值。

二、国际经贸活动对环境有利的影响

1. 一些国家在实现经济现代化过程中,既要使经济快速发展,又要保护环境,却面临资金短缺的困难,因此扩大出口创汇,并积极地利用外资是解决资金短缺问题的重要途径。据统计,我国每年用于环保的资金只占 GDP 的 1%,因资金短缺,无法控制环境的恶化,如果达到 2%,就能大大减少污染。当我国自身资金不足时,可以利用世界银行和某些发达国家提供的优惠贷款。

2. 通过对外经贸活动,可以充分利用国外的某些资源,使本国短缺的资源得到适当保护和更新。例如,我国是个森林资源短缺的国家,而工业生产、人民生活又需要大量木材和纸张,砍伐自家的森林必加速本国环境的恶化,因此我们可以从俄罗斯、加拿大进口木材和纸张,这无疑对环境有利。

3. 我国在工业生产中由于技术落后、设备陈旧，每生产一个单位的产值其能源利用效率只是世界平均水平的46%，因此加剧了资源的消耗和污染的扩大。解决这种问题的重要办法是通过对外贸易引进国外先进的技术和设备，以提高我国能源的利用率，并减少污染物的排放。

4. 在农业生产中引进国外先进的农业生产技术和优良的农作物品种，不但可以提高农作物的产量，而且可以节约用水，减少水土流失，提高土壤的肥力和减少病虫害。如我们引进以色列的滴灌技术，就可以改大田漫灌为滴灌，必将大大节约用水，有利于生态平衡。

5. 世界组织(WTO)在许多协议、协定中都对保护环境做出了严格规定，我国加入WTO后就要严格履行这些规定，不能逆转，其结果必然使我国对外经贸活动中走向法制化、制度化，有利于环境保护。

三、国际经贸活动对环境保护不利的影响

1. 一些发达国家往往利用发展中国家急于引进外资的机会，把本国资源消耗过多、污染严重的工业，转移到发展中国家，借以转嫁环境危机。例如，1984年，印度博帕尔市一家化工厂发生的毒气泄漏事件，就是美国联合炭化物公司向印度转嫁污染而导致的恶性环境事故。

2. 一些发展中国家在工业化初期，为了扩大出口创汇，解决外汇短缺的矛盾，就过度地砍伐森林，采掘矿产品，捕捞水产品，捕杀珍贵动物，采摘珍奇植物，从而造成了某些资源的枯竭和环境的恶化。例如，印尼就在其经济起飞时，大规模地砍伐热带雨林，致使水旱灾害频发。

3. 在利用外资建设重大工程项目时，只图提供的资金优惠，设备价格便宜，工程建成能解决某些燃眉之急，往往对该项目对环境的影响缺乏必要的评估，没能实行一票否决制，一旦工程建成对环境的破坏往往是无法逆转的。埃及独立后修建的阿斯旺水坝工程，影响了埃及农业生产就是典型事例。

4. 近年来在石油开采、运输过程中，常常发生原油泄漏重大事故，严重地破坏了海洋生态环境。例如，2011年美国康菲石油公司在我国黄海海域发生油井泄漏事件，给我国沿岸渔业生产造成重大损失，就是突出事例。

5. 一些发展中国家往往在对外经济贸易活动或对外人员往来中，对进出境的农产品和人员缺乏严格的动植物和卫生检疫，致使某些严重危害动植物生长和人体健康的病毒害和疾病得以传播和蔓延，使农牧业减产，甚至人的生命受到威胁。例如"疯牛病"、"口蹄疫"、"禽流感"等。

四、世贸组织有关协议对保护环境的规定

世贸组织（WTO）及其前身"关贸总协定"（GATT）对贸易与环境关系的认识经历了一个漫长的历程。1948年"关贸总协定"刚成立时，由于环境问题没有成为国际政治经济的热点，因此"GATT 1948"并没有就环境做任何规定。1972年"人类环境大会"后，GATT起草了《工业污染与国际贸易》的报告，首次对贸易与环境的关系进行了探讨，并于同年成立了"环境措施与国际贸易工作组"。1994年在乌拉圭回合马拉喀什会议上，GATT成员国通过了《关于贸易与环境协议》，并成立了世贸组织属下的"贸易与环境委员会"，从此环境问题就正式列入了世贸组织的议事日程。

世贸组织有关协议，对环境主要做出了下述几项重要规定：

1. 环境关税。环境关税，是指对污染环境、影响生态的进口货物或服务产品，可以征收环境附加关税。其实质是借价格机制将环境污染外在影响内部化。近一年来，欧盟计划对飞经其领空的外国航班征收所谓"碳关税"，就是根据这一规定。

2. 《GATT 1994》第26条中规定，一国为了保护环境和人类、动植物的生命安全，要求进口的商品必须符合本国的PPM标准。所谓PPM标准，是指该项进口商品在其生产、加工、运输、销售乃至消费各个环节，必须达到一定环境标准，否则就不允许进口。

3. 在乌拉圭回合谈判中达成的《技术贸易壁垒协议》、《卫生与检疫措施协议》、《补贴与反补贴协议》、《服务贸易总协定》、《与贸易有关的知识产权协议》等法律文件中均明确规定，任何国家出于保护本国环境的需要，对WTO所做出的任何承诺，都可以得到"豁免"。也就是说，允许WTO成员为保护环境可以采取禁止进口、数量限制、发放进口许可证等贸易保护措施，这不违背WTO所坚持的自由贸易原则，它可以不承担某些开放市场的义务。

五、绿色贸易壁垒

世贸组织允许其成员国为保护环境对为实现贸易自由化所承担义务的"豁免"，但这不应构成"绿色贸易壁垒"。所谓绿色贸易壁垒，是指以保护环境为借口，以限制进口保护本国市场为目的，对外国商品进口设置的带有歧视性且与环境无关的贸易障碍。其具体形式有下列几种：

1. 绿色技术标准（PPM标准）。

2. 绿色卫生检验检疫制度。

3. 绿色包装。

4. 绿色标志。

5. 绿色市场准入制度。

6. 绿色补贴。

绿色贸易壁垒的盛行,无疑会破坏正常的贸易秩序,阻碍国际贸易的发展,尤其对发展中国家商品的出口不利,应当引起关注,妥善应对。

(一)从政府层面上

1. 加强环保教育,提高全民的环保意识,建立健全环保法规,加强执法力度,从思想和制度上为实施可持续发展打下坚实基础。

2. 制定并推行符合环保要求的技术标准,力争早日与国际接轨。目前符合环保要求的国际标准是 ISO14000 标准。

3. 加强对多边与双边的环保法规的了解与研究,建立必要的预警机制。对歧视性、不公开的、明显违背 WTO 贸易自由化的限制,要敢于斗争,要善于运用 WTO 争端解决机制,保护自身利益。

4. 财政、金融、保险等部门要向绿色产业和产品倾斜,在使本国环境问题得到有效控制的前提下,努力提高本国产品的国际竞争力。

5. 善于利用 WTO 对发展中国家的优惠待遇,如可采取与发达国家不完全一致的标准,实现目标较长的过渡期等,为自身争取更大的迂迴空间。

(二)从企业层面

1. 积极利用高新技术改造传统产业,开发绿色产品,以适应当前绿色贸易的潮流。如在农业生产中采用低毒高效的农药,以减少农产品农药的残留,使用可降解、可重复使用的包装等。

2. 实行绿色管理和营销,使企业的经营纳入 ISO14000 标准,取得东道国的环境标志。

3. 充分利用国外提供的环保基金,改造老设备,提高企业的技术水平,以符合进口国的 PPM 标准。

4. 加强对国际市场与环保有关的信息的搜集,尽早发现问题,制定积极对策。

5. 面对不合法的绿色壁垒,企业要敢于通过法律途径与之斗争。

※ 搜集、研读、分析和回答

1. 搜集苏联切尔诺贝利核电站和日本福岛核电站发生事故的原因及其危害。

2. 什么是可持续发展战略？如何实现可持续发展？
3. 搜集并举例说明发达国家如何转嫁环境危机。
4. 如何克服绿色贸易壁垒？

第七章 世界工农业生产的地理格局

第一节 世界农业生产的地理格局

一、农业生产在国民经济中的地位

农业是人类通过自身的劳动去栽培植物、饲养动物,以获取产品的生产活动。狭义的农业是指种植业,广义的农业则包括种植业、畜牧业、林业和渔业等多个产业部门。

农业是国民经济的基础。这种基础地位主要体现在两个方面,一是它为人类的生存提供各种食物及某些生活必需品;二是它为轻工业提供各种原材料。这种基础地位表明农业的兴衰往往关系到国家的强弱和人民的疾苦与欢乐。世界上许多国家的历史与现实都证明了这一点。例如,苏联在"十月革命"后,由于片面强调发展重工业,忽视了农业生产,到20世纪50年代初,其主要农产品的产量比"十月革命"前并无明显增长,造成了农产品及许多轻工产品的匮乏,极大地伤害了人民生产的积极性。中国自新中国建立后的历史更证明,哪一年农业生产大丰收,哪一年整个国民经济形势就稳定,一旦农业大幅度减产,则必然导致国内经济政治形势动荡。例如,20世纪50年代末,我国由于错误地实行"左倾"冒进政策,在经济活动中搞"大跃进"、"人民公社",又加上三年连续遭受自然灾害,农业生产大幅度下降,从而导致中国陷入了极端的困难时期。美国是一个农业十分发达的国家,尽管粮食生产过剩,但美国政府仍然采取各项措施来稳定农业生产,这对美国整体经济的发展起了很大的促进作用。

巩固农业在国民经济中的基础地位,尽管各国因国情不同所采取的措施也不尽相同,但下述措施却是十分必要的。

1. 加大政府对农业的投入,通过修建水利工程、保护耕地、防风治沙等措施,为农业生产创造一个良好的基础条件。

2.制定相应的调动和保护农民生产积极性的政策和措施。如提供各种补贴、免除农业税、制定稳定农产品价格的政策、畅通农产品流通渠道等。

3.保护稀缺的土地资源,妥善解决城市化和交通线建设与农业争夺土地的矛盾。

4.采用新技术、新设备,培养和推广优良品种,使农业生产由粗放式经营向集约式经营转变。

5.减少工农业产品之间的"剪刀差",降低农业生产资料的价格,倡导工业反哺农业,走农、工、商一体化的道路。

二、二战后世界农业生产与农产品贸易的特点

(一)农业生产稳定增长,但农业在国民经济中所占比重在下降

二战后,无论是发达国家还是发展中国家,为了保持粮食等农产品的稳定供应,都十分重视农业生产,因此从20世纪50年代以后,世界农业生产稳定增长。例如,以1990年农业生产指数为100,到2000年增长到124。但由于农业增长的幅度远不如工业和服务业增幅大,因此其占GDP的比重不断下降。美、英、法、日、德等发达国家农业所占比重只有2%~5%,而发展中国家所占比重虽然也在下降,但目前多数国家仍维持在15%以上。

(二)随着农业生产的发展,主要农产品的产量和贸易量也在不断增长

世界粮食生产量已由1992年19.7亿吨,增长到2002年的20.29亿吨;各种肉类由1.87亿吨,增长到2.05亿吨。2010年世界粮食产量已达22.8亿吨。

(三)农业生产的现代化水平不断提高

农业生产的现代化主要体现在农田耕作上大量使用机械,施肥上使用高效的混合肥和液体化肥,不断扩大灌溉面积,使用喷灌、滴灌等节水技术,研制和推广农作物优良品种,并积极采用"克隆"、"转基因"等先进技术。

(四)农业内部的产业调整加快,农产品出口种类日益多样化

农业内部产业构成中以生产粮食为主的种植业所占比重下降,而畜牧业、花卉、果蔬种植业和渔业所占比重上升。美国、荷兰、丹麦、德国、奥地利等国,畜牧业所占农业产值的比重早已超过50%,而花卉、蔬菜、水果、水产养殖已成为城郊型农业的主体。随着农业内部产业的调整,农产品出口已从二战前以粮食、纺织原料为主,转变为肉、蛋、奶、花卉、蔬菜、水果、水产为主。为了增加农产品出口的附加价值,农产品出口由原来的未加工初级产品,向粗加工和精加工制成品转变,如原来出口大豆,现在出口豆油;原出口天然橡胶,现出口轮胎。

(五)发展有机农业,开发绿色食品已成为农产品生产和加工的重要趋势

随着环境污染的加剧和动植物疫害的传播与蔓延,人们普遍要求发展有机

农业,开发绿色食品。所谓有机农业,是指农业生产中不使用化肥、除草剂、农药、各种生长调节剂,不使用"克隆"和"转基因"技术,而使用有机肥、绿肥,通过生物、生态和物理的方法消灭病虫害和杂草,具有这些特点的被称为"有机农业"或"绿色农业"。通过有机农业生产的各种产品,如粮食、水果、水产品等在后续的工业加工中,也不加入人工合成的添加剂、防腐剂等配料,这种产品称为"绿色产品"和"绿色食品"。目前有机农业最发达的国家是澳大利亚。

(六)国际农产品贸易中的保护主义愈演愈烈

由于农业对国民经济稳定具有高度敏感性,因此各国在贸易往来中都采取各种措施保护本国农业生产和农民利益,防止外来农产品对本国农业生产的冲击,因此当前在国际农产品贸易中,保护主义日益严重。主要保护措施有进口数量限制、出口补贴、进口许可证、苛刻的 PPM 标准、严格的卫生检验检疫制度等。

三、农产品生产与贸易的地理格局

地理格局是农产品生产与贸易的空间表现形式,它具有的特点与自然条件、历史传统、技术水平、政治与经济体制等多种因素有关。下面简要介绍一下当今世界农产品生产与贸易的地理格局。

(一)农业生产的地域类型多样化

1. 温带高度商品化与集约化农业

这种农业生产主要集中在北半球中纬度的一些国家和地区,如美国、加拿大、法国、乌克兰、英国、荷兰、丹麦、德国等。这里的地形以平原和丘陵为主,气候属温带大陆性气候和温带海洋性气候。生产方式是集约化、现代化、商品化大农场,产品产量高、出口量大。在温带大陆性气候区,主要种植小麦、玉米、棉花、大豆等作物,产品大量出口,如美国、加拿大、法国和乌克兰。在温带海洋气候区,主要发展乳肉畜牧业,以及花卉果蔬业,如英国、荷兰、丹麦等,畜产品和花卉等亦大量出口。

2. 亚热带和热带季风型农业

主要包括中国东南部各省区、韩国、日本南部、美国东南部、印度、孟加拉国、越南、泰国、缅甸等国家。这里地形多为平原、丘陵,气候属亚热带季风和热带季风气候。气候的特点是冬温夏热或全年高温,降水量丰沛。农业生产方式除美国东南部外,其他国家和地区仍为分散经营的个体农业,农业生产一年两熟或三熟。粮食作物以水稻种植为主,在山区、丘陵少量种植玉米、小麦等作物,经济作物主要种植油菜、黄麻、茶、柑桔。农业生产的集约化程度不高,但所产的茶叶、黄麻多用于出口,这里是世界上稻米的生产和出口区。

3. 亚热带地中海式农业

主要分布在欧洲地中海沿岸各国、美国的加州、南非的开普敦地区、智利的中部。这里的气候属于冬暖夏热、冬雨夏干的地中海气候,适宜柑桔、葡萄、油橄榄等经济作物的生长,粮食作物主要是小麦、玉米、水稻。这里的农业生产方式属现代化、集约化和商品化的大农业,如法国、意大利、西班牙、南非、美国等,也是葡萄(酒)、柑桔、油橄榄、蔬菜的重要生产和出口区。

4. 热带种植园农业

主要分布在赤道两侧的热带国家和地区,如巴西、澳大利亚、印度尼西亚、马来西亚、尼日利亚、加纳、古巴、科特迪瓦等。这里的热带雨林和热带草原气候适宜种植橡胶、油棕、甘蔗、椰子、咖啡、可可等经济作物,因此属于集约化、商品化的农业生产。生产组织方式是大种植园,某些发展中国家的种植园往往为外资所控制。这里是橡胶、棕榈油、咖啡、可可、蔗糖的主要生产和出口区。

5. 温带、亚热带和热带干旱、半干旱的畜牧业和灌溉农业

这种农业生产主要分布在蒙古,中国的内蒙、甘肃、宁夏、新疆,中亚各国,伊朗,伊拉克,南非的博茨瓦纳、安哥拉、纳米比亚,澳大利亚中西部等国家和地区。由于降水少,气候干燥,地表为半荒漠和草原。由于降水少,种植业的发展需要靠地下水和高山融雪水的灌溉,属于"绿洲式"灌溉农业。草原地带是以放牧为主的畜牧业。这些地点的农牧业生产除澳大利亚集约化程度高外,其他国家多为粗放式个体经营,以游牧为主。这里是世界上羊毛、皮革、羊肉的主要出口地区。种植业主要生产小麦、玉米、葵花籽、甜菜。

6. 单一的捕鱼、养鹿、狩猎农业

一些海岛国家由于面积小,不适宜发展种植业和畜牧业,则靠单一的捕鱼业,如冰岛、巴布亚新几内亚等国。俄罗斯和加拿大的北冰洋沿岸地区由于纬度高、气温低,不适宜种植业和畜牧业,主要是驯养驯鹿和狩猎、捕杀海象、海豹等,多属于原始农业生产。

7. 城郊型农业

随着各国城市化水平的提高,为满足城市人口对农副产品的需求,一般在城市的近郊和远郊区发展以种植蔬菜、花卉、水果,饲养乳牛、肉牛和各种禽类为主的城郊型农业。这种农业属集约化、商品化的农业。产品就地生产,就地消费,一般不出口。

(二)发达国家多是世界农产品市场的供应者,发展中国家是需求者

发达国家之所以能成为世界农产品市场的供应者,是因为它们的农业生产是集约化的大农业生产。所谓集约化生产,是指在农业生产中采用现代化的生产技术和设备,加大单位耕作面积上的财力、物力和人力的投入,以降低成本提

高单位面积的产量,生产高度专业化、商品化。这种农业生产由于实行规模化、科学化的经营与管理,因此产量大,成本低,在国际市场上有很强的竞争力。美国、加拿大、法国、澳大利亚、荷兰、丹麦等国是这种农业生产的代表。

发展中国家之所以是世界农产品市场的需求者,一是人口多,二是经济落后,农业生产仍然是粗放式经营。所谓粗放式经营,是指农业生产中人力、畜力仍是主要劳动力;使用手工工具和简单的机械;生产技术仍是传统的技能和经验;提高农产品产量的途径仍是靠扩大耕作面积;单位面积上投入少,广种薄收;生产的目的主要是为了满足自身的消费需求而不是为了出售,商品率低;生产经营仍然是以家庭为单位的分散的个体经营,缺乏规模化和专业化。这种生产方式,导致产量低、质量差,常常不能满足自身需求,成为农产品市场需求者。印度、孟加拉国、越南、缅甸、泰国以及非洲和拉美的许多国家就属于这种农业。

(三)世界农产品的生产与贸易发展不平衡

在世界农产品市场上,无论产量和出口量,美、加、欧盟等发达国家和地区都居主导地位,而发展中国家处于落后地位。例如美国农业产值只占其GDP的2%,却生产了占世界11.8%的小麦、41.8%的玉米、48%的大豆和17%的棉花,每年产量中有1/3可供出口。据2001年统计,全世界农产品贸易额为5474亿美元,而美、日、澳、加和欧盟的农产品贸易额为3221.6亿美元,约占世界的60%,而广大发展中国家只占40%。造成这种不平衡的根本原因,首先是发展中国家农业生产落后,农产品产量低,加上本国人口数量多,消费量大,很难再有农产品能出口。其次,如发展中国家普遍缺乏对农产品出口的支持政策,再加上信息闭塞,交通运输落后等原因,均不利于农产品出口。

(四)粮食生产与贸易的地理格局与二战前相比有很大变化

二战前,世界粮食生产与贸易不像现在这样集中,较为多极化。当时拉美地区是世界上最大的粮食供应者,其次是北美,当时的亚洲和非洲地区也有少量出口,而缺粮地区主要在西欧。二战后,亚洲、非洲和拉丁美洲变为粮食进口区,而北美成为最大的粮食出口区,欧盟自实施"共同农业政策"之后,粮食生产快速增长,它在世界粮食出口所占比重已从1981的8.6%上升到目前的23%。新中国建立后,中国的农业生产稳定发展,粮食总产量目前已超过5亿吨,居世界第一位,但由于国内消费量大,仍有部分粮食需要进口。

(五)小麦、玉米、棉花等主要农产品的生产和贸易格局相对稳定

1.小麦。主要种植小麦的地区是中纬度的亚欧大陆和北美大陆,产量最多的国家是中国,其次是美国和印度。出口最多的国家(地区)是欧盟,其次是美国、加拿大和澳大利亚;而主要进口国家是独联体一些国家、中国和日本。

2.玉米。玉米在发达国家多作为饲料,二战后随着发达国家乳肉养畜业的

发展,其种植面积不断扩大,高产优良品种不断得到推广,所以产量也不断增加。玉米主要种植在北美洲,约占世界种植面积的 1/2,其次是亚洲。美国产量最多,其次是中国和墨西哥。而美国出口量最多,约占世界一半,其次是阿根廷;进口国为日本、欧盟、中国和独联体国家。

3. 棉花。棉花主要种植在南北纬 20°～40°,夏季气温高、灌溉条件好的地区,以亚洲、北美洲种植面积最广,其次拉丁美洲、澳大利亚、非洲的埃及、苏丹、马里、南非等国。中国产量最多,其次是美国、印度。出口最多的国家是美国,其次是澳大利亚和阿根廷。进口国家和地区是欧洲、中国和巴西。

4. 甘蔗和甜菜。两者是糖料作物,前者主要种植在热带,后者主要种植在寒温带。甘蔗主要种植国是巴西、古巴、印度、中国、泰国、澳大利亚和菲律宾等国。甜菜主要种植在欧洲如德国,法国,乌克兰,俄罗斯,中国的黑龙江、内蒙和新疆。世界蔗糖的出口地区是拉美,其次是亚太地区。其中古巴出口糖最多,约占世界的 1/2,其次是澳大利亚、泰国、印度等。欧洲的法国、乌克兰主要生产甜菜糖;进口国是独联体国家、加拿大和中国。

5. 咖啡和茶叶。咖啡和茶叶是饮料作物。茶树主要种植在亚热带低山丘陵地区,以亚洲种植面积最广,产量最多,约占世界的 4/5。世界主要产茶国为印度、中国、斯里兰卡、日本和肯尼亚。产量最多和出口量最多的国家是印度,其次是中国和肯尼亚。

咖啡原产于非洲的埃塞俄比亚,后传入到拉丁美洲,目前种植面积、产量和出口量最多的国家是巴西,其次是哥伦比亚、科特迪瓦、乌干达等国。巴西咖啡的产量约占世界的 1/3,出口量也居世界第一位;主要进口国家和地区为欧洲、美国、加拿大等。

第二节 工业制成品生产与贸易地理格局

一、制成品的分类及其发展趋势

制成品又称工业制成品,是指以农产品、矿产品、零部件为原料,运用现代加工设备和技术,采用严格的生产工艺和标准,进行加工制造或组装,其产品无论从外观形态、性质、效用都发生了实质改变的物品。

工业制成品种类众多:

1. 以生产过程中投入的资金、劳动力和资源的多少,以及技术先进的程度为标准,可分为劳动密集型产品,如服装、鞋、玩具等;资金和资源密集型产品,如钢铁、船舶等；知识和技术密集型产品，如计算机、飞机、通信设备等。

2. 从产品最终使用领域来分，可分为生产资料产品和生活资料产品。前者如机床、化肥、起重机械等，后者如饮料、香烟、酒等。

3. 以产品最后加工程度为标准，可分为零部件、整机和成套设备。

4. 以产品所属行业部门为标准，可分为化工产品、机械产品、建材产品、食品等。

5. 按《联合国国际贸易标准分类》表中5~8类为制成品。

现代工业制成品的生产是从第一次产业革命后使用大机器进行生产开始的，至今已有200多年历史。纵观其发展历程可看出制成品的研发与生产具有下述几种趋势：

1. 工业制成品的种类越来越多。这是由于加工技术的进步和用途的不断细化而形成的。例如，船舶作为一大类产品，根据其用途可分为客轮、货轮和战舰；货轮又可分为油轮、散货船、溶装船、集装箱船、冷藏船等多种类型。

2. 工业制成品的生产与贸易的地区分布由集中走向分散。这是世界生产力的发展由集中走向分散的结果。18世纪60年代至19世纪初，工业最发达的地区是以英国为代表的西欧国家，因此绝大多数工业制成品由欧洲生产，并销售到世界各地。19世纪70年代以后，美国和德国崛起，直到二战前，工业制成品的生产与贸易扩展到北大西洋东西两岸。二战后，随着亚太地区、拉美地区、澳新地区许多国家工业化的迅速发展，工业制成品的生产与贸易日益走向多极化。过去经济落后的中国、韩国、巴西、印度等新兴工业化国家都已成为重要的工业制成品的生产国和出口国。

3. 制成品在国际贸易中所占比重已大大超过初级产品。

表7-1 初级产品与制成品在国际贸易中所占比重

(%)

年份 项目	1937	1953	1987	1997	2001
初级产品	63.3	49.7	31.4	23.00	25.00
制成品	35.7	50.3	68.6	77.00	75.00

资料来源：根据《世界经济年鉴》整理。

从表7-1中不难看出，制成品在国际贸易中已大大超过初级产品。造成制成品上升的原因是：(1)二战后新兴工业化国家的崛起，这些国家既是工业制成品的生产国、出口国，又是工业制成品的进口国。(2)发达国家调整产业结构，淘汰资源密集型的产业和产品，从而使初级产品的需求下降。(3)初级产品的价格不断下跌，制成品尤其是高科技产品的价格不断上涨，企业为了增加利润而减少初级产品的生产和出口,增加制成品的生产和出口。(4)科学技术的进步,推动了产品的深加工、精加工,以增加其附加价值。

4.工业制成品的生产与贸易多为发达国家和一些新兴工业化国家的跨国公司所控制。据统计,20世纪80年代,世界上22家跨国汽车公司的产量就占世界的97%。美国的IBM、惠普、英特尔、摩托罗拉,日本的东芝、松下,韩国的三星,德国的西门子等跨国公司,几乎囊括了世界上计算机、手机、家用电器等90%的生产与贸易。

5.二战后,工业制成品的生产分工,由产业部门间走向了部门内部,从而促进了零部件的生产与贸易。产业部门内部分工主要是同一产业部门内部不同型号、不同规格、不同档次的分工,以及整机与零配件的分工。产业内部分工的结果,日益使工业制成品的生产走向专业化、个性化,从而促进企业与企业、国家与国家之间进行紧密的配合与合作,以提高效率,降低成本,缩短新产品的研发周期,不断开发新产品。

6.世界工业制成品在生产和贸易上表现出地域分布的不平衡。这种不平衡主要表现为三种状况:一是区域不平衡,欧洲、北美占绝对优势,然后是亚太地区,而非洲则十分落后。二是发展中国家也不平衡,发展中国家工业制成品的生产主要集中在新兴工业化国家和地区,如中国、韩国、巴西、印度、马来西亚、墨西哥等国;而其他发展中国家相对落后,尤其像非洲的发展中国家,仍然是以畜牧业、传统农业和采矿业为主。三是发达国家与发展中国家不平衡。发达国家占据知识和技术密集型高端产业制成品,而发展中国家多是劳动密集或资源密集型制成品。

二、世界工业制成品的生产地带

世界工业制成品的生产分布在由集中走向分散的同时,却仍表现为局部集中的状况,即集中分布在30°N~50°N之间,呈东西向延伸不连续的带状分布,主要集中在美加工业带、西欧工业带、中东欧工业带和亚太工业带。

1.美加工业带

美加工带形成于19世纪末至20世纪初。20世纪50年代以前,这里是世界工业最集中、最发达的地区,有众多的钢铁、采煤、化工、汽车、机械、木材加工等工业,主要分布在美国和加拿大相邻的五大湖、圣劳伦斯河沿岸地区和大西洋沿岸东北部地区,工业产值约占美、加全国的80%,并形成了芝加哥、纽约、多伦多、蒙特利尔等大城市。二战后,由于传统工业日益缺乏竞争力和石油成为重要能源,美加工业带开始向美国南部的墨西哥湾沿岸和西部太平洋沿岸扩展和转移,加拿大也加快了中南部草原三省的油气开发。目前美加工业带在飞机、汽车、电子、通信器材、化工、生物制品等的生产上占有优势。

2.西欧工业带

西欧工业带包括英格兰中部和东南部,苏格兰南部,法国北部的巴黎盆地和东北部的阿尔萨斯、洛林地区,德国鲁尔区和南部的巴伐利亚高原,荷兰,比利时,卢森堡,北欧的丹麦、挪威、瑞典和荷兰,意大利西北部的米兰—都灵—热那亚三角地带。这里是世界上最早形成的工业带,传统工业如采煤、船舶、钢铁、机械、电力等,目前已趋衰落。新兴工业如电子、飞机、石油、生物工程、通信器材正在兴起。西欧工业带的工业仍集中在像英格兰中部和东南部、德国鲁尔区、巴黎盆地、意大利西北部等地区。

3.中东欧工业带

中东欧工业带主要包括瑞士、奥地利、捷克、波兰,俄罗斯的中央工业工区,乌拉尔工业区,乌克兰北部的顿涅茨克工业区。这里的工业仍以采煤、钢铁、机械、化工、纺织、精仪等为主。二战后,石油、天然气工业的发展促进了俄罗斯石油、天然气的生产,成为重要的油气出口国。

4.亚太工业带

这个工业带北起日本的"三湾一海"地带,向西向南延伸,经韩国的西部和南部,中国东北、华北、长江三角洲、珠江三角洲,越南东部沿海,泰国南部,马来西亚西部到印尼的爪哇岛。这里是二战后新兴的工业带,其生产的汽车、电子、机械、纺织、钢铁、船舶、化工产品已在世界上占重要地位;工业制成品的结构,正从劳动密集型和资源密集型向知识和技术密集型转变。

第三节 钢铁、汽车、电子工业生产与贸易的地理格局

一、钢铁生产与贸易格局

钢铁工业是现代工业的基础,它为各种工业提供原材料。现代钢铁工业从19世纪初起步,至今已有200多年的历史。纵观其发展历程,钢铁生产与贸易有下列特点:

1.二战前钢铁产量有限,生产相对集中;二战后产量持续增长,生产的地理分布走向多极化

钢铁生产从19世纪初起步,到1937年世界钢铁总产量仅1.1亿吨,其中美、德、英、法、苏五国产量就占世界总产量的87.5%。二战后,世界钢铁产量持续增长,已由1950年的1.89亿吨,增至2011年的15.27亿吨。钢铁工业的地

区分布也由美、苏、德、英、法等少数国家,走向多极化,2000年产量超过2000万吨的国家已有10个。目前产量居前三位的国家是中国、日本和美国。2011年中国粗钢产量约6.955亿吨,日本1.08亿吨,美国8624万吨;其后是印度、俄罗斯、韩国、德国、乌克兰、巴西和土耳其。前十位国家的产量约占世界钢铁产量的81.7%。

2. 钢铁工业的生产重心由欧美向亚太地区转移

二战后亚太地区钢铁生产的崛起首先是从日本开始的。日本在20世纪50年代末钢铁产量已超过英、法,其1979年的产量就已达到1亿吨。80年代初产量又超过美国。继日本之后中国在20世纪80年代也超过德国、美国、日本和苏联。到2002年亚洲各国钢铁产量已达3.8亿吨,占世界总产量的42.4%。

3. 钢铁工业的生产布局从传统的靠近煤炭、铁矿石等原料地,开始向沿海和大的消费中心转移

传统的钢铁工业布局多靠近煤炭、铁矿石等原料产地,以减少运费,降低生产成本,如英国的伯明翰、德国的鲁尔区、中国的鞍山。二战后,由于船舶日益大型化,使运输成本下降,加上炼钢技术的进步,使每吨生铁所需的焦炭、铁矿石下降,因此钢铁工业生产开始由原料地向沿海港口或大的消费中心转移,以方便原材料的进口和减少成品的运输。如日本的君津、福山等钢铁厂,中国的宝钢、首钢(曹妃甸)均在沿海并靠近大工业中心。

4. 随着钢铁工业的发展,钢材的贸易量也在不断增长

20世纪70年代末,世界钢铁的出口量为1.2亿吨~1.4亿吨,而到90年代已增至2.3亿吨~2.5亿吨,目前世界钢材年产量中约有1/3供出口。如表7-2所示。

表7-2 世界钢材产量与出口量

年份 项目	1975	1985	1995	1997
钢材产量(亿吨)	5.10	6.17	6.65	7.03
出口量(亿吨)	1.15	1.7	2.35	2.54
出口量占产量之百分比%	22.47	27.88	35.38	36.14

资料来源:根据《世界经济年鉴》(2000年)整理。

钢材出口量最多的国家和地区是欧盟,但欧盟主要是在成员国之间的内部贸易,其净出口量并不多。净出口量最多的是俄罗斯和日本。主要进口国是中国和美国,2002年中国净进口钢材为1904万吨,2001年北美地区进口2340万吨。

二、汽车生产与贸易的地理格局

1. 世界汽车工业发展历程

汽车是1886年由德国人本茨与戴姆勒发明的,后经美国的杜里埃、法国雷诺等人的不断改进和完善,到1908年由美国的福特公司开始实行工业化生产,并在1913年建成世界第一条汽车生产线,1914年产量已达40万辆。随着产量的增加,其生产成本大幅度下降,由刚推出时的821美元一辆,降至1916年345美元一辆,使汽车从奢侈品变成普通百姓的交通工具,从而大大促进了汽车工业的发展。到二次大战前,汽车的品种已从单一的轿车拓展到货车、大客车、消防车、建筑专用车等多种类型,汽车使用领域大大拓宽。汽车生产也扩展到英、法、德、意等多个国家。但产量并不大,二战前美国汽车最高年产量为500万辆。

二战后,英、法、德、意、日、苏同样都把汽车工业作为战略支柱产业予以发展,到1965年美国汽车产量就已达到1105万辆,欧洲的英、法、德、意四国产量也达到1000万辆成为世界汽车生产的第二大基地。日本汽车工业起步晚,1950年产量仅3.2万辆,但到1980年产量就达到1104万辆,超过美国跃居世界第一位。

20世纪80年代以后,在两次能源危机的打击下,西方发达国纷纷发生经济危机,国内市场对汽车的需求下降。在这种情况下,西方的汽车公司纷纷到海外投资设厂以降低成本,或者绕过某些国家设置的关税和非关税壁垒以扩展海外市场,从而促进了韩国、墨西哥、巴西、中国、马来西亚等国的汽车工业的发展,使世界汽车工业生产开始走向多元化。据统计,2002年世界汽车总产量为5878万辆,产量居世界前10位的国家是美、日、德、法、中、韩、西、加、墨、英。至2011年世界汽车总产量为8006万辆。其中中国产量为1841万辆,居世界第一位;第二位美国865万辆,第三位日本839万辆,第四位德国631万辆,韩国466万辆、印度393万辆居第五、六位。

2. 世界汽车生产与贸易的特点

(1)世界汽车生产与贸易主要由发达国家与新兴工业化国家的跨国公司所控制。主要的跨国公司是美国的通用、福特、克莱斯勒;德国的大众、戴姆勒—本茨;日本的丰田、日产、本田、三菱、马自达;法国的标致、雷诺—雪铁龙;意大利的菲亚特;韩国的现代、大宇、起亚等。这些公司几乎控制了世界90%的汽车生产与贸易。

(2)汽车技术的进步十分迅速。电子控制、电子导航、电子制动等技术得到了广泛应用,从而简化了驾驶技能,提高了汽车安全的保障。

(3)电子计算机广泛被用于汽车设计、汽车制造、汽车销售和汽车售后服务等环节,从而大大缩短了新车的研发周期,节约了原材料,降低了生产销售成本。

(4)汽车动力日趋多样化,除传统的汽油、柴油外,新的燃料如液化石油气、天然气、乙醇、电力、太阳能等都开始使用。

(5)大的汽车公司开始把过去追求大批量、规模化、通用化的生产转变为个性化、即时性柔性生产,以适应技术进步和消费时尚日益加快的变化。

(6)汽车工业已成为推动各国国民经济增长的动力。由于汽车生产上下游关联性极强,因此随着汽车产量的增加和技术的不断进步,相应地带动了钢铁、机械、电子、化工、纺织、石油等工业的发展,也大大增加了汽车生产国的就业。生产的增长,就业的增加,必然使经济趋向繁荣稳定。

(7)各大汽车生产国在汽车贸易上的状况不尽相同。美国是世界上属一属二的汽车生产国,但也是世界上最大的汽车进口国。日本、德国、法国则是汽车的净出口国,出口率为50%以上。其他出口国还有加拿大、墨西哥、英国、西班牙等。中国汽车产量虽多,但目前出口量不大,多以货车、大客车和各种专用车为主。轿车出口多为大众、通用、丰田等合资企业生产,吉利、奇瑞、华晨等民族品牌车出口量不大。

3. 世界汽车生产的地理分布

世界汽车生产主要集中在亚太、北美和欧洲三大区域,其中以亚太地区产量最多,2011年产量为4062万辆,占世界产量的1/2。亚太地区的汽车生产主要分布在日本的东京、横滨、名古屋等地,中国的上海、北京、天津、重庆、广州、厦门、苏州、石堰、长春等地,韩国的仁川、釜山、光州、蔚山等地。欧洲的产量仅少于亚太地区,2011年产量为2113万辆,其中欧盟产量1769万辆,非欧盟国家224万辆。欧洲的汽车生产主要分布在德国的沃尔夫斯堡、斯图加特和慕尼黑,法国的巴黎、牟罗兹,意大利的都灵,英国的考文垂、格拉斯哥等地,以及俄罗斯的梁赞、高尔基城等地。北美和南美汽车产量1778万辆,主要在美国的底特律、芝加哥、洛杉矶,加拿大的温莎以及巴西的圣保罗等地。

三、电子信息工业的生产与贸易格局

二战后,电子计算机技术和通信技术的发展已通过互联网交汇在一起,形成了现今的电子信息技术。而电子信息产品在工农业生产、交通运输、商业销售和人民生活中被广泛地应用,标志着人类已进入信息社会,而信息社会的到来正在极大地改变着人类的生产、生活方式。

1. 世界电子信息产业的特点

(1)电子信息产业发展迅速,在国内生产总值中所占比重不断加大。二战后,由于半导体技术和集成电路技术的发明和应用促进了电子工业和微电子工业的发展,而电子计算机的大量生产和使用,加快了电子信息产业的发展。据统计,进入20世纪90年代以来,世界电子信息工业的产值以每年平均9.2%的速度在增长,大大高于同期GDP的增长。例如,美国1995年的GDP增长率为2.7%,而电子信息工业的增长率为15.3%。电子信息工业的快速增长,使其占GDP的比重不断提高,如1990～1998年电子信息工业产值占GDP的比重由4.93%上升到5.34%,韩国更由9.14%上升到12.58%。

(2)电子信息工业的发展,大大促进了投资和消费,从而使其成为带动国民经济增长的火车头。据统计,1995～1999年,美国工业生产中用于信息技术的投资由2430亿美元增长到5100亿美元,而电子信息产品的消费量更是呈现惊人的增长。例如,收音机发明后历经长达38年才渗透到5000万用户,而个人电脑普及到5000万只用了4年。正是由于投资和消费的增长,带动了整个国民经济的增长。

(3)信息产业在地区间发展不平衡。据2002年统计,美国电子信息产业的产值占世界总产值的32%,日本占18%,亚太其他国家(地区)包括中国、韩国、中国台湾、马来西亚、新加坡等占37%,西欧占12%。

(4)电子信息工业的生产、贸易为少数大的跨国公司控制。据美国的《电子商务》报道,半导体的生产销售主要由英特尔、三星、东芝、德州仪器、NEC半导体、飞利浦、日立等10家公司控制。个人用计算机主要由惠普、IBM、戴尔、联想、NEC、东芝等公司控制。手机等通信产品由诺基亚、三星、摩托罗拉、西门子、爱立信等公司控制。

2. 主要国家的电子信息工业概况

(1)美国

美国是世界上最大的电子信息产品的生产国和消费国。其产值和销售额据2001年统计,约占全世界的31.5%和19.2%。美国主要生产计算机、通信产品和器材,而家用电器是其弱项。2001年,美国电子信息产品的进出口额约占世界的29.3%,进口大于出口。主要进口的是电子元器件,其次是计算机和消费类电子产品。美国电子信息工业的分布主要在旧金山的"硅谷"、波士顿128号公路、马萨诸塞州的"硅三角"、纽约、丹佛、菲尼克斯、休斯敦和达拉斯等地。

(2)日本

日本是世界上第二大电子信息产品的生产国和出口国。其电子产品从生产家用电器起步,目前已发展到电子元器件、计算机、通信设备等多种门类。其电子元器件的产量居世界首位,约占世界总量的27.2%,消费类电子产品占世界总量的25.5%。日本的电子产品出口大于进口,出口商品是以集成电路为主的电子元器件,约占出口额的2/3,其次为家电和计算机。日本的电子信息工业主要集中在"三湾一海"地带的大阪、神户、东京、名古屋等地,其九州岛有"硅岛"之称,是最大的半导体器材生产地。

(3)西欧

西欧的电子信息产业集中在英、法、德三国,约占整个西欧电子信息工业总产值的58.1%,其次如比利时、丹麦、瑞典等国,主要生产计算机和通信器材。西欧电子产品进口大于出口,主要进口产品为计算机和电子元器件。

西欧的电子工业分布在苏格兰的格拉斯哥—爱丁堡一线的"苏格兰硅谷",伦敦至布里斯托尔一线的"英格兰硅谷",德国的慕尼黑,法国的格勒诺布尔、巴黎、图卢兹,瑞典的斯德哥尔摩等地。

(4)亚太地区

电子信息产业除日本外的亚太地区,主要包括中国、韩国、中国台湾、新加坡、印度、马来西亚等国家和地区,其产值约占世界总产值的40%。电子产品的出口大于进口,出口产品主要是计算机、电子元器件和家用电器。电子工业主要分布在中国东莞、佛山、深圳、厦门、苏州、青岛、重庆、北京、天津等地,韩国的釜山、里里,中国台湾的高雄、新竹,马来西亚的吉隆坡,新加坡的裕廊,印度的班加罗尔、海德拉巴、孟买等地。

※ **搜集、研读、分析和回答**

1. 论述农业为什么是国民经济的基础,应如何巩固这种基础。
2. 说明世界农业生产的主要地域类型及主要农产品种类。
3. 世界钢铁、汽车工业的空间分布有何特点?

第八章　国际贸易运输地理

第一节　交通运输概述

一、交通运输的定义、分类及作用

所谓交通运输,是指利用各种运输工具、运输线路和运输组织与管理,使人或物品发生空间位置的移动,从而使被运送的对象,实现其使用价值或增加其价值的生产活动。交通运输业的产品是以"吨公里"、"人公里"计算的"位移"。

由于分类标准的不同,交通运输可分为多种类型。例如根据运载工具是否先进,可分为传统运输和现代运输。前者主要指以人力、畜力为动力的运输;后者是以燃煤、燃油等为动力的火车、汽车、飞机、轮船运输。

根据被运输的对象是否跨出本国国境,可分为国内运输和国际运输。

根据被运输对象的不同,可分为客运和货运。

根据运输工具、运输线路和管理组织的方式的不同,可分为公路运输、铁路运输、内河运输、海洋运输、航空运输和管道运输。

根据运输方式是单一的还是组合的,可分为单一运输和组合运输。前者如铁路、公路、航空、水运,后者如多式联运、大陆桥运输。

根据被运送的对象从出发地到达目的地中途是否转运,分为直达运输和中转运输。

交通运输无论是对国民经济的发展还是对人民生活都具有十分重要的作用。

1.有利于企业降低生产成本,扩大生产规模。企业利用便捷的交通运输可以从远处输入原料或向远处输出产品,从而实现降低原料购入成本和扩大销售市场,以取得更大利润的目的。

2.有利于国际分工的形成和深化。有了便捷的交通人们不再受自给自足的自然经济的束缚,而是根据本国所具有的比较优势,发展最有竞争力的产业和产品,通过国际互换,既满足了自身的需要,又能获取更多的收益。其最终是有利于国际产业分工的形成和深化。

3. 便捷的交通能促进人们消费水平的提高,消费的不断增长必然带动生产的增长,使经济的发展保持良性的循环。

4. 便捷的交通可以调节供给与需求,平抑物价的波动,维持企业的正常生产和人民生活的稳定。

二、影响交通运输发展的因素

1. 工农业生产发展的水平和分布是影响交通运输发展的决定因素

工农业越发展,越需要输入更多的原材料,输出更多的产品,因此必须有便捷的交通运输。例如一个年产500万吨的钢铁厂,每年全部的货运量约1亿吨,如果没有满足这种运量的运输能力,工厂就无法正常生产。

2. 科学技术的进步是推动交通运输发展的动力

第一次产业革命发明了蒸汽机,从而出现了火车、轮船等运输工具。第二次产业革命发明了内燃机,运输工具中增添了汽车和飞机。二战后的第三次产业革命使运输工具的动力由煤炭、石油拓展到核能、太阳能等新能源,将使交通运输向高速、节能等方面发展。

科学技术的进步,不但能够为交通运输提供更多更好的运输工具和运输设备,而且能不断地提高运输效率,节约运输费用,保证运输安全。

3. 人口数量、分布和移动影响交通运输

人口数量多密度大的地区,一般经济比较发达,需要有便捷的运输网络才能保证社会生活的正常运转,因此交通运输发达;相反人口稀少的地方,交通运输一般比较落后。

4. 政治、军事、宗教和风俗影响交通运输

为了保护国家的铁路安全,公路必然向边境和军事要塞延伸;重要的宗教活动和节假日,如伊斯兰教的朝觐、基督教的圣诞节,必然有大量人口的流动,需要交通运输安排更多的运力和科学的组织管理。

5. 地形、气候、资源的开发影响交通运输

崎岖的地形、恶劣的气候必然不利于铁路、公路等交通运输线路的建设和运营管理,一般山区和高寒地区、沙漠地区交通落后,我国的民谚"蜀道难,难于上青天",就是明显例证。而一些大型矿产资源的开发,必然促使交通线向矿区延伸,从而改变开发前交通落后的面貌。

三、主要交通运输方式的特点

所谓交通运输方式,是由于运输工具、运输线路和经营管理方式的不同而形成的各具特点的运输经营方式。单一的运输方式有五种,即铁路运输、公路运输、航空运输、水上运输和管道运输。组合运输方式主要包括多式联运和大陆桥运输。

1. 公路运输

公路运输是以汽车为运输工具,以公路为运输线路的运输方式。它的特点是简捷方便,可以实现"门到门"运输,适宜小批量、短距离的货物运输。其缺点是运费高,安全性能低,受自然因素影响大。

2. 铁路运输

铁路运输以机车、车辆为运载工具,以铁轨轨道为运输线路的运输方式。其优点是:运量大、速度快、时间性强,受自然条件的影响比公路运输小,运费比公路运输低;缺点是:缺乏机动灵活性,占用土地多。铁路运输使用钢材多。适宜长距离、大批量陆上货物运输。

3. 水上运输

水上运输包括内河与海洋运输,是以船舶为运输工具,以江河湖海为运输通道的运输方式。特点是运量大、运费低、对货物适应性强;缺点是:速度慢,时间性不强,受气候因素影响大。水上运输适合长距离、大批量散货运输。

4. 航空运输

航空运输以飞机为运载工具,以天空为运输通道的运输方式。优点是:速度快,时间性强,货运质量好,安全可靠;缺点是:运费高,运量小。航空运输适合小批量、贵重和时效性强的货物运输。

5. 管道运输

管道运输是运载工具与运输通道融为一体的运输。优点是:可以实现在任何时间不间断地运输,安全可靠,管理简单;缺点是:只适宜流体货物,单向性的流动。

6. 大陆桥运输

大陆桥运输是以横贯大陆的铁路、公路为"桥梁",把两端的海洋运输连接起来的"海—陆—海"的集装箱运输。优点是:缩短运输距离,节约运输时间和费用。

7. 多式联合运输

多式联合运输是指采用两种以上运输方式,使用一份运输单据,签订一份运输合同,采用单一运费率,由一个运输代理人负责全程运输的运输方式。优点是:手续简捷方便,提高运输效率,节约运输时间;其缺点是必须使用集装箱才能提高运输效益。

四、影响交通运输便捷的因素

运输便捷是指在运输过程中最大限度地做到省时、省力、省钱，求得成本最低、效率最高、效益最大。交通运输是否便捷，受到多种因素的制约，如运输工具的先进程度、运输网络的连接状况和通达程度、运输管理的科学性和运费的高低等。前两者的状况属于"硬件"，需依靠技术的进步和资金的投入；后两者属于"软件"，在于经营管理的科学水平和运输企业所追求的经营目标。因此在运输方式既定的情况下，如何恰当地选择运输网络和适当的运费，就成为实现合理运输、便捷运输的关键。

（一）运输网络的选择

运输网络是由"点"和"线"组成。"点"是指由车站、港口、机场等，"线"是指铁路、公路、航道、管线和航空线等。网络是否便捷，取决于三种状况，即网络的密度、网络的连接度和网络的通达度。下面利用甲、乙两个运输网络进行具体说明。

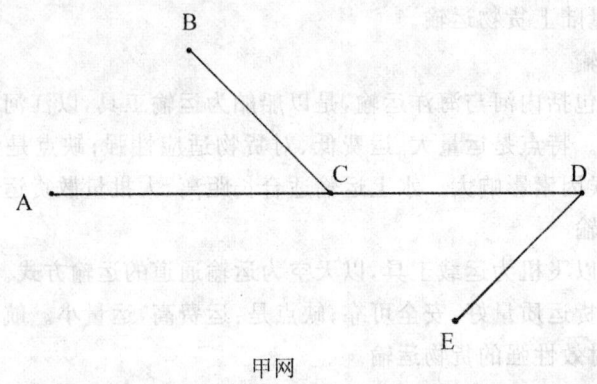

甲网

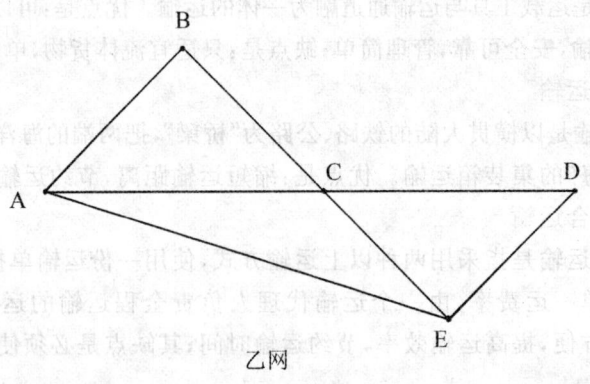

乙网

1.网络的密度,是指每平方千米面积上所拥有交通线的长度。密度越大,则交通越便捷;密度小,则说明交通落后。

2.网络的连接度,是指"点"与"点"之间是如何以"线"相连接的,通常用贝塔指数来衡量。贝塔指数是网络中"点"的数量与"线"的数量之比。

用公式表示为 $\beta = \dfrac{E}{V}$

β＝连接度　　E＝网中"线"的数量　　V＝网的节点数

例如,甲网:$\beta = \dfrac{4}{5} = 0.8$

乙网:$\beta = \dfrac{7}{5} = 1.4$

因为贝塔指数越大,交通越便捷,所以乙网比甲网的便捷程度要高。

3.网络的通达度。通达度是指交通网络中"点"与"点"之间移动难易程度的指标,一般用通达指数与分散指数来衡量。

(1)通达指数,是指网络中某一"节点"到其他各个"节点"所走最短路径之和。例如甲网中 A 点的通达度:

通达度$_A$＝1(A 至 C)＋2(A 至 B)＋2(A 至 D)＋3(A 至 E)＝8

同理,得出:通达度$_B$＝8,通达度$_C$＝5,通达度$_D$＝6,通达度$_E$＝9

以 C 点的通达度为最小,因此 C 点最便捷。

(2)分散指数是衡量网络总的通达程度的指标。其计算方法是网络中各"节点"通达指数之和。

例如:甲网通达指数之和为:

8＋8＋5＋6＋9＝36

乙网通达指数之和为:

5＋6＋4＋6＋5＝26

因为分散指数越小,网络的便捷程度越高。因此乙网的便捷程度优于甲网。

(二)运费计费方式的选择

运费一般由基本运费和附加运费构成。而基本运费的构成由线路费和场站费构成。线路费与运输距离相关,即运输距离越远,线路费越多;而场站费与运输距离无关,而与装卸、场站设施的建设、运转、维护与保护的费用有关。场站费的构成中水运、空运高于公路和铁路,线路费则是空运高于公路,公路高于铁路,铁路高于水运。因此长距离、大批量的货物运输往往选择水运和铁路运输,而小批量、短距离的货物运输则选择公路。运费构成中还要考虑装卸、中转、仓储等费用,因此尽量采用直达运输,避免过多的中转运输。采用集装箱运输,可以大大减少装卸费用和码头停靠费用。

运输中为了做到省时、省力、省钱,尽量做到合理运输,避免迂迴、过远、对流、往返、无效等不合理运输。

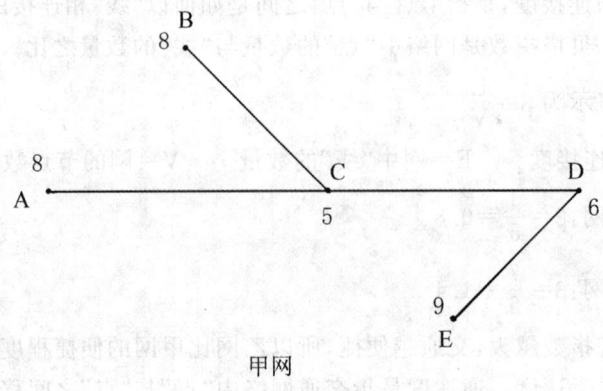

甲网

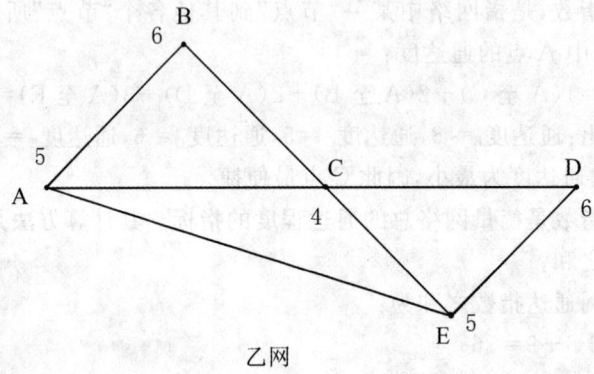

乙网

五、国际贸易运输

国际贸易运输是指各种运输工具驶离本国国境,在两个或两个以上国家间从事货物的送运活动。国际贸易运输具有两重行业属性,一方面,它属于交通运输业,是国内交通运输向境外的延伸;另一方面,它属于国际贸易,它是进出口贸易不可缺少的环节。这两方面属性使国际贸易运输与一般交通运输有不同的特点。

1. 政策性强。国际贸易运输由于被运送的对象在两个或两个以上国家间移动,因此应遵循国际法和有关国际惯例,否则难以完成运输任务。

2. 路线长,环节多。两国或数国之间相距近则千里、远则万里,整个运输过程要经过向港口(机场)集中、装船(机)、中转和驶往目的地等各种环节,任何环节出现疏漏,都不利于运输任务的完成。

3.涉及面广,手续复杂。货物出运要有海关、商检、保险、银行等各方面的介入,履行报关、检验、投保、制单、结汇等手续,不可出现任何闪失。

4.时间性强。对外贸易活动中往往以"装船"代表交货,因此"按时装船"就构成了买卖合同的"要约",因此如不能按时装船出运,就可能违反合同,对方有权解除合同并索赔。

5.风险大。国际贸易运输中会面临各种风险,包括:自然风险如台风、海啸等;政治军事风险如战争、动乱、罢工等;商业风险如价格的涨跌、汇率的升降等;资信风险如卖买双方中任何一方进行诈骗、破产等。

国际贸易运输中虽然涉及面广,但有直接利益关系的有三方关系人,即货主、买方和卖方;承运人,拥有运输工具承担运输任务的人,如轮船公司,航空公司等;代理人,即在货主与承运人之间牵线搭桥,促成交易藉以赚取佣金的人。

第二节 国际海上货物运输

国际海上货物运输是以海洋为通道,以船舶为运载工具,在两个或两个以上国家间进行货物运送的生产活动。它是国际贸易中最重要的运输方式,海运货物量约占每年进出口货物运量的80%以上。这是因为海运具有运量大、运费低、对货物的适应性强等优点所促成的。

世界四大洋中以大西洋两岸运量最大,其次是太平洋,第三是印度洋。北冰洋由于大部分海域终年结冰,目前只有欧洲的巴伦支海具有航行意义。

二战后,随着造船技术的进步,船舶日益大型化、专业化和集装箱化,大大提高了运输的效率,降低了成本,增加了海上货物运量。据2002年统计,全世界拥有的商船已达8900多艘,总运量为5.86亿吨。但海上货物运输多为美、日、欧盟等发达国家和地区所控制。中国近年来随着经济的快速发展,国际贸易规模逐年扩大,中国已成为重要的海上运输大国,无论是拥有商船的数量,还是每年的货运量均居世界前列。

一、海上货物运输四个要素

海上货物运输必须具备四个要素,即船(舶)、货(物)、港(口)、线(航线)。

(一)船舶

船舶是海上运输的载货工具,其载货量的多少可用载重吨位或容积吨位来衡量。根据载运对象的不同,船舶分为客轮、货轮和客货混装船。货轮又可细分为散货船、油轮、杂货船、冷藏船、集装箱船等多种类型。世界造船能力最大的国家是日本、韩国和中国。拥有商船数量最多的国家是日本、挪威和希腊。允许"方便旗船"注册、登记和营运的国家是塞浦路斯、巴拿马、新加坡、利比里亚等国。

(二)货物

货物是海上货物运输中所运送的对象。货物的种类众多,划分标准不尽相同。从有无包装上划分,可分为包装货物与裸装货物;从重量上划分,可分为重量货物与轻量货物;;从运输过程中是否需要特别的防护与管理,可分为普通货物与特殊货物;从运量大小上划分,可分为大宗散装货物与少量件杂货。运输中要根据货物的分类及其物理、化学和生物性质,妥善地予以配载、理货、装卸,并合理地计算运费。

(三)港口

港口是一个国家水陆交通连接的枢纽,对外交往的门户,货物、人员出入国境的口岸。港口根据功能,分为军港、商港、渔港、避风港;根据地理位置,分为海港和河(湖)港;根据国家对港口的管理制度,分为国内港、国际港和自由港;根据港口在运输过程中的作用,可分为中转港、补给港等。港口的开辟和建设,一方面要考虑当地的地形、水深、风向、潮流等自然因素,更要考虑其经济腹地的大小、陆上集疏能力的强弱及其他政治、安全因素。世界有 2500 多个大小港口,其中以欧洲最多,约 1070 个;其次是亚洲,约 506 个;第三是北美,约 103 个。港口最多的国家是英国,大小港口约 104 个。全世界约 3/4 的港口年吞吐量不足 100 万吨,年吞吐量超过 1000 万吨的大港有 100 多个。2011 年吞吐量居世界前十位的,中国就占了 6 个,即上海、深圳、宁波、青岛、天津、大连。其中上海港年吞吐量超过 7 亿吨,稳居世界首位。

(四)航线

航线是海洋中有适宜的水深、风向、潮流,沿岸有可供船舶停靠的港口,并具有一定经济意义(足够的客货流),可供船舶航行的通道。航线的开辟和选择除应考虑自然因素外,更应注重考虑政治、安全和经济因素。海运航线根据船只航行的区域可分为沿海航线、近洋航线和远洋航线。我国近洋航线与远洋航线的分界点是西亚也门的亚丁港,亚丁港以东为近洋,以西为远洋。

航线根据船舶公司经营方式可分为班轮航线和租船航线。班轮航线由于具有"四固定"的特点,适宜杂货的运输,租船航线则适宜大宗散货的运输。

世界主要航线有:

1. 北太平洋航线:东起美国、加拿大等国太平洋沿岸的港口,西至东亚、东南亚各国的港口。近年来,由于亚太各国经济的迅速增长和美国的经济、军事战略向亚太转移,这条航线运量显著增长。

2.苏伊士运河航线:此航线船只必经苏伊士运河,向西可至欧洲、北美东岸和非洲西岸各港口,向东可至波斯湾、孟加拉湾和亚太地区各港口。这是一条亚、欧、非三洲贸易往来的重要通道,也是波斯湾出口石油到欧洲、北美25万吨以下油轮必经之道。

3.巴拿马运河航线:是亚太地区各港口到北美东岸和加勒比海沿岸6.5万吨以下船只所走之航线,一定要经过巴拿马运河。

4.好望角航线:是亚太地区、波斯湾沿岸各港口超过25万吨船舶行驶之通道,西亚出口到欧美的30万吨油船必经此航线。

5.北大西洋航线:是欧洲、北美东海岸各港口相互往来之通道,也是世界运输最繁忙的航线,沿途有纽约、鹿特丹、伦敦、勒阿弗尔、马赛、圣彼得堡、汉堡等著名港口。

二、世界海上运输的咽喉要道

海上运输的通道由大洋、边缘海、海湾、海峡和运河等组成,其中许多海峡和运河处于咽喉地位,具有重要的经济、政治和军事意义。

1.霍尔木兹海峡:位于阿曼与伊朗的领土之间,连接了波斯湾和阿曼湾,海峡全长约150公里,呈"人"字型,最窄处仅55公里,平均水深70米,是波斯湾沿岸产油国石油输出的重要通道,每天过往船只300余艘,石油运量约400万吨。北岸有伊朗的阿巴斯港。海峡西口附近有大、小通布岛和阿布穆萨岛,伊朗在此有驻军,扼守此咽喉要道。

2.英吉利海峡和多弗尔海峡:位于欧洲西部大不列颠岛和欧洲大陆之间,沟通北海和大西洋。海峡呈西南至东北走向,西部宽,东部窄,呈下竖的"喇叭型",宽处为英吉利海峡,窄处为多佛尔海峡。海峡全长约600公里,最窄处仅33公里,平均水深约25～55米。由于海峡正处于欧洲到美洲、北欧到南欧的海上要道上,因此每天过往船只很多,年过往船只约17.5万艘次,货运量约6亿吨。由于英吉利海峡正处在"西风带",风大、浪高、多雾是不利因素。

3.马六甲海峡:位于马来半岛与苏门答腊岛之间,沟通太平洋与印度洋,全长800多公里,西北宽,东南窄,呈向上扬的"喇叭型",最窄处仅37公里,水深25～113米,可通航25万吨以下船舶。海峡正处于赤道无风带,风浪小,利于航行。每年过往船只约10万艘次。

4.龙目海峡与望加锡海峡:龙目海峡位于印尼的巴厘岛与龙目岛之间,沟通印度洋与爪哇海。望加锡海峡位于加里曼丹岛与苏拉威西岛之间,沟通爪哇海与苏拉威西海。两个海峡是印度洋与太平洋间超过25万吨大型油(货)轮航行通道。

5. 曼德海峡:位于阿拉伯半岛与非洲大陆之间,沟通红海与亚丁湾,是走苏伊士运河航线必经之地。海峡中部有一个丕林岛把海峡分为东、西两个航道。西航道称大峡,多暗礁,险滩,不利于航行,东航道是小峡,是船只经过之航道。

6. 黑海海峡:位于巴尔干半岛与小亚细亚半岛之间,沟通黑海与地中海。全长 375 公里,由博斯普鲁斯海峡、马尔马拉海和达达尼尔海峡三部分构成,是黑海沿岸的国家如乌克兰、罗马尼亚、保加利亚、俄罗斯等国南下地中海、印度洋必经之地。

7. 直布罗陀海峡:位于非洲的摩洛哥与欧洲的伊比利亚半岛之间,沟通地中海和大西洋,全长约 90 公里,水深 375 米,是西欧、北欧各国经苏伊士运河到亚太地区的必经之地。

8. 苏伊士运河:位于亚、非两洲交界处,沟通了红海与地中海。北起塞得港,南至陶菲克港,全长 173.2 公里,河面宽 100～200 米,平均水深 15 米,可通航 25 万吨以下轮船。运河于 1859～1869 年开挖成功,1965 年以前为英国控制,1965 年后埃及收回运河主权。苏伊士运河呈一个"海平式"运河,河海相通,十分便捷。年过往船只约 2 万艘次,从波斯湾出口到欧洲的石油 60% 经苏伊士运河运送。

9. 巴拿马运河:位于中美洲巴拿马境内,沟通大西洋与太平洋,由法国和美国挖掘,于 1914 年正式修成,1920 年正式通航。1999 年以前由美国控制,1999 年巴拿马收回了运河主权。运河全长 81.3 公里,平均水深 13.5～26.5 米,是一个"船闸式"运河,可通航 6.5 万吨以下或 4000～4500 TEU 的船舶。每年过往船只约 1.4～1.5 万艘次,运河年收入约 12 亿美元。

10. 基尔运河,又称威廉太子运河:位于日德兰半岛南部、德国境内,是沟通北海到波罗的海的捷径,全长 98.7 公里,平均水深 11.3 米,可通航 2 万吨以下船舶,是一个"船闸式"运河,年过往船只约 8 万艘次,货运量约 5000 万吨。

三、世界著名港口

1. 鹿特丹港

鹿特丹港位于欧洲莱茵河的入海口,濒临多佛尔海峡,有"欧洲门户"之称,年吞吐能力超过 3 亿吨,是欧洲吞吐能力最大的港口,它吐纳欧盟 30% 的进出口货物,主要是石油、煤炭、粮食和矿砂。港口不淤不冻,可供 600 艘船只同时停靠,可停靠 54.5 万吨油轮。

2. 伦敦港

伦敦港位于英国东南部泰晤士河下游,距河口约 80 公里,海轮乘潮可进出港区,共有泊位 100 多个,年吞吐量约 6000 万吨。

3. 马赛港

马赛港位于法国南部地中海沿岸的利翁湾,是法国最大港口,共有泊位190个,年吞吐量约1亿吨。

4. 汉堡港

汉堡港位于德国的北部易比河下游,距河口约110公里,是一个河海兼备的开放式潮汐港,10万吨船舶从河口可直接驶入港区。共有350多个泊位,是欧洲泊位最多的港口。仓储面积大,装卸设备先进,是"欧洲转运最便捷"的港口,2003年的吐吞量达1.063亿吨,创历史最高。港区内辟有16平方千米的自由港,有利于转口。

5. 纽约港

纽约港位于美国东北部哈德逊河口,是美国最大港口。港口条件十分优良,不淤不冻,潮差小。共有430多个远洋深水泊位。20世纪80年代时,年吞吐量曾达1.6亿吨,也是世界10大集装箱港口之一。

6. 神户港

神户港位于日本本州岛东南部的大阪湾西北岸,是日本最大港口。有大小泊位230多个,每天停靠200多艘船舶。其神户人工岛码头,有12个集装箱泊位,15个定期船泊位,1个危险品专用泊位。港口年吞吐量约1.5亿吨,集装箱装卸量约300万TEU,是中国船只主要挂靠港口。

7. 新加坡港

新加坡港位于马六甲海峡的东端,港宽水深,各类船舶终年通行无阻。码头装卸、仓储设施先进。共有100多个泊位,航线400多条。2002年,它的四个集装箱码头共处理集装箱1860万TEU,多年来与中国香港维多利亚港交替为世界第一、二大集装箱港。

8. 中国香港维多利亚港

维多利亚港位于香港岛与九龙半岛之间,是世界著名的深水良港,也是世界著名的"自由港"。转运方便,有众多航线通过世界100多个国家和地区,其集装箱吞吐量多年来始终居世界第一或第二位。中国大陆货物在香港转口,约占香港转口量的30%。

9. 中国台湾高雄港

高雄港位于台湾岛的西南端,扼台湾海峡与巴士海峡交汇处,是太平洋到印度洋必经之地,是亚太地区重要的转运港。有码头75座,可泊10万吨船舶,集装箱装卸量曾居世界第三位,但近年来其运量不断下降,已被上海、宁波、深圳、天津等港口超过。

10. 上海港

上海港是中国最大的港口,位于东海之滨、长江的入海口,拥有各类码头、泊位 1200 多个,其中万吨船以上泊位 164 个,集装箱泊位 24 个。2005 年的吞吐量已超 4 亿吨,是世界上吞吐量最大港口。2007 年以后集装箱装卸量已超过 2000 万 TEU。2011 年超过中国香港和新加坡等港口,为世界最大集装箱港。多条航线与世界 221 个国家(地区)相连接。

四、大宗海运货流

1. 石油

石油是国际海上运输中最大宗的货物,约占海运总运量的 60%。主要输出国为 OPEC 成员国、俄罗斯、墨西哥、挪威、苏丹、安哥拉等国。主要进口国为美国、中国、日本、韩国、印度和法国、德国、意大利等欧盟国家。石油的运输流向是波斯湾经马六甲海峡或龙目、望加锡海峡输往中国、日本、韩国等国家和地区;或波斯湾经苏伊士运河或好望角输往欧洲和北美;非洲产油国输往欧洲、北美和亚太地区;墨西哥、委内瑞拉输往美国。

2. 铁矿砂

铁矿砂主要出口国为澳大利亚、巴西、加拿大、委内瑞拉、印度、利比里亚、瑞典等国。主要进口国是中国、日本、韩国、美国、意大利、德国等。铁矿砂的流向是澳大利亚输往中国、韩国、日本,巴西、委内瑞拉输往美国,巴西、秘鲁输往中国、日本,瑞典输往德国、意大利,印度输往日本和中国。

3. 煤炭

煤炭每年贸易量约 4 亿～5 亿吨,主要出口国为澳大利亚、印度、美国、南非、俄罗斯、乌克兰、波兰、德国和哥伦比亚。其中以澳大利亚出口量最多。主要进口国为日本、韩国和欧洲一些国家。主要流向是澳大利亚、印度输往日本、韩国,美国输往西欧、日本和韩国。

4. 粮食

粮食的主要品种是小麦、玉米、大豆和稻米。主要粮食出口国是美国、加拿大、阿根廷、澳大利亚、法国等,主要进口国为日本、中国、韩国、英国和德国。输出方向为美国、加拿大、澳大利亚输往日本、韩国和中国,法国输往英国和德国,阿根廷输往西欧。

第三节　国际陆上货物运输

一、国际铁路货物运输

国际铁路运输是领土相连、铁路网相通的国家之间货物运输的重要方式。以欧亚大陆、北美大陆最为发达,这是由于欧盟各国、俄罗斯、中国、加拿大、美国等均是世界上铁路网最稠密的国家。

国家与国家之间的铁路运输称为"国际铁路货物联运"。所谓国际铁路货物联运,是指在两个或两个以上国家间使用铁路运送货物时,必须使用一份统一的运输单据,并以连带责任办理货物的全程的运输,在一国铁路向另一国铁路移交货物时无需发货人或收货人参与的运输方式。它与任何一国的国内铁路运输的不同点是:

1. 各国铁路轨距不同,如中国为标准轨(1435mm),而我们的邻国蒙古、俄罗斯均为宽轨(1524～1665mm),因此列车在穿越中俄或中蒙国境时,不能直接过轨,要进行"换装"作业。

2. 火车在进出本国国境或他国国境时,货物要办理报关、商检、边检等手续。但各国法律不尽相同,因此进出境的货物或人员要做好法律适应的准备。

3. 国际铁路货物联运在收费、交接等方面涉及出境国、过境国和目的地国等各方面的利益,因此有关国家应签署必要的法律文件明确各方的权利和义务,以免发生纠纷。目前欧亚各国的铁路联运主要适用的法律有《国际货约》、《国际货协》和《统一运价》等协议。

二、中国通往邻国的铁路干线及铁路口岸

中国陆地邻国有14个,其中有铁路相通的邻国有朝鲜、蒙古、俄罗斯、哈萨克斯坦和越南。香港虽为中国领土,但作为"单独关税区",火车进出香港也应办理海关检验等手续。

(一)通往俄罗斯有三条路线

1. 从哈尔滨乘滨州线到满州里,我国口岸是满州里,对面俄罗斯口岸为外贝加尔斯克。

2. 从哈尔滨乘滨绥线到绥芬河,我国边境口岸是绥芬河,对面俄罗斯口岸是格罗迭科沃。

3. 从长春乘长图线到图门,图门再至珲春,我国口岸是珲春,俄罗斯口岸为

卡梅绍娃亚。

(二)通往朝鲜有三条路线

1.从沈阳乘沈丹线到丹东,我国出境口岸为丹东,对面朝鲜口岸为新义州。

2.从长春乘长图线到图门,我国出境口岸为图门,对面朝鲜口岸为南阳。

3.从梅河口乘梅集线到集安,我国出境口岸为集安,对面朝鲜口岸为满浦。

(三)通往蒙古只有一条路线

从集安乘集二线到二连浩特,我国出境口岸为二连浩特,对面蒙古口岸为扎门乌德。

(四)通往哈萨克斯坦只有一条路线

从连云港乘陇海线到兰州,从兰州乘兰新线到乌鲁木齐,从乌鲁木齐乘北疆铁路到阿拉山口,我国出境口岸是阿拉山口,对面哈萨克斯坦口岸是多斯特克。

(五)通往越南有两条路线

1.从南宁乘湘桂线到凭祥,我国出境口岸为凭祥,对面越南口岸为同登。

2.从昆明乘昆河线到山腰,我国出境口岸为山腰,对面越南口岸为新铺。

(六)内地通往香港有一条路线

从广州乘广深线到深圳北站,内地出境口岸为深圳北站,对面香港入境口岸为罗湖。

三、国际公路货物运输

公路运输是一种机动灵活、简捷方便的运输方式,在短途、小批量、集疏货物运输中,它比铁路、水运和航空运输具有明显的优势,真正做到了"门到门"的运输。

新中国成立后,我国公路发展迅速,截至2008年底,我国公路通车里程已达199.5万公里,高速公路6.5万公里,形成了以国道、省道为网络主干,以各种支线为脉络的公路网。全国绝大部份省区公路可通达到乡(镇)。

我国陆地边界约2.2万公里,与14个国家为邻,与各个邻国均有公路可以通达,但经贸往来关系密切,公路运输量大的口岸有:

1.通往哈萨克斯坦的公路口岸是新疆的霍尔果斯。

2.通往蒙古的公路口岸有巴克图、吉乃木、二连浩特等。

3.通往吉尔吉斯的公路口岸是吐尔戈特。

4.通往巴基斯坦的公路口岸是新疆的喀什和红奇拉甫山口。

5.通往尼泊尔和印度的公路口岸是亚东、樟木。

6.通往缅甸的公路口岸是瑞丽、畹町。

7.通往越南的公路口岸是河口、凭祥等。

8.通往俄罗斯的公路口岸是满洲里、绥芬河、黑河、珲春等。
9.通往香港和澳门的公路口岸是皇岗、文锦渡和拱北。

四、管道运输

管道运输是一种运载工具与运输通道融为一体的运输方式,适宜流体和气体货物的运输。它的优点是运量大、速度快、全天候、不间断、成本低、安全可靠。管道运输19世纪发端于美国,二战后随着石油、天然气大规模的开发,管道运输发展非常迅速。目前全世界拥有输油、气管道总长度约180万公里,主要分布在俄罗斯、乌克兰、美国、加拿大、沙特阿拉伯、伊拉克、中国、哈萨克斯坦、意大利、德国等国境内。近年来随着科学技术的进步,美欧等国开始把煤炭处理成煤浆也用管道输送,这种煤浆管道目前已有3000多公里。世界主要输油(气)管道:

1.位于沙特阿拉伯境内,东起朱拜勒、西至延布的输油管道。
2.位于伊拉克境内,东起基尔库克油田、西至土耳其杜尔托尔港的输油管道。
3.埃及境内,南起苏伊士港、北至亚历山大港双向输油管道。
4.意大利境内,南起的黎雅斯特、北至德国英戈尔斯特的输油管道。
5.美国阿拉斯加州的普拉德霍湾至瓦尔迪兹的输油管道。
6.巴拿马境内,连接阿木韦斯港至奇里基湾的输油管道。
7.俄罗斯境内,东起乌连戈依、奥伦堡,经乌克兰到波兰、罗马尼亚等国的输气管道。
8.中国境内,西起新疆的伦南油气田,东至上海和广州的输气管道。

第四节 航空运输及其他新兴运输方式

一、航空运输

航空运输具有速度快、运输质量好、安全可靠、节省包装费用等优点,但由于费用高、运量小,多适宜小批量、远距离、贵重、时尚、紧急的物品的运输。到2000年底,全世界已有716家客运航空公司和91家货运航空公司,空运遍布世界六大洲。

航空运输的方式,主要包括包机运输、班机运输、集中托运和航空快递等多种方式。主要航空线和航空港有:

1.西欧飞越大西洋到北美航线。主要航空港有伦敦、巴黎、法兰克福、纽约、芝加哥、巴尔的摩、多伦多、蒙特利尔等。

2. 西欧经中东到亚太航线。主要航空港有巴黎、法兰克福、卡拉奇、德黑兰、伊斯坦布尔、孟买、加尔各达、新加坡、香港、上海、台北、高雄等。

3. 亚太地区飞越太平洋到北美航线。主要航空港有北京、东京、上海、仁川、香港、新加坡、台北、洛杉矶、旧金山、温哥华等。

此外还有北美至南美、澳新至北美、非洲至欧洲等航线。

二、新兴运输方式

（一）集装箱运输

集装箱又称货柜，是一种盛装货物的大型铁木制容器。其特点是 1. 坚固耐久，能反复使用；2. 中途改变运输方式，无需移动箱内货物；3. 使用机械装卸集装箱，速度快；4. 内容积必须大于 1 立方米。海运集装箱标准一般采用 8 英尺×8 英尺×20 英尺，或 8 英尺×8 英尺×40 英尺，前者叫一个标准箱（TEU）。集装箱种类众多，有冷藏、干货、罐式、开顶式等。

集装箱运输中涉及多种关系人，如承运人、代理人、集装箱租赁人、集装箱堆场、集装箱货运站等。在集装箱运输中需这些关系人协调合作，密切配合。

集装箱运输有下列优点。

1. 在全程运输需转换运输方式时，无需移动箱内货物，直接装卸集装箱即可。因此可实现"门到门"运输。

2. 由专门的机械进行装卸，速度快，安全可靠。由于节约了装卸时间，所以大大降低装卸费用。

3. 不受天气影响，节省外包装，并能避免货物中途丢失和损坏。

4. 货主向承运人或其代理人交出集装箱，就代表交货，说明货物所有权已转移，货主凭承运人签发的单据在信用证支付条件下就可以去银行结汇，从而减少资金的占用或银行利息的支付。

海上集装箱货物运输是 1956 年首先在美国开始的，20 世纪 60～80 年代各国纷纷仿效，现已为世界海运大国普遍采用。中国海上集装箱运输始于 1973 年，天津和上海同时开辟了去日本神户的海上集装箱运输。

（二）大陆桥运输

所谓大陆桥运输，是指以横贯大陆的铁路、公路为"桥梁"，把两端的海洋运输连接起来的海—陆—海的集装箱运输。它起源于 1967 年的中东战争时期，由于埃及封闭了苏伊士运河，亚欧之间的海上往来均需绕道好望角，大大增加了运输时间和费用，日本开始利用苏联的西伯利亚大铁路和欧洲铁路进行海—陆—海的集装箱运输，大陆桥运输从此诞生。

大陆桥运输的优点：

（1）缩短了运输距离，节省时间和费用。如日本利用西伯利亚大陆桥，比走苏伊士运河距离还短、时间还少。

（2）全程由一个承运人或其代理人负责，手续简便。

（3）安全可靠，运输质量好。

（4）可以提前结汇，减少资金占用。

世界上有三条大陆桥：

1. 西伯利亚大陆桥

东起俄罗斯纳霍德卡港或东方港，西至荷兰鹿特丹或大西洋沿岸任何一个国际港口。日本货物如通过这条陆桥运往欧洲，运输里程比走苏伊士运河缩短1/3，运费降低20%～25%。

2. 新欧亚大陆桥

东起中国境内的连云港，经陇海、兰新和乌阿线到达新疆的阿拉山口，后经哈萨克斯坦、俄罗斯、波兰等国到达荷兰鹿特丹。

3. 北美大陆桥

北美大陆桥是指加拿大和美国境内横贯东西的铁路，有多条线路：

（1）温哥华→哈利法克斯。

（2）西雅图→底特律。

（3）奥克兰→纽约。

（4）洛杉矶→巴尔的摩。

（5）洛杉矶→休斯敦。

三、国际多式联运

国际多式联运是以集装箱为载物工具，将海运、铁路、公路、航空等组合成两种或两种以上的运输方式进行全程运输，最终实现"门到门"的货运方式。其具备的条件是：

1. 必须在两个或两个以上国家间进行运输；

2. 必须使用两种或两种以上运输方式；

3. 全程必须有一份联运合同和一份全程的运输单据；

4. 必须有一个多式联运的承运人（或代理人）负责全程运输；

5. 全程运输使用单一的运费率，并以包干形式一次性向货主（买方或卖方）收取运费。

国际多式联运可包括海—陆、海—陆—海、陆—空、海—空等多种方式。

※ 搜集、研读、分析和回答

1. 仔细阅读世界地图,找出马六甲海峡、霍尔木兹海峡、苏伊士运河、巴拿马运河等海上运输咽喉要道。
2. 国际贸易货物运输与国内货物运输有何不同?
3. 交通运输连接度与通达度如何计算,它们对网络的便捷程度有何影响?
4. 阅读中国地图,找出我国通往邻国的主要铁路线及出境口岸。
5. 什么叫大陆桥运输?欧亚两条大陆桥的起止点在哪里?大陆桥运输有何优点?

下篇　国别分论

国民文庫　下巻

第九章 超级大国——美国

第一节 地理概况

一、位置、面积和政区

美国的全称是美利坚合众国。它位于北美洲中部,东临大西洋,西临太平洋,北邻加拿大,南邻墨西哥,东南临墨西哥湾,是一个海陆兼备的国家。从纬度看,大部份领土位于 25°N～49°N 之间。

美国领土东西濒临两大洋,南北是比其弱小的邻国,这种地理位置不但使其免遭两次世界大战的涂炭,而且战争中大量生产军火卖给盟国发了战争财。南北是两个弱小邻国,更为其掠夺原料、输出产品提供了便利的条件。在现代军事技术条件下,两大洋的军事屏障作用虽有所降低,但却为其发展贸易、航运以及海洋资源的开发提供了有利的条件。

美国的领土面积为 930 万平方公里,少于俄罗斯、加拿大、中国,居世界第四位。全部领土由 50 个州和 1 个特区组成,位于北美洲中部的本土部分有 48 个州和 1 个特区,远离本土的海外有两个州,即阿拉斯加州和夏威夷州。美国当今的国土是不断向外侵略和通过购买而得来的。1776 年美国刚建国时其领土只有现在位于大西洋沿岸东北部的 13 个州。特区是指首都华盛顿周围地区,称为哥伦比亚特区。

二、优越的自然条件

美国自然条件十分优越。从地形看全国分为三个南北向的纵列带,东部是由阿巴拉契亚山脉和沿海平原组成的低山平原区,海拔高度多在 1000 米以下;西部是由落基山、海岸山、内华达山和山间的高原、盆地所组成的高山高原区;介于东西之间的中部地区是平原区,靠近落基山一侧海拔在 500 米以上属高平原,靠近阿巴拉契山脉一侧,海拔在200米以下属低平原。三种地形区具有不同的经济意义。中部的低平原和高平原面积约占全国的40%,土壤肥沃,灌溉条件良好,适宜农耕。东部的低山、沿海平原区,由于山脉海拔不高,对交通和工业设施的建设不构成障碍,但山下却蕴藏着丰富的煤炭资源,沿海平原地势平坦,交通方便,所以这里是美国经济最发达、人口最稠密的地区。西部高山高原区,由于海拔高,地势起伏大,地形封闭,气候干燥,自然条件相对恶劣,对经济发展不利,这里人口少,经济也相对落后。但山上有茂密的森林,山下有色金属矿产丰富,山中水力资源丰富,具有长远的发展潜力。

美国由于大部分领土在北温带,因此绝大部分地区属温带大陆性气候,但由于领土面积大,地形复杂,因此气候类型多样。西部太平洋沿岸地带有温带海洋性气候、亚热带地中海式气候;南部与墨西哥接壤处为亚热带半干旱气候;领土的东南部为亚热带季风气候;西部的高山高原区除高山气候外,多属温带内陆干旱、半干旱气候。多样的气候有利于多种农作物生长,而以温带大陆性气候为主则利于小麦、玉米、大豆、棉花的生长。美国气候的缺点是冬季多寒潮、大雪天气,夏季东南部有飓风的侵袭,中部内陆多龙卷风。

美国河流、湖泊众多,水和水力资源丰富。最长的河流是密西西比河,全长6000多公里,大部分河段流经中部平原,利于航行和灌溉,并通过伊利运河等与五大湖和大西洋相沟通,十分利于航行,有美国"黄金水道"之称。其他河流有科罗拉多河、圣劳伦斯河、哥伦比亚河等。湖泊有苏必利尔湖、密歇根湖、伊利湖、休伦湖和安大略湖。这五大淡水湖是世界最大的淡水湖群,不但水和水力资源丰富,而且通过圣劳伦斯河连接大西洋,是美国与加拿大重要的航运通道。

美国资源丰富,落基山上有茂密的森林。矿产有煤炭、铁、石油、天然气、铜、铝、锌等。

三、政治体制和居民

(一)政治体制

美国实行的是以总统为中心的行政、立法和司法三权分立的政治体制。行政权属总统,立法权属国会,司法权属法院。国会与总统之间通过相互行使否决权,互相监督与制约,以保障重大决策既发扬民主又符合国家根本利益。主要党派有共和和民主两党。总统由两党提名的后选人,在全国通过公开竞选产生,任期四年。国会由各个州选举的两党的议员组成,分参、众两院。除国会外,美国还有许多院外利益集团,代表不同社会阶层或集团的利益,通过游说国会或政府,制定对本集团有利的法律和政策。如"劳联"和"产联",主要代表劳工利益。

(二)居民

美国人口现已超过 3 亿(2010 年),在世界上少于中国和印度居世界第三位,94%的人口居住在本土部分。人口分布不均,东密西疏,密西西比河以东,人口密度为 60 人/平方公里;密西西比河以西至落基山脉为 16 人/平方公里;落基山脉以西为 10 人/平方公里,且多居住在太平洋沿岸地带。

美国居民中除印第安人为北美洲原始土著居民外,绝大多数美国人是"地理大发现"后来自欧洲的移民和贩卖到美洲的黑人奴隶的后代。目前全国人口中白人占 80%、黑人占 12.7%,而印第安人目前只剩下 100 多万,其余是墨西哥人、波多黎各人、华人等。

美国人口中城市人口占比重大,占全国人口的 79.8%。在全国有几个大城市群,如波士华城市群、五大湖沿岸城市群、太平洋沿岸城市群等。

二战后,随着五大湖周围和新英格兰地区传统工业的衰落,南部和太平洋沿岸石油、电子、宇航等新兴工业的兴起,美国人口出现了南移西迁的趋势,北部人口所占比重已下降到 45%,而南部、西部人口比重已占 55%。

美国人热情、爽朗、直率,贸易谈判中喜欢直奔主题,开门见山。工作中具有创新、冒险精神,法律观念强。

第二节 经济发展历程和经济特征

一、经济发展历程

美国是一个后起的资本主义国家。自 1776 年建国后经过短短的 200 多年,已由一个农业国变为一个工农业均很发达的高度现代化的国家,其经济发展的经验值得借鉴。

(一)第二次大战结束前的美国经济

1. 以农业为主时期

自 1620 年大批英国清教徒移居北美洲,在现今美国南部各州种植棉花、烟草、兰靛等农作物,直到 1860 年以前美国基本上是一个农业国,农业产值由 1800 年的 2.2 亿美元到 1860 年增长至 14.69 亿美元。

2. 实现工业化时期

1807 年由于与英国矛盾的加剧,美国政府通过了《禁运法案》,中断了与英、法等国的贸易,开始自主生产钢铁、纺织品、五金工具等工业品。1812~1814 年与英国的战争,美国与欧洲的贸易彻底中断,美国开始独立、大规模地发展本国工业,到1860年工业产值首次超过农业产值,成为一个以工业为主的国家。

3. 两次世界大战期间的美国经济

19世界末至20世纪初,美国已成为世界第一工业强国。而1914~1918年爆发的第一次世界大战,美国不但不是交战方,而且通过卖军火和抢夺殖民地发了财。1914年其GDP仅386亿美元,而1918年猛增到764亿美元。

1929年美国发生了波及全球的经济危机,虽经30年代初的"罗斯福新政"使危机得到一定的缓解,但并没有走向繁荣,真正使美国摆脱危机的是第二次大战。在战争中美国作为参战方并没有遭到太多损害,反而通过为盟国生产军火发了战争财,从而带动工业的全面增长。1944年其GDP比1940年增长了1倍,为战后美国作为世界经济最强大的国家打下了坚实的物质基础。

(二)二次大战后的美国经济

二战后,美国凭借着战争期间形成的强大的工业生产能力和签署《关贸总协定》所形成的自由贸易环境,从20世纪50年代至70年代初成为世界唯一的经济强国,1947年其GDP曾占全世界的45%、工业产值占1/2。但1973年以后在两次能源危机的冲击下,美国经济开始发生滞胀。80年代初里根总统当政时期,由于采取宽松的货币政策,紧缩政府财政支出,曾使美国经济出现增长,但也留下了财政赤字和外贸赤字等亟待解决的难题。1993年克林顿入主白宫,对内加快结构的调整和升级,促进企业的兼并与重组;对外压迫日本、欧盟开放市场,不断扩展美国的出口贸易。到2000年其任期届满时,使美国维持了连续10年的经济增长,并且使双赤字大幅度的下降。

2001年在"9·11"事件的冲击下,美国经济又出现了衰退,后在伊拉克战争、阿富汗战争的刺激下,2002~2007年美国出现了恢复性增长。2007年第四季度美国发生了次贷危机,并最终演变成波及全球的金融危机。此次金融危机不但使许多著名的银行破产,并波及汽车生产等实体经济,导致美国出现了失业率急剧上升,消费需求急剧下降的危机状态,其2009年GDP的增长率为-2.4%,是二战结束后最大的降幅。奥巴马政府虽多次采取所谓"宽松的货币政策",但至今收效甚微。美国的金融危机已波及全球,不但导致欧盟、日本等发达国家经济出现了负增长,也使亚太等新兴经济国家出口下降,经济发展遭遇极端困境。

二、当前美国经济特征

美国经济特征是美国经济发展水平、运行机制、产业结构和经济空间分布的集中体现。主要表现为:

(一)美国是当今世界经济最强大的国家,但与二战后初期相比,其经济地位

相对下降

美国经济规模之大,产业结构之完整,生产技术之先进,是当今世界其他国家无法相比的。据统计,2010年美国GDP总量为14.58万亿美元,几乎相当于居世界第二、第三、第四位的中国、日本和德国三国的GDP的总和,人均GDP已超过4.7万美元。2010年美国对外贸易额为3.2万亿美元,居世界第一位。主要工农业产品如钢铁、汽车、石油、天然气、煤炭、电子信息、粮食等均居世界前列,并凭借美元作为世界最主要的储存货币,左右着全球的外汇金融市场。

美国虽然是世界上经济最强大的国家,但它与1947年战后初期相比,其经济地位却下降了。1947年,美国GDP总量曾占世界的47%,工业产值占世界50%,出口贸易占世界1/4,黄金储备占1/2。而2010年,其GDP总量只占世界24.1%,出口贸易只占8.4%,进口贸易额占12.8%,而且对外贸易自20世纪70年代以后长期处于逆差地位。1985年以前美国是债权国,而现今已沦为债务国。汽车、钢铁、家电、半导体等工业品已先后被日本和中国超过。美国经济地位的下降,虽有其自身的原因,但主要是战后随着欧盟、日本及新兴经济体的崛起,世界经济走向多极化的结果。

(二)推动自由经济体制,鼓励创新精神,使美国经济具有可持续的竞争力

美国是一个以市场为基础、以私人企业经营为主导的自由经济体制的国家。以市场为基础,保证了经济活动的科学性、针对性和及时性,可以使资源得到优化配置,使经济活动效率最高、效益最好。以私人企业经营为主导,一方面避免了政府不必要的干预,企业可以针对市场需求和竞争状况做出正确的决策,以取得最大效益;另一方面私人财产的所有权得到保护,必然促使企业不断进步,不断开拓,以扩大自身财富的积累。企业的不断壮大必然导致国家实力的增强。

但是美国的自由经济体制,并不是国家对企业的经济活动完全放任,而是通过金融、财政、税收和货币政策进行宏观调控,在特定情况下国家直接插手企业的经营活动。例如2007年次贷危机发生后,美国为了挽救濒临破产的银行等金融企业和一些工业企业,政府就直接向它们注资或收购,以达到控制其经营活动的目的。

鼓励创新、冒险、个人英雄主义是美国社会的核心价值观,政府通过言论自由、知识产权保护、私人财产权不可侵犯等制度,来鼓励和保护创新精神及其成果,其结果就保证美国经济具有可持续的竞争力。苹果公司和微软公司的发展壮大,就是鼓励创新的最好例证。

(三)资本和生产的集中与垄断不断加强

美国是世界上最早出现垄断企业的国家,早在1879年,世界上第一个托拉斯——洛克菲勒家族的标准石油公司,就控制了全国90%的石油生产。二战

后,这种资本和生产的集中与垄断现象不断加强。据统计,1980年美国共有企业1700多万家,其中资本在500万美元以上的公司占企业总数的1.9%,而它们的资本总额却占全国资本总额的89%。农业中拥有土地超过1000公顷的大农场,只占全国农场总数的8%,而它们拥有土地总量却占全国土地的62.4%。以摩根、洛克菲勒、杜邦、梅隆、德克萨斯、第一花旗银行为代表的十大财团,几乎控制了全国的石油、钢铁、汽车、金融等主要产业部门。通用、福特和克莱斯勒三大汽车公司,控制了全国90%的汽车生产。

(四)产业结构日趋高级化

二战后,在第三次科技革命推动下,美国不断调整其产业结构,到2000年美国农业人口占全国总就业人口的比重为2.4%,制造业(不包括采矿和建筑)已下降至14.6%,通信设备、生物工程、核工程、航空航天、激光和高分子合成等新兴高技术产业已成为制造业的主体,而钢铁、发电、化工等传统制造业在下降。而第三产业已上升至74.8%。

(五)知识经济已露端倪

所谓知识经济,是以知识、技术和信息等为主要生产要素进行生产、流通、分配和消费等活动的经济。它与传统的工业经济的不同在于生产要素由传统经济的资本、资源和劳动力变成知识和信息。生产由追求规模生产转变为敏捷生产,生产地域分布由集中走向分散,生产过程由重成本和质量变为创新和适应性。产品从标准化走向智能化、个性化,从笨重走向轻巧,从生命周期长走向生命周期短,市场从稳定的区域市场变成全球市场,流通方式从有形市场变为无形市场,产业结构由以制造业为主变为以服务业为主。

美国步入知识经济社会,主要表现在:

1. 计算机、软件、芯片和通信设备等信息产业,已超过钢铁、汽车等传统产业。

2. 新技术产业就业的人数大大增加,企业尤其注重在职员工的培训,以适应知识不断更新的需要。

3. 企业用于计算机、网络等硬件和软件的购置,大大超过更新机器设备的投资。

4. 信息产业大大提高了GDP增长的贡献率。2003年美国信息技术产业的产值虽只占GDP的8%,而其对GDP增长的贡献率却高达30%。

(六)跨国公司支撑了美国经济的发展

据统计,1980年美国已有跨国公司3.36万家,全球500家最大的跨国公司中美国就有179家。跨国公司的年产值是美国出口总额的4倍。正是这些跨国公司在海外的投资,保证了美国国内短缺的原材料的供应,为美国产品开拓了国外市场,并赚取了巨额利润。

第三节 主要产业部门

一、工业

美国工业以部门齐全、体系完整、技术先进、效率高而著称于世。主要包括制造业、采矿业、建筑业和供水、电力等公共事业,其中制造业是主体。传统的制造业中钢铁、普通机械、纺织等日渐衰退,电子、生物工程等新兴产业已成为核心产业。

(一)采矿业

采矿业主要包括煤炭、石油、天然气、金属和非金属矿的开采。二战后采煤业是一个相对衰退的部门,其就业人数只占全国就业人数的0.38%。

1.采煤工业

美国煤炭资源丰富,已探明全国35个州煤炭储量2499亿吨,目前年开采量为11.46亿吨(2007年),少于中国,居世界第二位。主要煤田是:

(1)阿巴拉契亚煤田:北起宾夕法尼亚州,向西南经俄亥俄州、弗吉尼亚州到肯塔基州,一直延伸到俄克拉荷马州东部。该煤田储量大、质量好、可露天开采,产量约占全国一半。

(2)中部煤田:分布在密西西比河中游,主要包括伊利诺依州、肯塔基州西部、印第安纳州,储量丰实,但质量较差,多为民用煤和动力用煤。

(3)西部煤田:主要分布在北、南达科他州和科罗拉多州等西部山区。储量大,煤层厚,可露天开采。从20世纪70年代以后才进行开采,目前产量占全国1/3。

2.石油、天然气工业

美国石油资源丰富,总储量约304亿桶,占世界石油已探明储量的2.9%,居世界第八位。天然气储量5.19万亿立方米,占世界总储量的3.3%,居世界第六位。石油2010年开采量约3.4亿桶,少于俄罗斯、沙特阿拉伯,居世界第三位,油田主要分布在墨西哥湾及其沿岸的德克萨斯州、俄克拉荷马州,产量约占全国的1/2/。其次是洛杉矶附近的南加州油田和阿拉斯加州北冰洋沿岸的普拉德霍湾油气田。美国石油加工能力大,炼油能力是本国石油产量的2倍,最大炼油工业中心是休斯敦,其次如洛杉矶、纽约、布法罗等城市。

3.金属矿的开采

主要是铁、铜、铝、锌的开采。铁矿开采主要在苏必利尔湖以西的梅萨比铁矿和佐治亚州的伯明翰铁矿。有色金属矿的开采,主要在西部山区的犹他州、科罗拉多州。

(二)制造业

制造业是美国物质文明的基石,但二次大战后,面对欧盟、日本等国的竞争,其产业部门正在调整中。这种调整主要表现为三方面:其一,钢铁、机械等传统产业正趋于衰落;其二,制造业的从业人数在不断减少,但产量、产值都在不断增长,说明其生产效率在不断提高;其三,电子、生物工程、高分子合成等新兴工业已成为骨干产业。

1. 钢铁工业

钢铁、汽车、建筑曾是美国工业的三大支柱,1950年其钢铁产量占世界的46.6%,1973年产量达到1.37亿吨,创历史最高峰。20世纪70年代以后,在"能源危机"和环境保护日益严格的情况下,钢铁产量不断下降,2010年的产量为8624.7万吨,少于中国和日本,居世界第三位。老的钢铁生产基地如匹兹堡、布法罗、克里夫兰已趋衰落。目前钢铁生产主要在休斯敦、伯明翰、纽约、芝加哥、洛杉矶等地。钢铁产品以钢材为主,多为合金钢、高级钢。

2. 汽车工业

美国是世界上最早进行汽车工业化生产的国家,20世纪20年代,由福特汽车公司生产的"T"型车,曾风靡世界。二战后,由于石油产量的增长,汽车生产也呈现快速增长态势,1978年曾达到1287万辆。但1980年美国汽车生产被日本超过。通用、福特等三大汽车公司被迫进行重组、产品结构调整和设备更新,1994年又跃居世界第一汽车生产国;2010年,虽然三大汽车产量均超过865万辆,但仍被中国超过。通用等三大汽车公司控制全国产量的90%,主要汽车生产基地是底特律、亚特兰大、克里夫兰、洛杉矶等。

3. 航空航天工业

主要生产飞机、卫星、火箭、雷达等,是美国在世界上最具竞争力的工业。各种产品产量大、技术先进、种类多。主要生产企业是波音公司、洛克希德公司、马丁公司等。其飞机的产量和出口量均居世界第一位。飞机、飞机零部件、宇航设备的生产主要分布在西雅图、休斯敦、洛杉矶、纽约、达拉斯等地。

4. 电子信息工业

美国的电子信息工业以生产计算机、软件、芯片、微处理器和通信设备为主。低端电子产品如鼠标、显示器、主板和家用电器则依赖进口。计算机硬件和软件生产由IBM、英特尔、惠普、亚马逊、微软等公司控制;通信器材生产则由苹果、德州仪器、高通等公司主导。主要产地是旧金山的"硅谷"、波士顿的128号公路、达拉斯的"硅平原"和北卡罗莱纳州的"硅三角"。

5. 化学工业

美国煤炭、石油、天然气、磷酸盐、食盐等化工原料丰富,为化学工业的发展提供有利条件,其化学工业的产值约占世界化工产值的1/4,居世界首位。以染料、试剂、医药、化妆品为主的传统化工主要分布在纽约、费城、巴尔的摩等东北部地区。以石油、天然气为原料的石油化工主要分布在休斯敦、博蒙特等地,主要生产人造橡胶、塑料、化肥、化纤原料。

6. 食品工业

食品工业是美国工业中产品种类最多、就业人口也最多的工业部门。主要有面粉加工、烟草、肉类加工、饮料、水果加工等多个产业部门。这些工业分布地区广泛,主要接近原料地和消费地,如芝加哥是美国最大的粮食和肉类加工中心,洛杉矶、旧金山是水果加工中心,纽约和亚特兰大是烟草工业中心。

7. 纺织、制鞋等轻工业

这些劳动密集型的轻纺工业在美国已不占优势,被称为"夕阳工业"。目前,一方面,实行产业的转移,向海外投资以降低成本;另一方面,利用信息技术对生产工艺、生产设备进行彻底改造,走完全自动化、专业化的道路,向高端产品发展。如纺织品多生产装饰布、医药用布、消防用布等。棉纺工业主要分布在南、北卡罗莱纳州,佐治亚州;毛纺工业则多在新英格兰地区;化纤纺织则在墨西哥湾沿岸,纽约是全国最大的服装工业中心。

二、农业

美国农业高度发达,虽然农业产值只占国内生产总值的2.5%,但却生产了占世界18.8%的谷物、11.3%的小麦、41.9%的玉米、48%的大豆和17%的棉花。每年生产的农产品有1/3可供出口,是世界上最大的农产品出口国。

美国农业生产有下列特点:

(一)农业生产部门齐全,种植业和畜牧业均衡发展

美国农业生产中无论种植业、畜牧业、林业和渔业均很发达,而且种植业和畜牧业两大主业成均衡发展趋势。据2002年统计,当年农业总收入为2288亿美元,其中畜牧业收入为935亿美元,种植业收入986亿美元,二者相差无几。种植业主要种植小麦、玉米、大豆、烟草、花生、棉花等。其中玉米、大豆、花生的总产量均居世界第一位,小麦、棉花总产量少于中国居世界第二位。

畜牧业主要是养牛、养猪和饲养家禽。牛的存栏头数居世界第一位,猪的数量少于中国,禽肉的产量超过整个欧洲。

(二)农业生产高度现代化

耕作、收割、运输、烘干全部机械化,作物品种良种化,施肥化学化,而且多为混合多效液体肥,管理计算机化,而且广泛采用发酵、转基因等先进的农业生产和加工技术。

(三)农业生产高度专业化和社会化

美国农业生产的专业化主要表现为两个方面,一是农场经营专业化,如养肉牛农场不养奶牛,饲养蛋鸡农场不养肉鸡等;二是农业生产实行地区专业化,全国分为6大农业带。

1.乳畜带:专门饲养奶牛和肉牛,供城市居民消费。主要分布在美国东北部新英格兰地区和五大湖沿岸各州。

2.玉米、大豆带:位于乳畜带以南,以艾奥瓦州、伊利诺依州为中心的,东至俄亥俄州,西至内布拉斯加州,南北宽约300公里的中北部地区,这里夏季气温高、降水多,适宜玉米生长。所产玉米供乳畜带作饲料或在当地养猪。

3.棉花带:位于35°N以南的南、北卡罗莱纳州,佐治亚洲,阿肯色州等地区,自欧洲移民和黑人奴隶到来时起这里就一直种棉花。近年来,由于单一种植致使土壤肥力下降、植物病虫害滋生,这里改种花生,棉花带向西部的德克萨斯州、亚利桑纳州和新墨西哥州等地迁移。

4.亚热带作物带:主要分布在墨西哥湾沿岸各州以及西部的加里福尼亚州。这里的气候为亚热带季风气候和地中海式气候,冬温夏热,降水丰沛,适宜水稻、水果蔬菜等亚热带作物的生长。

5.小麦带:位于南、北达科他州,堪萨斯州等中西北地区,北部种春小麦,南部种冬小麦。

6.放牧与灌溉农业带:主要分布在落基山脉以西、海岸山脉以东的内陆高原盆地区,这里气候为干旱和半干旱的大陆性气候,地表为干旱草原、荒漠和半荒漠。农业生产为放牧业,有水源灌溉条件的地区,为灌溉农业。

(四)农产品严重依赖出口,农业存在农产品"过剩"的危机

美国每年有1/3的农产品要投入国际市场,因此国际市场需求数量和价格的波动,必然对美国农产品出口产生巨大影响。一旦国际市场需求减少,价格下跌,美国农产品出口就面临很大困难。农产品不能出口,农场主不能及时还贷就会面临破产的危机。为此美国政府不得不用补贴、减少播种面积、价格支持等措施来保护农业生产。

(五)农业生产日益走向集中

在农业危机冲击下,中小农场被迫破产或被兼并,因此农场的数量越来越少,农场规模越来越大,农业生产日益走向集中。目前拥有1000公顷土地的大农场只占农场总数的8%,而它们拥有的土地却占全国的62.4%。

美国农业之所以发达,其基本经验是:

1. 政府通过财政、税收、信贷等政策和措施支持农业生产,政府对农业的财政支出,仅少于军费的支出。

2. 农业生产、科研和教育三位一体,不断提高农业生产的科技水平。

3. 实行"订单式"经营,农、工、商一体化。

4. 良好的社会化服务。所谓社会化的服务,是指农业生产过程中重要环节如耕作、除虫、收割、运输等,均由专门的机构承担,如耕作有专门的拖拉机公司,除虫有专门的喷药除虫公司来进行操作,农场主只是经营者和管理者。

三、对外贸易与市场状况

(一)对外贸易

美国对外贸易发达。据统计,2010 年美国的出口额为 1.28 万亿美元,进口额为 1.96 万亿美元,进出口总额为 3.24 万亿美元,居世界第一位。但美国的对外贸易自 1971 年以后除个别年份外,大多数年份外贸为逆差,2010 年外贸逆差高达 6900 亿美元。货物贸易为逆差,但服务贸易却是顺差。2009 年服务贸易顺差为 138 亿美元。这种状况反映了自 20 世纪 70 年代以后,美国在许多实体经济部门如汽车、钢铁、化工等的国际竞争力下降,因此出口减少,进口增加。另一方面也说明了美国在金融、教育、咨询、卫生医疗保险等第三产业有强大的竞争力。

二战后美国对外贸易的发展具有下列几个特点:

1. 经历了盛极一时到相对衰退的发展历程

美国凭借着二次大战中形成的强大工业生产能力和其他国家恢复战争创伤重建经济的有利时机,通过《马歇尔计划》,大力输出其工业品和农产品,1947 年其出口额曾占世界出口总额的 32.5%,处于绝对领先地位。但自 20 世纪 70 年代以后,由于日本、欧盟的崛起,加上能源危机的冲击,美国竞争力相对下降了,目前美国货物贸易的出口额只占世界出口总额的 8.1%,先后被德国、中国超过。

2. 自 20 世纪 70 年代以后,货物贸易多数年份处于逆差地位

美国货物贸易所以出现逆差除其传统工业竞争力下降这一原因外,还因为美国为了保护本国不可再生资源如石油、有色金属、稀土元素等,宁可进口也不开采自己的资源。再者,美国对与自己意识形态不同、政治体制相左的国家限制其高技术产品出口。

3. 对外贸易的商品结构和国别地区结构发生了变化

在出口商品中,汽车、飞机、医药化工产品、电子信息产品、小麦、玉米、大豆、

棉花等占有巨大优势。进口商品20世纪70年代以前主要是能源和原材料;机械设备、化工产品等制成品所占比重不大。而20世纪80年代以后,进口原材料的比重下降,而进口制成品不断上升。如1980年,初级产品进口占进口总额的70%,制成品占29%;1995年,初级产品进口下降至17.1%,而制成品上升至70.2%。这种情况发生的原因主要是,美国调整产业结构,淘汰劳动和资源密集型产业,使这些产业向发展中国家转移。

对外贸易的国别地区结构出口仍以北美、拉美和西欧各国为主,进口转向亚太地区。据世贸组织统计,2001年美国向北美和欧洲地区出口为4985亿美元,而向亚太地区出口1935亿美元。从国家看,加拿大是最大贸易伙伴,中国是其第二大贸易伙伴,墨西哥居第三位。

4. 在贸易政策上推行自由贸易的同时,大搞管理贸易,以国内法取代国际法,实施新的贸易保护主义

二战后,美国在其有竞争力的时候,通过关贸总协定和世贸组织,积极倡导自由贸易,一旦其竞争力下降,就公然违背WTO的某些规则,大搞贸易保护主义。在国内通过《特殊301条款》等国内法对发展中国家实行歧视性待遇。

(二)市场状况

1. 市场容量大,进口商品范围广。这是由美国人口多、经济总量大、人均收入高的经济状况决定的。美国国内无论是生产品还是消费品、高档次或低档次产品都有需求。

2. 市场变化快,销售时间性强。这是由于美国经济具有明显周期性变化,危机与繁荣均有可能瞬时发生,因此市场供需状况必须随经济的变化而出现波动。一旦错过有利时机,产品就可能无法售出。

3. 销售渠道复杂。美国有各种经销商、代理商、批发商和零售商,因此要根据自身产品的质量和档次,选对销售渠道,否则打不开市场。

4. 价格波动。美国市场上商品价格波动大,其原因主要有三,其一,受宏观经济周期影响,危机时与繁荣期价格当然不同;其二,产品生命周期影响,过时产品常常无人问津;其三,美元升值或贬值的影响。

5. 法律法规严格。美国是一个法制国家,各种法律、法规齐全,执行严格,因此出口产品到美国应严格遵守相关法律,如《消费者权益保护法》、《产品责任法》、《商标法》、《知识产权保护法》等,否则一旦陷入法律争端,即使胜诉,也要耗费大量的人力和财力。

第四节　主要经济区和城市

美国领土辽阔，不但各地自然条件千差万别，而且其领土组成和经济发展有一个自东向西、自北向南逐步扩展的历史过程，因此形成了目前经济发展水平、产业结构和城市化水平不同的三大经济区，即北部区、南部区和西部区。

一、北部区

北部区是指美国本土 48 个州中位于东北部新英格兰地区和大西洋沿岸中北部的缅因州、新罕布什尔州、佛蒙特州、康涅狄格州、罗德艾兰州、宾夕法尼亚州、纽约州、特拉华州、马里兰州和五大湖周围的俄亥俄州，南、北达科他州，艾奥瓦州等，共 23 个州。这里是欧洲移民最早到来的地区，资本主义经济发展早，因此工业发达，人口密集。19 世纪末其工业产值曾占全国的 80%，但 20 世纪 60 年代以后，随着美国产业结构的调整，本区以重化工业为主的产业已不占优势，呈日趋衰落之势。其发展速度远不如后起的南部区和西部区。但目前北部区仍是美国经济最发达地区，工业产值仍占全国 1/2，以纽约为中心的波士华城市带和以芝加哥为中心的五大湖城市带仍在美国占有重要地位。本区的工业主要是钢铁、采煤、汽车、机械、医药、化工、电子信息等，农业主要是饲养奶牛、肉牛、猪，种植小麦、玉米和大豆。

主要城市：

纽约：位于美国大西洋沿岸东北部的哈德逊河口，面积 830 平方公里，人口 1685 万，是美国最大城市和最大港口。工业发达，主要是服装、印刷、化妆品等。是美国金融中心，三大证券公司均设在纽约的华尔街。

芝加哥：位于密歇根湖西南端，是美国第三大城市、最大工业中心、最大的铁路枢纽。工业以钢铁、农业机械、肉类加工最发达，金融业发达，是全国第二大证券和期货市场。

华盛顿：位于波托马克河与阿那考斯蒂河汇合处的北面，面积约 178 平方公里，人口约 76 万。1806 年成为美国的首都，是美国的政治和文化中心，国会大厦、白宫以及国家自然历史博物馆、自然博物馆、美术馆、宇宙空间博物馆均位于这里。

二、南部区和西部区——"阳光地带"

所谓"阳光地带"，是指美国 37°N 以南和太平洋沿岸 40°N 以南地区。这里由于纬度低、气候温暖、阳光充足而得名,主要包括北卡罗莱纳州、南卡罗莱纳州、佐治亚洲、亚拉巴马州、佛罗里达州、路易斯安那州、德克萨斯州、阿肯色州、俄克拉荷马州和落基山脉以西的加里福尼亚州、新墨西哥州、亚利桑那州,共25个州。

二战前这里大部分属于落后的农业区;二战后由于石油的开发和新兴产业的发展,使南部区和西部区的经济取得了快速发展,其经济发展速度已超过传统的北部区。新的城市不断兴起和扩大,如休斯敦、洛杉矶、亚特兰大、圣迭戈、图森、菲尼克斯等。这里的工业主要是石油、天然气开采和冶炼、汽车、航空航天、电子信息等新兴产业。农业主要种植棉花、花生、水稻、蔬菜和水果。

主要城市:

洛杉矶:位于太平洋沿岸圣彼得罗湾内、加里福尼亚州的南部,人口约1000万,仅少于纽约,已是美国第二大城市。工业主要是石油、汽车、造船、电子、化学、服装等,是美国西部最大的港口。影城好莱坞位于市区。

休斯敦:位于德克萨斯州的南部、加尔维斯顿湾西北岸,通过80公里长的通海运河与墨西哥湾相连,为美国南部最大城市,炼油工业发达,有"石油城"之称。休斯敦还是美国的"宇航城",美国在此设立航天中心和约翰逊空间研究中心。港口吞吐能力仅小于纽约和新奥尔良。

※ 搜集、研读、分析和回答

1. 分析知识经济与传统工业经济有何不同,并说明美国步入知识经济时代的主要表现。
2. 搜集有关资料,说明美国领土向西扩张的历史过程。
3. 美国农业有何特点?并说明美欧农产品贸易争端的根本原因。
4. 论述美国对外贸易在世界所处的地位及其市场状况。

第十章 欧盟四国(一)英国和法国

第一节 英国

一、国家的名称、领土组成及其地理位置

英国的正式名称是"大不列颠及北爱尔兰联合王国",简称"联合王国",俗称"英国",谑称"约翰牛"。其正式国名来源于其领土组成,即由大不列颠岛及附近许多小岛和爱尔兰岛的北部组成,面积约24.4万平方公里。其中大不列颠约占全国面积的89%。大不列颠岛包括三部分,即北部的苏格兰、中部和东南部的英格兰和西南部的威尔士,俗称"英伦三岛"。其中英格兰地区所占面积最大、人口最多、经济最发达,因此通常以英格兰代表整个国家,"英国"这一俗称就来源于此。

英国是位于欧洲西部大西洋中的一个岛国,东临北海,南临英吉利海峡和多佛尔海峡,西临大西洋的边缘海爱尔兰海和凯尔特海。距欧洲大陆的最短距离只有33公里。由于英吉利海峡与多佛尔海峡是欧洲各国与北美洲、非洲乃至亚洲海上交通往来必经之地,因此英国自16世纪以后到第二次大战前一直是海上强国和最大的殖民帝国,二次大战中英吉利海峡成为阻挡法西斯德国进攻英国的有力屏障。

二、优越的自然条件

(一)海岸线长,海岸曲折多良港

英国由于是一个岛国,四面临海,因此海岸线长达11000多公里。第四纪冰川期时,大不列颠岛曾被大陆冰川覆盖,冰川消失形成许多峡湾型海岸,因此海岸曲折多良港,为海洋事业的发展了提供十分有利的条件。

(二)地形以高原、山丘陵为主,平原狭小,地势西北高东南低高原、低山和丘陵主要分布在苏格兰、威尔士和英格兰中部,主要山脉是奔宁山、格兰扁山、坎布里亚山等,平原主要在英格兰东南部。由于山脉海拔不高,对铁路、公路的建设并不构成障碍,但却抬升了西风气流,使英国降水量多。平原面积小,耕地少,不利于种植业发展。

(三)典型的温带海洋性气候

英国的领土位于 $50°N\sim60°N$ 之间,正处在西风带的迎风面,因此为典型的温带海洋性气候。冬季温和,夏季凉爽,降水量多,一般在 1000 毫米以上,而且季节分配均匀。但日照少,多雾。这种气候由于年积温低,对粮食等农作物生长不利,而有利于畜牧业的发展。

(四)河流短小,水量大,水流平稳,河网稠密,利于航行

英国河流众多如塞汶河、泰晤士河等。这些河流一般流程短,像泰晤士河长度仅 346 公里,但河流水量大,中下游水流平稳利于航行,全河有 280 公里可航行。河口是"喇叭型"的三角湾,它利于潮水的涌进涌出,使海轮可以乘潮水进出伦敦港。

(五)煤、铁、石油、天然气等矿产资源和渔业资源丰富

英国煤炭资源丰富,主要分布在奔宁山脉的东西两侧,苏格兰中部和西南威尔士地区,而且多为优质的炼焦煤。石油、天然气主要分布在东部的北海海域。自 20 世纪 70 年代大规模开采后,英国是西欧各国中石油自给率最高的国家。但英国有色金属矿产相对贫乏,需要进口。渔业资源主要在北海海域,这里是世界四大渔场之一。

三、居民和政治体制

英国共有人口 6010 万,是西欧人口稠密的国家之一。但人口分布不均,英格兰的中部和东南部人口稠密,而苏格兰、威尔士和北爱尔兰人口相对稀少。城市人口占全国人口的 89%,人口超过 100 万的特大城市只有伦敦和伯明翰。

英国人口中有四大民族,即英格兰人、苏格兰人、威尔士人和北爱尔兰人。英格兰人是公元 5~11 世纪来自欧洲大陆的日尔曼人和诺曼底人混血而形成的民族;而苏格兰人、威尔士人和北爱尔兰人是原居住在大不列颠岛的土著居民凯尔特人的后裔,后被日尔曼人和诺曼底人赶往北部和西部相对落后的地区。因此英格兰人和苏格兰人有一定的民族矛盾。

英国的海外移民众多,自 16 世纪以后,英国人就开始移居美洲、非洲和大洋洲,总人数可达 1 亿人。这些海外移民对英国经济和社会的发展起了极大的促进作用。一是传播了英国的语言和文化;二是保证了英国原材料的供应;三是开拓了海外市场;四是缓解了国内失业的压力。

英国的政治体制是君主立宪制,女王是国家名义元首,首相是各政党通过提名竞选,由获胜者担任,是政府首脑。国会上下两院是立法机构,法院是司法机构。主要政党是保守党、工党、自由党等。现任首相卡梅伦属保守党。

四、经济发展历程

(一)产业革命前

15世纪以前,英国是一个封建落后的农业国,被称为"世界荒凉的边陲"。15世纪末到16世纪初的"地理大发现",使世界海上运输的交通要道由地中海沿岸向大西洋沿岸转移,为英国资本主义生产方式的形成提供了十分有利的契机。国内通过"圈地运动"为工业的发展提供了劳动力,获得土地的大地主、贵族大力发展养羊业,出口羊毛;对外实行海盗式的掠夺,通过战争先后打败了西班牙、葡萄牙和荷兰,在亚洲、非洲侵占了大量殖民地。在殖民地,除了掠夺黄金、白银、钻石、珠宝外,还大肆贩卖奴隶,从而为资本主义生产方式的形成积累了大量的货币资本和实物资本。这一切均为18世纪产业革命的发生和资本主义生产方式的形成,奠定了必要的物质基础。

(二)产业革命时期

18世纪60年代至19世纪30年代,英国完成了以大机器生产代替手工生产的产业革命,从而大大提高了工业生产的效率及各种产品的产量,到1870年,英国在世界工业生产中所占比重高达32%。煤、铁的产量,棉花的消费量均占世界的1/2,在世界贸易中所占比重高达25%,在海外拥有比本土大100多倍的殖民地,成为世界上政治、经济最强大的国家。

(三)"世界工厂"的衰落

19世纪末,英国在经济上先后被美国和德国超过,其工业产值在世界所占比重已由1870年的32%,下降到1917年的14%。机械的产量美国占世界的51.8%,而英国只占12.2%;对外贸易由1870年的25%下降到15%,完全丧失了"世界工厂"的霸主地位。

以后发生的第一次和第二次世界大战和20世纪30年代发生的严重经济危机,均给英国造成了严重的经济损失和人口的伤亡,加上战后英国在亚非拉的殖民地纷纷独立,二次大战后,英国这个号称"日不落国"的殖民帝国无论政治和经济上都走向了衰落。

(四)二战后经济的恢复和发展

从战后初期1948直至1979年,英国经济增长十分缓慢,GDP年均增长率仅2.5%,远远落后于美、日、德、法等国,人们称之为患了"英国病",这是由于二战中遭到严重破坏、战后产业结构失衡和技术设备落后等多种原因造成的。

20世纪80年代,撒切尔夫人担任首相,她大力提倡自由竞争的市场经济,反对国家对经济的垄断和干预,把大批的国有企业实行私有化,鼓励和支持私人企业增加投资、购置新设备、采用新技术,这一系列措施大大促进了英国经济的发展,使80年代GDP的年均增长率达到了3.2%,摆脱了"英国病"的困扰,此后英国经济就进入了一个平稳的增长时期。到2010年,其GDP总量已达2.258万亿美元,少于美、中、日、德、法,居世界第六位,人均GDP为3.86万美元。

五、主要产业部门

(一)工业

英国是世界上最早实现工业化的国家,因此工业是国民经济的骨干。根据发展历史的长短和技术先进程度,工业可分为传统工业和新兴工业,前者如纺织、钢铁、造船、采煤等,后者如采油、石油化工、航空航天、电子信息、生物工程等。工业中制造业是主体,采矿业中除石油、天然气开采方兴未艾外,其他如采煤、采铁业均趋衰落。

1. 采煤工业

英国煤炭资源丰富,总储量约450亿吨,质量好,多为炼焦煤,分布集中,主要煤田均在奔宁山脉东西两侧、苏格兰中部和威尔士南部。从产业革命时开始采掘,到1913年煤炭年产量已达2.9亿吨,二战后产量不断下降,20世纪90年代末年产量只有4000万吨,2010年产量已降至2000万吨。位于苏格兰、威尔士和英格兰东北部的大部份煤矿已停产或关闭,目前还在开采的是约克厦和东米德兰地区的煤矿。采煤工业的机械化水平高。在全国能源消费构成中煤约占1/3。

2. 钢铁工业

英国是现代炼钢工业的发源地,1870年其钢铁产量曾占世界的1/2。二战后,由于设备陈旧、技术落后,钢铁产量不断下降,2010年产钢量只有970万吨,早已被日本、美国、韩国、中国、巴西等许多国家超过,2010年钢产量居世界第18位。大的钢铁厂一部分仍在内陆靠近煤炭和铁矿产区,如设菲尔德、罗瑟勒姆等地;另一部分则靠近沿海港口,如斯肯索普、塔尔伯特、格拉斯哥等地,以便利用进口原料。

3. 纺织工业

纺织工业是英国产业革命时的主导产业,19世纪时无论棉、毛纺织品的产量和棉花的消费量均居世界首位。但二战后,由于埃及、印度等殖民地的独立,英国失掉了廉价棉花的供应,再加上化纤纺织工业的兴起,英国纺织工业急剧衰落,现棉布的产量仅有1950年的1/8,但毛纺织工业由于产品质量好,仍有竞争力。主要棉纺工业中心是曼彻斯特,毛纺工业中心是利兹。

4. 造船工业

造船业与纺织、采煤、钢铁工业一样属传统工业,历史上,曾辉煌一时,现已衰落,其每年下水吨位早已被日本、韩国、中国超过。到20世纪80年代中期,其船舶产量只占世界的2%。造船厂分布普遍,如格拉斯哥、加的夫、利物浦等地。目前造船业主要是以承造商船和海上采油设备为主。

5. 汽车工业

汽车工业是战后英国经济发展较快的工业,1972年以前产量曾达到232.9万辆,在两次能源危机的冲击下,产量不断下降,1988年已降到155万辆。20世纪90年代,随着英国整体经济稳定增长,汽车产量又有所回升,2010年产量为146万辆。汽车生产主要分布在利物浦、伯明翰、考文垂等地。

6. 石油工业

20世纪60年代以前英国曾被认为是贫油国。20世纪60年代以后发现了北海油田,但尚未开采。20世纪70年代以后在能源危机的冲击下,英国开始开发北海油田,1984年的产量就突破了1亿吨。2001年产量为1.16亿吨,2010年产量只有6300万吨,居世界第19位。石油的开采对英国经济发展起了极大的促进作用。促进作用主要表现在:其一,由进口国变成石油出口国,大量石油美元支持了英国经济的增长。其二,石油工业带动了钢铁、机械、化工等相关工业的发展。其三,由于北海油田靠近苏格兰地区,使昔日经济落后的苏格兰得到了一定程度的开发。如阿伯丁过去仅是一个渔村,现已成为著名的"石油城"。

7. 化学工业

英国煤炭、石油、天然气和盐等化工原料丰富,因此有利于化学工业的发展。战后初期主要是以煤和盐为原料的基本化工,70年代以后,随着北海油田的开发,英国石油产量大增,以石油、天然气为原料的石油化工得到了迅速发展,主要生产橡胶、塑料、化纤、医药等。英国是仅次于美国、德国和瑞士的世界第四大医药出口国。传统化工工业主要靠近煤产区,如利物浦、惠灵顿的兰开厦地区,石油化工主要在英格兰的纽卡斯尔和蒂兹塞德等地。

8. 航空航天工业

英国是西方国家中仅次于美国和德国的第三大航空航天大国,主要生产民用飞机、军事飞机、飞机发动机、气垫船、导弹和卫星等。其罗尔斯—罗伊斯公司是世界著名的飞机发动机生产公司,年产飞机发动机2000台,主要航空工业中心是伯明翰、特尔福德等地。

9. 电子信息工业

它是二战后的新兴产业,主要生产计算机、雷达、导航设备和通信设备。英国是世界上最先采用光纤网络的国家。电子信息产业主要分布在格拉斯哥—爱丁堡一线,被称为"苏格兰硅谷";伦敦向西沿泰晤河上溯至布里斯托尔为"英格兰硅谷"。

(二)农牧业

英国农业现代化水平很高,其农牧业的劳动生产率、单位面积农作物的产量、拥有农机数量在欧盟中均高于法国和意大利。但农业在GDP中所占比重仅为1.5%,远远低于欧盟5%的平均水平。英国农业在国民经济中不占重要地位,其原因有二:一是英国是典型的温带海洋性气候,冬温夏凉,年积温不足,不大适宜粮食等作物的生长,适宜发展畜牧业。二是产业革命前的"圈地运动",使大多数农民失去了土地,大地主和贵族虽拥有大量土地,但他们只发展养羊业,只售羊毛,赚取高额利润;产业革命后新兴资产阶级为了开展自由贸易,大力推行废除《谷物法》,使外国廉价农产品进入英国市场,以取得充足的工业原料,在这种情况下,本已缺乏竞争力的本国农业生产就彻底遭到了冲击。二战后,英国为了解决本国粮食的供给,也曾采取多种措施支持农业生产,但收效甚微,目前粮食、棉花、糖等主要农产品仍需进口。

农业中以畜牧业为主,牧业用地约占农业用地的一半,主要饲养牛、羊、猪和家禽。尤以养羊业为主,牛肉、牛奶、奶酪等奶制品的产值约占整个畜牧业产值的一半。畜牧业主要分布在苏格兰、威尔士和北爱尔兰。

种植业主要在英格兰东南部的平原地带,这里由于处于奔宁山的背风面,年积温较高,日照充足,较适宜大麦、小麦、燕麦、甜菜等作物的生长,但产量远不能满足本国需求,粮食要进口。

英国由于是一个岛国,海岸线长,又处于北大西洋暖流与格陵兰寒流交汇处,因此沿海渔业资源丰富,其东面的北海是世界四大渔场之一,因此英国捕鱼业发达,所产渔产品1/2供国内消费。

(三)对外贸易

英国是以贸易立国的国家,因此对外贸易在国民经济中占有重要地位。19世纪70年代时,英国出口贸易曾占到世界出口总额的1/4,但二次大战后,其对外贸易在世界上所占地位不断下降。2010年其出口额为4043亿美元,已下降到仅占世界的2.6%。其贸易伙伴也发生了很大改变,由二战前的英联邦成员国为主,至20世纪70年代以后转向欧盟成员国。其出口商品结构也变为制成品出口不断下降、初级产品上升,这是由于石油变为主要出口产品所造成的。货物贸易为逆差,而服务贸易为顺差。

英国主要出口商品是石油和煤炭,制成品出口主要是飞机发动机、电子设备、化工产品及医药,农产品主要是牛肉及奶制品。进口商品主要是粮食、烟草、棉花、有色金属、机械和运输设备。

主要贸易伙伴是爱尔兰、荷兰、比利时、法国和德国，欧盟以外的国家是美国、日本、澳大利亚和中国。英国是中国在欧盟各国中仅次于德国的第二大贸易伙伴。

六、主要经济区域及城市

（一）英格兰地区

英格兰地区位于大不列颠岛的中部和南部，面积约13万平方公里，是英国经济最发达、人口最稠密的地区。该地区又可分为以伦敦为中心的东南区；以布里斯托尔为中心的西南区；以伯明翰为中心的约克厦和恒比尔河地区；以纽卡斯尔为中心的北部区。其中以东南地区经济最发达，那里工业以汽车、精仪、宇航、电子等新兴产业为主。东南沿海平原地带则是小麦、甜菜的种植区。位于英格兰中部的伯明翰、利物浦、曼彻斯特和设菲尔德，以纺织、采煤、机械、钢铁等传统工业为主。近年来，随着传统工业的衰落，这里也正在转型，积极发展电子、汽车、石化等工业。英格兰中部、西南部和北部的农业则是以乳肉畜牧业、园艺业为主。

伦敦是英国的首都，位于英格兰东南部，市区跨泰晤士河南北两岸，面积约1579平方公里。分为老城、内伦敦和外伦敦三个部分。老城位于泰晤士河北岸，是伦敦的金融中心。内伦敦位于老城的四周，分为东、西、南和港区四部分。西伦敦是英国政治中心，首相官邸、议会大厦、白金汉宫均在这里，其最西部是大学和文化机构所在地。东伦敦和南伦敦为居民区和商业区。港区则分布在泰晤士河两岸。

伦敦市距泰晤士河入海口约88公里，但海轮乘潮水可驶抵伦敦塔桥。工业主要分布在外伦敦，以汽车、电子、生物制药、航空航天工业为主。

（二）苏格兰区

苏格兰位于大不列颠岛北部，原为独立国，1707年才并入英国，面积约7.8万平方公里。首府是爱丁堡。4/5的面积是高原和山地，中部和沿海地区有些低地。气候特点是气温低、降水多、日照少。工业分布在格拉斯哥至爱丁堡一线。传统工业是采煤、冶金、造船、机械、纺织。新兴工业是石油冶炼、石油化工和电子信息。东部沿海的阿伯丁是著名的"石油城"。

苏格兰的农业，除畜牧业外，多属城郊型农业，种植蔬菜、马铃薯，近海捕鱼业发达。

（三）威尔士地区

威尔士地区位于大不列颠岛的西南部，面积约2万平方公里。农业主要是养羊和乳肉畜牧业和园艺业。煤炭资源丰富,而且多能露天开采。工业除采煤外,还有造船和机械制造等传统工业部分。最大城市是加的夫。

(四)北爱尔兰地区

北爱尔兰地区位于爱尔兰岛的北部,面积约1.4万平方公里,经济以农业为主,经济相对落后,人均收入低。工业主要是纺织、食品工业。最大城市是贝尔法斯特。

第二节 法国

一、位置及领土组成

法国的全称是法兰西共和国。它位于欧洲大陆西部,是一个背靠大陆、三面临海、海陆兼备的国家。领土轮廓呈六边形。东部通过阿尔卑斯山、汝拉山与意大利、瑞士为邻;北部以阿登山脉与比利时、卢森堡接壤;东北面通过上莱茵谷地与德国相通;西南面以比利牛斯山与西班牙分开;西面与西北面临比斯开湾、拉芒什海峡(英吉利海峡)和加来海峡(多佛尔海峡);东南面临地中海。面积55.1万平方公里,在欧洲仅小于俄罗斯和乌克兰。法国的领土除大部分在欧洲大陆上,还包括位于地中海和大西洋中的科西嘉岛和加那利群岛。

法国全国分为96个省,省以下分为区、县、市。18世纪时的一些行政区旧名称至今人们仍习惯使用,如阿尔萨斯、洛林、布列塔尼、诺曼底、香槟等。

二、自然地理环境

法国地形以平原和丘陵为主,约占全国面积的4/5,其中海拔在250米以下的平原约占全国面积的60%,主要平原是以巴黎为中心的巴黎盆地,莱茵河、罗纳河、卢瓦尔河谷地和位于西南部的阿坤廷盆地。丘陵主要分布在西部的布列塔尼半岛和诺曼底半岛。中南部是中央高原,高大山脉主要是东部的阿尔卑斯山和南部的比利牛斯山。欧洲的最高点阿尔卑斯山的勃朗峰,正处于法意交界处,海拔4810米。

法国气候类型多样,西部大西洋沿岸为温带海洋性气候;自西向东气候的大陆性逐渐增强,东部的莱茵河谷地为温和的温带大陆性气候;南部地中海沿岸和西南部的阿坤廷盆地为地中海式气候,中央高原和阿尔卑斯山区则为高山气候。年平均降水量约1000毫米左右。从气温和降水量来看,法国绝大部分地区适宜种植业和畜牧业发展。

法国河流众多,主要河流为卢瓦尔河、塞纳河、罗纳河和莱茵河、加龙河等。塞纳河、卢瓦尔河下游流经平原,利于航行和灌溉。罗纳河落差大、水急,水力资源丰富。

法国矿产资源中储量较大的有铝土、钾盐、铁和铀,但有色金属、石油、天然气贫乏。铁矿主要分布在东北部的洛林地区,钾盐分布在阿尔萨斯的牟罗兹地区,铝土矿分布在地中海沿岸的布兰尼贝尔,铀矿在中央高原。

三、人文地理环境

法国政治体制属于共和制,实行三权分立。总统是国家元首和行政首脑;议会负责制定和通过法律对政府实行监督,法院负责司法。政府日常管理由总理负责,总理由总统任命。

法国人口约6200万,人口密度比德国、英国和意大利要低。人口分布不均,在塞纳河口至罗纳河口连线以东人口稠密,约占全国人口的2/3;以西人口则相对稀少。法国人口自然增长率低,20世纪90年代人口增长率仅0.34%。人口老龄化严重。由于人口增长缓慢,加上人口老龄化,导致法国劳动力相对缺乏。二战后,来自北非、西亚地区的移民不断增加,虽缓解了劳动力短缺的矛盾,但一旦经济遭遇危机,国内失业严重时,外来移民和本国劳动力就极有可能因争夺工作机会而发生冲突,导致社会动荡。

法国城市人口约占总人口的72%,但多为中小城镇,城市人口超过10万人的有30个,超过100万人的大城市仅有巴黎一个。

法国民族单一,90%以上的居民属法兰西民族,其他民族还有科西嘉人、巴斯克人等。居民多信奉天主教。法语是其官方用语,但位于东北部阿尔萨斯地区的居民多说德语,而科西嘉岛的居民多使用意大利语。

四、战后经济发展历程及主要经济特征

法国是继英国之后,世界上最早实现工业化的国家,但在二次世界大战中由于受到德国法西斯的占领,经济已经崩溃。战后,法国乘第三次科技革命的有利时机,积极走欧洲经济一体化的道路。到1949年时,经济已恢复到战前1939年的水平。1950~1970年其国民生产总值增长了7倍,平均增长率达11%以上。1973年以后在两次能源危机的冲击下,法国经济增长缓慢,1981~1987年GDP的年均增长率仅2.5%,1993年甚至出现负增长。1994年以后,经济又开始回升,2004年GDP增长率为2.6%。近年来在欧洲一些国家主权债务危机的冲击下,其信用等级已被标普、惠誉等多家评级机构下调,同样面临着经济紧缩的艰难选择。2010年其GDP的总量为2.56万亿美元,少于美、中、日、德,居世界第

五位。

法国当前的经济特征主要有下述几点：

(一)战后随着产业结构的调整，农业所占比重不断下降

法国曾是一个农业很发达的国家，但从1950年占GDP的15%，已下降到目前的4%，然而这个比重仍高于美、日、英、德等国。第二产业也降至25%左右，第三产业上升至71%。

法国农业所占比重高与法国地形以平原为主、气候以温带大陆性气候及地中海式气候所占地域广密切相关。目前法国是欧盟中重要的粮食生产国和出口国。农业发达对法国经济的稳定起了重大支撑作用，也因而与美国在农产品贸易上不断产生摩擦。

(二)资本和生产日益走向集中和垄断，但中小企业仍发挥重大作用

在法国全国200多家大型工商企业中，私人资本和外资控制的占58%，国家垄断企业占15%。许多大型公司如道达尔公司、雷诺公司、大银行、大保险公司、大航空公司均为国家控制。法国是西方资本主义国家中，国家垄断资本所占比重最高的国家。但职工人数在500人以下的中小企业仍占就业人数的45%，其出口额占商品出口总额的1/4。中小企业广泛分布在纺织、服装、食品等工业部门。

(三)区域经济发展不平衡

以塞纳河口至罗纳河口连线为界的东、西两部分，经济发展不平衡。以东地区面积占全国的45%，人口占全国2/3，10万人以上的城市占全国3/4。首都巴黎，第二大城市马赛，纺织工业中心里昂，汽车工业中心牟罗兹，欧盟议会所在地斯特拉斯堡，著名港口敦刻尔克、勒阿弗尔均在这里。而西部地区面积占55%，人口只占全国1/3，缺少大的城市和工业中心，经济发展远比东部地区落后。但第二次大战后，西南部以图卢兹为中心的电子、航空航天工业发展迅速。

五、主要产业部门

(一)工业

法国工业部门齐全，体系完整，技术先进。据2001年统计，工业产值约占国内生产总值1/3，就业人口占22.7%，工业品出口额占总出口额的4/5。工业中以制造业为主，约占工业产值的71.8%，其中食品加工、核能、航空航天、军工、服装、通信设备、汽车等是其重要的工业部门。二战后，法国政府为了推动工业的恢复和发展，采取了一些措施：首先，根据不同时期国民经济发展的需要，把某些工业部门列为重点，国家在政策上予以扶持，并以它们为龙头带动其他工业的发展。例如，1947~1953年恢复战争创伤时期，把采煤、电力、钢铁、水泥、运输

和农业机械作为重点,以便为国民经济提供能源、原材料和必备的设备。目前则以电子信息、生物工程、航空航天等工业为骨干。其次,鼓励企业兼并与重组,以发挥规模效应,提高其竞争力,如雷诺与雪铁龙汽车公司合并。但对中小企业政府仍予以多方政策扶持,以发挥它们适应市场能力强、吸收就业能力大的优势。最后,加强对在职职工的培训,提高从业人员业务能力,以适应在新技术革命条件下对劳动力的要求。

1. 能源工业

法国能源资源相对贫乏,无论是煤炭、石油还是天然气储量都很少,产量更不能满足国内需要。目前煤炭年产量不足500万吨,每年需进口2000万吨,主要煤田分布在洛林和里尔。石油年产量不足200万吨,而炼油能力高达9200万吨,所需石油需从非洲和西亚产油国进口。本国的油田主要分布在比利牛斯山脉北侧的拉克地区。大炼油厂主要在沿海港口,如勒阿弗尔、福斯等地,以便利用进口原油。

法国铀矿资源相对丰富,因此二次能源中核电占据较大比重,目前其核电站的数量在世界上仅少于美国,居世界第二位。由于核电技术水平高,其核电设备和技术大量出口。核电站主要分布卢瓦尔河和罗纳河沿岸。其最大核电站是位于敦刻尔克和加来之间的格利拉沃纳核电站,装机容量达540万千瓦。

2. 中间产品工业

中间产品是指为其他加工工业提供原材料、半成品、零部件的工业,主要包括钢铁、有色金属、水泥、棉纱布等工业。

(1) 冶金工业

包括钢铁和有色金属冶炼。法国钢铁工业是在本国铁矿石进口煤炭的基础上发展起来的。自20世纪90年代以来,其钢铁产量基本上维持在1900万吨以下,2010年产量为1540万吨,居世界第14位。老的钢铁厂主要分布在洛林地区的梅斯,新建的钢铁厂由于是利用进口原料,多在沿海港口,如敦刻尔克和福斯。

有色金属冶炼主要是炼铝,炼铝工业主要分布在萨瓦省的阿纳西和比利牛斯省的卢尔德,马赛有法国最大的氧化铝冶炼厂。

(2) 化学工业

法国化学工业在西方国家中仅次于美国、日本和德国。其化学工业是在本国丰富的钾盐、磷矿等资源基础上发展起来的。如阿尔萨斯地区主要生产钾肥,洛林生产磷肥,拉克地区生产乙烯和塑料。20世纪60年代以后,通过大量进口石油和天然气,大力发展石油化工,生产人造橡胶、化纤和塑料。石油化工主要分布在沿海港口如敦刻尔克、卢昂、福斯等地。法国的香料和化妆品工业驰名世界,巴黎、马赛、里昂是主要生产中心。

3. 工业设备制造业

生产各种工业设备和耐用消费品是法国工业的骨干。工业设备主要包括发电设备、冶金设备、化工设备、船舶、机床、汽车和电子电气设备、航空航天设备。其产值约占整个工业产值的40%。

(1)汽车工业

二战后发展迅速,1950年时年产汽车仅50多万辆,2001年产量已达480万辆,2010年产量为229万辆,少于中、美、日、德、韩、印度、巴西、墨西哥、西班牙,居世界第10位。90%为轿车,一半供出口。主要生产厂商是雷诺—雪铁龙和标致公司。主要生产中心是巴黎、牟罗兹、圣太田、里昂等。

(2)航空航天工业

航空航天工业是20世纪80年代以后迅速发展起来的新兴工业。主要生产各种军用飞机和民用飞机、导弹、雷达、卫星等,是世界五大航空航天大国之一。其航空航天工业走了一条独立研发和联合研发相结合的道路,因此快速缩小了与美国和俄罗斯的差距。法国与英国、西班牙联合研发的"空客"大型民用飞机,已与波音并驾齐驱。法英联合研制的"美洲虎"、"美洲豹"等军用飞机,拥有广阔市场。主要生产中心是巴黎、图卢兹、马赛等地。

(3)电子电器工业

主要生产计算机、雷达、卫星通信设备、声纳等。在西方国家中,法国电子工业规模及水平仅次于美、日、德,主要生产中心是巴黎、图卢兹、格勒诺布尔(法国"硅谷")等地。

4. 消费品工业

主要包括纺织、服装、制鞋、食品等工业。纺织工业是一个相对衰退的工业部分,在欧盟各国中法国落后于意大利和德国。而服装生产有竞争力,尤其在高档服装生产领域,处于世界领先地位。食品工业主要是酿酒、制糖和奶制品。巴黎是世界著名的时装中心,波尔多是酿酒中心。

(二)农业

法国是世界上重要的农产品生产国与出口国,其粮食的总产量少于中国、美国、印度、巴西、阿根廷和俄罗斯,居世界第七位。但农产品出口额仅少于美国居世界第二位。耕地面积占全国国土面积的54%,其中种植业占有的耕地约占全国耕地面积的56%,草地占41%,园艺用地约占4%左右。种植业主要种植小麦、玉米、甜菜、马铃薯、烟草和葡萄。小麦、玉米产量约居世界第五位;甜菜产量居世界首位;葡萄酒产量世界第一位。

巴黎盆地是小麦、玉米、甜菜和马铃薯的主要种植区。布列塔尼半岛和诺曼底半岛是乳肉畜牧业区,主要是养牛养猪,这里提供全国 2/5 的奶制品和肉类。西南部的阿坤廷盆地由于是地中海式气候,适宜葡萄、柑桔、油橄榄的生长,罗纳河以西的朗格多克地区是全国最大葡萄种植地,种植面积占全国 1/3,产量占全国 1/2。东北部的莱茵—索恩河和罗纳河谷地,冬凉夏热,气候大陆性增强,是小麦、玉米、甜菜的主要产区。

法国农业所以发达,其有利因素是:

1. 地形、气候等自然条件对农业生产有利。
2. 法国政府通过价格、补贴等政策支持农业发展。
3. 欧共体的共同农业政策,保护了本地区的农产品市场,提高了农产品出口的竞争力。
4. 实行农—工—商一体化,并注重对农业人才的培训。

(三)对外贸易

法国是世界第五大贸易国,2010 年其进出口总额为 1.13 万亿美元,其中出口额为 5204 亿美元,进口额为 6057 亿美元。早在 20 世纪 80 年代初,法国生产的电子设备的 36.4%,汽车、机械的 40%,化纤、军工、飞机的 50% 要出口;而石油、锌铅、镍、钨、铜等进口量在 90% 以上。

法国的贸易伙伴主要是欧盟成员国,约占其对外贸易的 65% 以上。其中德国、意大利、比利时居前三位。非欧盟国家主要是美国和中国。中国是其第八大贸易伙伴。

出口商品以制成品为主,约占出口额的 80%,汽车、机械、化工、纺织、服装、香料、化妆品、军工品是其主要出口商品。农产品出口主要是小麦、糖、酒和奶制品。进口商品是石油、铁矿砂、棉花等原料及服装、鞋等轻工业品。

六、主要经济区域

(一)东部区

是指塞纳河口至罗纳河口连线以东的区域,面积占全国 1/2,而人口占全国 2/3,10 万人以上的城市和就业人口数量均占全国 3/4。工业发达,主要是钢铁、化工、炼油、纺织、汽车、电子等。农业主要种植小麦、玉米、甜菜、马铃薯、烟草和葡萄。东部地区在全国 22 个经济协作区中就占了 12 个。如巴黎协作区,里昂—罗纳—阿尔卑斯协作区,马赛协作区,勒阿弗尔—卢昂协作区等。

东部地区经济发达得益于下列因素:

1. 索恩—罗纳河谷地贯穿南北,是北欧到南欧的陆上交通要道,自古以来就商贾云集。
2. 地势平坦,气候大陆性强,农业发达,有利于轻工业发展。

3.资源丰富。煤、铁、钾盐、铝土矿较为丰富,为工业提供了必备的原材料。

4.首都巴黎、第二大城市马赛、主要海港勒阿弗尔均在这里,对全国有较大辐射力。

5.人口数量多,劳动力资源相对丰富。

巴黎,是法国首都、全国最大城市,面积105.4平方公里,人口约200万,塞纳河贯穿市区,顺河而下可达拉芒什海峡。铁路、公路、航空线通往全国乃至世界各地。工业主要是汽车制造、航空航天、电力、化工、印刷、服装、食品等。罗浮宫、凯旋门、巴黎圣母院是世界著名建筑,每年吸引大量游客。

马赛是法国第二大城市、最大港口,位于地中海沿岸,它与邻近的贝尔、福斯等地构成了地中海沿岸工业区,港口吞吐能力可达9000万吨。

(二)西部区

是指塞纳河口至罗纳河口连线以西的地区,面积占全国的49.4%,而农业用地占全国51.6%,是一个以农牧业为主的地区,农业产值占全国的1/2。农业生产以乳肉畜牧业、果蔬生产和栽种葡萄为主。畜牧业主要是养牛、养猪。工业主要开采天然气和与军事有关的电子和航空航天工业。主要工业中心是图卢兹、南特和波尔多等地。

※ 搜集、研读、分析与回答

1.搜集有关资料说明英国号称"日不落国"、"世界工厂"的形成过程。
2.英国北海油田的开发对英国经济有何重大意大。
3.说明法国农业发展在经济中的重要地位,并说明根据自然条件,形成了哪些作物区。
4.说明基于法国经济发展不平衡的状况,分为哪些经济区。

第十一章 欧盟四国(二)德国和意大利

第一节 德国

一、位置、政治体制和居民

德国的全称是德意志联邦共和国。它位于欧洲中部,北临波罗的海与北海,北部陆地邻国是丹麦,东邻波兰、捷克,南邻奥地利和瑞士,西邻法国、卢森堡和荷兰。领土面积约35.7万平方公里。首都柏林,位于萨克森—勃兰登堡州。北莱茵—威斯特法伦州是其经济最发达、工业最集中,人口最稠密的地区,著名的鲁尔工业区就在这里。

德国地理位置十分优越,是北欧到南欧、东欧到西欧陆上交通必经之地。陆上多条河流通往北海、波罗的海和黑海,水上交通十分便利。

1871年以前德国是一个番邦林立、尚未统一的国家。19世纪50年代,由于普鲁士帝国逐渐强大,遂于1871年建立了统一的德意志帝国。1918年废除帝制。1933年希特勒窃取了政权,并于1939年发动了第二次世界大战。1945年希特勒政权垮台后,战败的德国的国土分别被美、英、法和苏联占领,首都柏林虽在苏联占领区但也分为东西两部分,为苏联和西方三国分别管辖和治理。1949年5月在西方三国占领区首先成立了德意志联邦共和国,同年10月在苏联占领区成立了德意志民主共和国,导致了德国的分裂。1990年10月"柏林墙"被推倒后,两德走向了统一,统一后的德国仍沿袭西德的国名——德意志联邦共和国。

德国实行三权分立的政治体制,总统是国家名义之首,无实际权力。总理是行政首脑,是国家权力的代表,一般由获得议会多数席位的政党领袖担任。主要政党有基民盟、基社盟和社会民主党等。

德国现有人口8244万,是西欧各国中人口最多的国家。由于德国各地自然条件和经济发展水平差异不大,因此人口分布相对均匀,没有过度稠密区和稀疏区。全国人口平均密度为每平方公里 230 人,人口比较稠密的地区是北威州,人口密度为每平方公里 500 人,而鲁尔工业区可达 1000～3000 人。

德国城市人口占比重大,约占全国人口的 80%,但多为 10 万人以下的中小城市,人口超过百万的特大城市仅首都柏林、汉堡和慕尼黑。50 万人～100 万人的大城市多分布在莱茵河沿岸,如法兰克福、多特蒙德、埃森等。

德国人口自 20 世纪 70 年代以后增长缓慢,因此人口的老龄化严重,劳动力相对缺乏。外来移民的增多虽能解决劳动力短缺的矛盾,但在经济紧缩时期也造成了社会的动荡。

德国民族比较单一,主要是日尔曼人。

二、自然地理环境

德国的自然条件相对优越。从地形看可分为三部分:北部为平原,但由于纬度高,第四纪时又受过大陆冰川覆盖,现今地表多沼泽,土壤贫瘠,并非主要耕作区;中部是块状山与盆地交织分布地区,盆地区适宜农耕;南部是巴伐利亚高原和高大的阿尔卑斯山,巴伐利亚高原地势平坦,纬度较低,是主要农业区。

德国的气候明显具有过渡性特点,即由西欧典型的温带海洋性气候向东欧的大陆性气候过渡,越向东气候的大陆性增强,向西海洋性越明显。除北部由于纬度较高、阴冷潮湿、积温低,不适宜耕作外,全国大部分地区从温度、雨量、光照来看对耕作业和畜牧业发展是适宜的。

主要河流有莱茵河、易北河、多瑙河、威悉河等,这些河流一般水量大、水位变化小、坡度平缓,利于航行和灌溉。尤其是莱茵河,由于流经多个国家,沿岸多是工业发达、人口稠密地区,航运发达,有"黄金水道"之称。德国河流的另一大特点是由于河与河之间分水岭海拔低,易于开凿运河相互沟通,因此德国许多天然河流由人工运河相互连接,形成稠密的水运网,水运十分发达。

德国的矿产主要是煤炭、钾盐、磷和铀。而石油、天然气和有色金属相对贫乏,依赖进口。

三、经济发展历程

14～15 世纪时,德国由于手工业的发展和以"汉萨同盟"为代表的对外贸易的兴盛,曾经是欧洲经济发达地区。地理大发现后,由于地中海的贸易通道转向了大西洋沿岸,作为通向地中海沿岸的南北向通道的德国,也曾经历了一度的衰落。19 世纪 50 年代以后,在第二次科技革命的推动下,并于 1871 年实现了国家统一的德国开始进行工业化。到 20 世纪初,德国已成为仅次于美国的世界第二工业强国。但1914年和1939年由德国发动的两次世界大战,不但给世界人民带来了巨大灾难,战后也使德国经济完全崩溃。二次大战后,两个德国(东德和西德),由于社会制度的不同,走上了完全不同的经济恢复和发展的道路。

二战后,联邦德国(西德)在美国的支持下坚持市场经济体制,走欧洲经济一体化的道路,使其工业生产到1950年已恢复到二战前的水平。从20世纪50年代起,又经历了三个发展阶段,到1990年两德统一前,已成为西方国家中仅次于美国和日本的第三大经济体。

1951~1966年为经济高速增长时期。其GDP年均增长率为7.1%,高于欧洲所有国家,创造了"德国奇迹"。

1967~1973年为经济稳定增长时期。GDP的年均增长率为4.6%,其GDP总量被日本超过,但其工业品出口、外汇储备居世界首位。

1974~1990年,在两次能源危机的冲击下,经济增长缓慢,到1988年其GDP增长率仅为2.5%。

民主德国(东德),由于二战前经济发展水平就比西部地区落后,战后由于实行社会主义计划经济,其经济的恢复与发展远比西德落后,到20世纪80年代,其人均GDP仅6000美元,只相当于西德人均GDP的3/5,其工业技术水平也较西德落后。

1990年两德统一后,对德国的经济发展既带来机遇,又面临着严重的挑战。机遇是两个分割的市场变成了一个统一的大市场,扩大了经济活动的空间;东部和西部可以发挥互补的优势,东部有廉价的劳动力,西部有资金和技术。挑战是两德统一后,东部大部分企业倒闭和破产,大量人员失业需要安置;东部地区由计划经济向市场经济转轨,需要付出过大成本,这一切都要由原西德政府负担,因此两德统一后德国经济增长缓慢,GDP的年均增长率仅为1.5%~2%。进入21世纪,德国经济增长开始加快,到2010年其GDP总量为3.31万亿美元,少于美国、中国和日本,居世界第四位。

四、工业及农业

(一)工业

德国是世界上工业高度发达的国家,工业产值虽只占GDP的22.5%,但工业品的出口却占货物出口额的86%。工业生产的技术水平和生产效率在西方国家中仅低于美国和日本。汽车、机械、电气和化工是其工业的四大支柱。在上述传统工业仍具有竞争优势的情况下,近年来电子、核能、宇航、生物工程等新兴产业也得到了蓬勃发展。但德国工业生产中许多原材料要进口、产品要出口,因此对国际市场依赖性大。工业企业中以职工人数50~500人的中小企业为主,约占全部企业数量的95%;而5%的大型企业,其职工人数却占全国就业人口的1/2。工业地域分布是既广泛而又相对集中的特点。传统工业主要在北威州的鲁尔工业区和原东德的部分地区,新兴工业主要在南部的巴伐利亚州、巴登—符腾堡州、黑森州等地。

1. 采煤工业

德国煤炭资源丰富,主要煤种为焦煤和褐煤。优质的焦煤主要分布在鲁尔区和萨尔区;褐煤主要分布在东部的科特布斯、莱比锡与哈雷之间的地带以及西部科隆以西的莱茵河左岸。其中褐煤储量居世界第一位。德国煤炭开采机械化水平高,2010年产量约7866万吨左右,居世界第11位。煤炭在德国能源消费构成中大约占27%。德国煤炭开采注重环保,已废弃的采空区,实行回填复耕,植树造林,以恢复生态平衡。

2. 钢铁工业

德国钢铁工业历史悠久,早在第二次产业革命时,先进的冶铁技术就是由德国发明的。德国钢铁工业是在其丰富的煤炭资源的基础上发展起来的,因此钢铁厂多分布在产煤区。但铁矿石、锰矿石需要进口,铁砂石的主要来源是瑞典、印度、巴西和利比里亚。德国钢铁业最高年产量曾达5900万吨,但近年来产量不断下降,2010年产量为4380万吨,其产量少于中国、日本、美国、印度、俄罗斯、韩国等国。德国钢铁工业技术先进,以生产特种钢材为主,产量有1/3供出口。钢铁工业主要集中在鲁尔区的杜伊斯堡、埃森和东部的艾森许腾斯塔特等地。

3. 汽车工业

德国是汽车的发明地,汽车工业是工业的四大支柱之一。2010的年产量为631万辆,少于中、美、日三国,居世界第四位。汽车生产以轿车为主,但各种专用车均能生产。主要汽车工业中心是沃尔夫斯堡,即大众汽车公司所在地。斯图加特是戴姆勒·奔驰公司所在地。其他产地如慕尼黑、波鸿、科隆等。

4. 机械工业

德国是世界上重要的机械设备生产国和出口国。其产品包括机床、矿山设备、建筑机械、印刷机械、动力机械、精密和光学仪器等多种门类。主要机械工业中心是多特蒙德、埃森、柏林、耶拿等。

5. 化学工业

德国煤炭、钾盐、磷矿等化工原料丰富,所以有利于化学工业的发展。二战前,化学工业主要生产染料、医药和以焦炉气为原料的合成氨、制酸和制碱。二战后,随着石油、天然气被广泛作为化工原料,石油化工得到快速发展,主要生产合成橡胶、化纤、塑料等产品。化学工业主要分布在莱茵河沿岸,如法兰克福、路德维希、莱沃库森、曼海姆等地。化工产品有1/2供出口。

6.电子电器工业

二战前,德国的电器工业以生产电动机、发电机、电缆等产品为主,战后则大力发展微电子技术,并将电子信息技术与汽车、机床等产品相结合,以提高产品的自动化、信息化水平。电子信息产业主要集中在南部的巴伐利亚州、巴登—符腾堡州和黑森州等地,主要工业中心是慕尼黑、斯图加特、柏林。慕尼黑是西门子公司所在地有德国"硅谷"之称。

(二)农业

德国农业产值在GDP所占比重约2%,农业人口占全部就业人口的2.6%,但德国农业却是高效农业,80%的农产品可以自给。农业生产具有下列特点:

1.农户和农业就业人口的数量在不断减少。1949年时,拥有1~100公顷土地的农户有164.6万户,而1993年已降至50万户,而农业劳动力1950年时有160万,目前约50万。

2.农业生产效率和农产品产量不断提高。1950年时一个农业劳动力每年生产的农产品产量只可以养活10个人,而1994年时则可以养活91人。谷物产量(小麦、大麦、燕麦、玉米等)1970年产量为1607万吨,而1997年增至4548.6万吨。

3.经营规模小,而且多为兼业户。95%的农户拥有的耕地均在50公顷以下,而且兼业户占农户的1/2。

4.农业生产和农产品出口受欧盟共同农业政策的调节和控制。

5.农业的产业构成以畜牧业为主,畜牧业产值约占农业总产值的2/3。畜牧业主要是养牛、养猪和养鸡。种植业主要种植小麦、大麦、燕麦、马铃薯和甜菜。北德平原由于气候温凉、土壤贫瘠,主要种植黑麦、燕麦、马铃薯和甜菜以及牧草,因此养牛业发达。平原南部的黄土地带气候温暖,光照充足,为集约化农业区,主要种植小麦、甜菜。西南部的莱茵河谷地是葡萄、水果种植区。巴伐利亚高原养牛业发达,种植的农作物是大麦、甜菜和蛇麻子(啤酒花)。

五、对外贸易

德国工业发达,产业加工能力强,产品产量大,但国内市场相对狭小,因此许多产品需要出口;而石油、有色金属、橡胶、棉花等原料要进口,因此对外贸易在国民经济中占有重要地位。二战后,德国积极参与欧洲经济一体化的步伐,由最初的"关税同盟"逐步发展为"共同市场"乃至今天的"经济同盟",这一切都大大地促进了德国对外贸易的发展。1986年其进出口总额比1950年增长了46.8倍。2010年进出口总额为2.33万亿美元,少于中国和美国,而其出口额也少于中国和美国,居世界第三位。

出口商品以工业制成品为主,约占出口额的90%,其中汽车、机械、化工、电子等产品是骨干产品,约占出口额的2/3。进口商品中燃料、粮食等初级产品约占1/3;制成品占2/3,主要是汽车、电子产品、化工产品和轻工业品。

德国的贸易伙伴主要是欧洲国家,其中欧盟成员国占其进出口总额的53.5%,非欧盟成员国占19.4%。按国家排序第一大贸易伙伴是法国,其次是荷兰;欧盟以外的国家主要是美国、日本和中国。德国是中国在欧盟中最大贸易伙伴,也是欧盟各国中对华投资最多的国家。

六、主要经济区域

(一)北部区

东部区是指位于德国西北部的北威州、汉堡、不来梅、下萨克森等五个州。这里经济发达,著名的鲁尔工业区就在这里。鲁尔区因位于鲁尔河与利伯河之间而得名。面积只占全国的1.3%,而人口却占全国9%,工业产值占全国1/6。这里生产了全国80%的硬煤、90%的焦炭、2/3的钢铁,其他工业如电子、合成橡胶、炼油和手工业生产也在全国占有重要地位。鲁尔工业区的形成得益于优越的地理位置,丰富的煤炭资源,方便的交通条件和既是工业生产中心,又是工业品的消费中心。各种工业相互连系,相互依存,大大地降低了运输成本,生产成本和交易成本。鲁尔区的工业中心是埃森、多特蒙德、杜伊斯堡、杜塞尔多夫等。

北部区的重要城市还有汉堡和不来梅。汉堡是德国的第二大城市,位于易北河下游,市区距河口120公里,但海轮可上溯至市区,港口设施先进,泊位众多,是欧洲转运最快的港口。工业主要是钢铁、炼油、造船、电子等。

(二)南部区

南部区是指位于德国南部和西南部的巴伐利亚州,巴登—符腾堡州、萨尔州、黑森州等6个州。战前这里是以农业为主、经济相对落后的地区。战后以电子电器、汽车、炼油化工、精仪等新兴工业得到了快速发展。主要工业中心有慕尼黑、斯图加特、法兰克福、曼海姆、纽伦堡等。其中慕尼黑是德国第三大城市,电子工业发达,其每年的啤酒节闻名于世。

(三)东部区

东部区是指原东德所属的萨克森—勃兰登堡州、图林根州、萨克森—安哈尔特州、柏林等6个州。这里经济发展水平远较北部区和南部区落后,工业产值只占全国的1/10,生产效率只及西部的54%,职工收入只等于西部的82%。主要工业有采煤、机械、化学、纺织等。主要城市有首都柏林、国际展览中心莱比锡、文化之都德累斯顿、光学仪器中心耶拿等。

第二节　意大利

意大利的全称是意大利共和国,位于欧洲南部,领土由三部分组成,北部为欧洲大陆的一部分,中部为亚平宁半岛,南部为西西里岛和撒丁岛。国土面积为30.1万平方公里。由于领土大部分为半岛和岛屿,因此海岸线长达7200多公里,陆上邻国有奥地利、瑞士、法国和斯洛文尼亚。

意大利地理位置十分优越。由于亚平宁半岛正处于地中海中央,是印度洋到大西洋海上交通必经之地,也是欧洲大陆各国到非洲去最便捷的"陆桥",所以在地理大发现前,意大利是世界航运中心和贸易中心,培养了许多像哥伦布一样的航海家。地理大发现后,由于海上交通转向了大西洋,意大利在世界交通和贸易中的地位曾一度衰落,但随着苏伊士运河的修通,地中海重新成为重要的航道,继续促进意大利经济的发展。

一、自然和人文地理环境

(一)自然地理环境

意大利是一个以山地、丘陵为主的国家,山地、丘陵的面积约占全国面积的80%,平原面积只占20%。主要山脉有北部的阿尔卑斯山,贯穿于整个亚平宁半岛的亚平宁山脉。位于瑞士、奥地利、法国交界处的阿尔卑斯山,虽然平均海拔高度仅1000多米,许多山峰被冰雪覆盖,但由于河流切割形成许多南北走向的谷地和隘口,成为欧洲大陆到地中海沿岸的重要陆上通道。积雪山峰成为意大利、瑞士、奥地利开展滑雪、旅游的胜地。亚平宁山脉贯穿于整个亚平宁半岛,并落海形成西西里岛。山脉的西坡坡度平缓,形成了较宽的沿海平原,东坡陡峭。亚平宁山脉由于成山较晚,地壳运动仍然十分活跃,因此多火山、多地震。著名的维苏威火山和埃特纳火山均位于此。

意大利的平原叫波河平原,位于阿尔卑斯山与亚平宁山脉之间,由波河冲积形成,面积约4.7万平方公里,是南欧地区面积最大的平原。波河由于泥沙淤积,不利于航行,但沿岸地区土壤肥沃,气候温暖,是重要的农业区。

意大利气候有三种类型,北部阿尔卑斯山区为山地气候,中部的波河平原为温带大陆性气候,而南部的亚平宁半岛、西西里岛和撒丁岛属于亚热带地中海式气候。从水分和热量、光照条件分析,意大利气候有利于农牧业生产的发展。

意大利矿产资源贫乏,工业生产所需的煤炭、石油、天然气、铁及有色金属均需进口。较为丰富的资源是汞、铝土、大理石、硫磺、地热和水力。

(二)人文地理环境

意大利是一个文明古国。无论是公元前27年至公元467年的罗马帝国,还是14～15世纪的文艺复兴,均创造了人类历史上灿烂的文明。1870年形成一个统一的国家,1936年墨索里尼政府与德国希特勒政府结成了"柏林—罗马轴心",1939年共同发动了第二次世界大战,1943年9月意大利法西斯宣布投降,1946年6月正式宣布成立意大利共和国。意大利实行三权分立的政治体制,总理是行政的首脑,是国家权力的真正行使者。

意大利共有人口5800万,是欧洲人口较多的国家之一。全国98%的人口是意大利民族,少数民族有弗留里人、加泰隆人等。人口分布不均,北部波河平原地区人口稠密,最稠密地区是以米兰为中心的伦巴弟地区和以都灵为中心的皮埃蒙特地区。亚平宁半岛的南部、西西里岛和撒丁岛人口稀少。城市人口占70%以上,90%的居民信奉天主教。

二、经济概况

意大利虽在公元前罗马帝国时就已是世界文明古国,文艺复兴时又为世界做出了巨大贡献,但自公元5世纪以后,由于长期的国家分裂和封建的统治,所以资本主义生产方式的产生远较英国、法国晚。1870年国家统一后,直到19世纪末至20世纪初,意大利通过掠夺海外殖民地和参加第一次世界大战,才慢慢发展成为一个资本主义工业化国家,但第二次大战后,经济已经完全崩溃。

战后,意大利经过短暂的经济恢复,从1954～1963年经济进入高速增长时期,GDP的年均增长率达9.2%,在西方国家中仅低于日本和德国。意大利经济快速增长很重要原因在于意大利积极参与了欧洲经济一体化的进程,通过与欧共体国家的合作,不但扩大了资金和原材料的来源,而且引进了先进的技术和设备,拓宽了产品出口的市场。

20世纪70年代以后在两次能源危机冲击下,意大利经济增长缓慢,到20世纪80年末经济增速才有所回升,1987～1989年GDP增长率达3.4%。但20世纪90年代至今,意大利政府虽采取了诸如减税、加速私有化、开放劳动力市场、消灭黑工、加强南部地区基础设施建设等多项刺激经济增长的措施,但大部分年份经济增长仍然十分缓慢。尤其近年来意大利同样也陷入了欧洲主权债务危机,政府财政赤字和失业率居高不下,国家债务信用评级多次被"标普"等评级机构下调,迫使有"政坛常青树"之称的贝卢斯科尼总理下台。2010年意大利GDP总额为2.036万亿美元,已退居世界第七位。

意大利当前的经济特征,主要表现为:

1.国家垄断资本发达,但中小企业在国民经济中占有重要地位。

意大利的国有经济在欧盟各国中仅次于法国，国有企业控制着电力、铁路等重要经济部门，以伊利、埃尼和埃菲姆为代表的三个国有财团，控制着全国 1/3 的工业生产；但中小企业仍然有巨大作用，全国 500 人以下的中小企业生产了全国 60% 的财富，无论纺织、陶瓷、家具、革制品，还是汽车零部件均为中小企业生产，政府对中小企业的生产和经营活动予以政策上的支持和鼓励。

2. 农业发达，农业在 GDP 所占比重远比英、德、美、日为高，约占 GDP 的 4% 左右。但农业生产中资本主义生产方式远远落后于美、加等国，约有一半的农场是小农经营。在南部地区甚至还残留着封建的土地关系，存在着以租种土地为生的"分收农户"。

3. 经济对外依赖性强。意大利由于资源贫乏，因此工业生产中所需的石油、天然气、铁矿石、煤炭、棉花等原材料需要进口，而所产 1/3 的工业品要依赖出口，因此经济对外依赖性强，经济发展受国际市场影响大。

4. 区域经济发展不平衡。波河平原及其以北地区是意大利经济发达、人口稠密、工业集中、农业生产集约化程度高的地区。米兰、都灵、热那亚、佛罗伦萨、威尼斯等著名城市都在这里，而亚平宁半岛南部、西西里岛和撒丁岛是经济落后地区，以农业为主，农业经营规模小，集约化程度低，人均收入只及北部的 1/2，而且失业严重，有 24% 的家庭生活在贫困线以下，导致南部地区贩毒、卖淫、抢劫等黑恶势力猖獗。

三、主要产业部门

（一）工业

意大利工业发达，其中制造业约占工业总产值的 70%。其中钢铁、汽车、船舶、机械等工业均为大型企业，而纺织、陶瓷、服务、食品等多为中小企业。出口商品中 70% 是中小企业生产的。

1. 能源工业

意大利煤炭、石油、天然气等天然能源缺乏，97% 的石油、55% 的天然气均依赖进口。但水力和地热资源丰富，是世界上最早利用地热发电的国家，目前地热发电量仅少于美国，居世界第二位；水力发电约占全国发电量的 1/4，水电站主要分布在北部的阿尔卑斯山区。

2. 钢铁工业

意大利的钢铁生产是在进口原料基础上发展的，本国少量的铁矿石和煤炭均在西部的厄尔巴岛和撒丁岛上。目前年产钢铁 2500~2700 万吨，超过英国和法国。战后新建的钢铁厂多在沿海港口，如亚平宁半岛南端的塔兰托钢铁厂，以方便原料的进口。其他钢铁厂一般在消费地，即大工业中心，如米兰、都灵等地。

3. 汽车工业

意大利的汽车工业是战后发展迅速的工业部门,1950年时年产汽车仅10万辆,20世纪80年代初曾超过180万辆,2010年产量79万辆。汽车生产主要由菲亚特汽车公司控制。汽车工业中心是都灵。意大利政府鼓励汽车生产的多元化和相互竞争,先后建立了法拉利、伊索、马赛马蒂等汽车公司,但各汽车公司生产品种有分工,如法拉利以生产高级赛车为主。

4. 电子电器工业

意大利的电子电器工业主要以生产计算机、办公设备和家电为主,尤以"白色家电"(冰箱、洗衣机、洗碗机等)在世界上享有盛誉。主要生产厂商为奥利维蒂公司、扎努西公司等。生产中心是米兰、都灵和那波利等地。

5. 化学工业

是仅次于纺织、食品、机械制造的第四大工业部门。过去的化学工业是在本国丰富的硫磺、钾盐、黄铁等矿产资源基础上发展起来的基本化工,主要是制酸、化肥和染料。20世纪60年代以后,在从非洲大量进口石油、天然气的基础上,大力发展石油化工,生产合成橡胶、化纤、塑料等。以米兰、都灵为中心的地区是传统化工工业中心,以那波利、热那亚、威尼斯等为中心的地区是石油化工。意大利石油炼制能力达2亿吨,居西欧各国之首。

6. 纺织、服装、制鞋工业

意大利纺织工业历史悠久,15~16世纪时威尼斯、佛罗伦萨就是纺织工业中心。意大利纺织工业部门齐全。棉、毛、丝、麻等各种原料的纺织业均很发达。二战后随着石油的进口,其化纤纺织业也得到了充分发展,纺织工业的中心是米兰、都灵、威尼斯等地。

在充足的原料基础上,意大利的服装制造也十分发达,目前其服装设计与制造水平已与法国齐名。主要服装中心是米兰、罗马等地。

意大利由于制革技术先进,因此其制鞋、箱包等革制品工业发达。年产皮鞋约5亿双,有"制鞋王国"之称。

7. 建材工业

意大利以生产卫生洁具、瓷砖、大理石等建筑器材闻名于世,所产大理石70%供出口,卡拉拉布是石材工业中心。

(二)农业

意大利农业生产的条件优越,其一,耕作历史悠久,全国60%的土地已垦殖为农业用地,其中,耕地占30%,牧业用地占10%,园艺用地20%。耕地主要在波河平原,而牧业用地和园艺用地则广泛分布在阿尔卑斯山山麓和奔宁山的东西两侧的山坡地带。其二,意大利气候适宜,无论是温带大陆性气候还是地中海式气候,夏季气温高,降水适中,光照充足,适宜农作物生长。其三,政府支持农业发展。战后意大利政府通过制定12年农业发展规划,加快土地改革,发放农业信贷,稳定农产品价格,推广农业生产机械化等多项措施来支持农业发展。目前,小麦、玉米等粮食产量约2000万吨,是欧盟中重要的农产品出口国。

种植业主要种植小麦、玉米、甜菜、水稻、烟草、蔬菜。粮食作物产地主要是波河平原,葡萄、柠檬、柑桔、油橄榄等亚热带作物主要产自亚平宁半岛的南部和西西里岛。

畜牧业主要是养牛、养羊、养猪和养鸡。集约化的畜牧业由于需要饲料的供应,因此与种植业分布一致。而在山区则以牧业为主。北部地区以养牛为主,南部地区以养羊为主。

四、对外贸易

意大利是一个加工贸易国,对外贸易在国民经济中占有重要地位。二次大战后,随着国民经济的恢复和发展,对外贸易增长迅速。1948年其进出口总额仅28.2亿美元,而到2002年已增至5100亿美元,其进出口的增长速度远远超过GDP的增长。2010年其对外贸易总额已达9313亿美元,居世界第8位。

意大利的出口商品结构也发生了很大变化。1948年制成品出口占48%,而到20世纪80年代制成品出口已占出口总额的90%。主要出口商品有机械、电子设备、交通运输工具、金属制品、化工产品、食品、烟草、建材、农产品等。其中机械设备是最大创汇商品,也是顺差商品;主要进口商品是石油、天然气等。

意大利的贸易伙伴主要是欧盟成员国,其中又以德国和法国为主;其他还有瑞士、美国以及非洲和拉美一些国家。意大利与中国贸易关系历史悠久,从古代"丝绸之路"时期就已开始,目前意大利是中国第13大贸易伙伴。

五、主要经济区域

(一)北部区

北部区是指阿尔卑斯山脉以南和波河平原的绝大部分地区。主要包括伦巴弟、皮埃蒙特、利古里亚、弗留利—威尼斯—朱利亚等八个地区,面积占全国1/3,人口占全国2/5,工业产值占全国2/3,农业产值占全国1/2,是意大利经济最发达地区。尤其工业生产在全国占有重要地位,集中了汽车、冶金、造船、飞机、纺织、机械、化学、制鞋、陶瓷等众多工业部门。最大工业中心是以米兰—都灵—热那亚为中心的地区。农业生产的集约化程度高,主要种植小麦、玉米、甜菜和水稻。沿海和丘陵地区栽种葡萄、蔬菜和花卉。第二大城市米兰、"汽车之城"都灵、"水城"威尼斯、古城佛罗伦萨均在这里。

(二)中部区

该区位于波河平原以南、亚平宁山脉北部。包括托斯卡纳、拉齐奥、马尔凯等六个地区。本区正处于北部经济发达区和南部落后的农业区的过渡地带,经济发展处于中等水平。以农业为主,是全国最大葡萄种植区,工业有采矿、冶金、化工等。由于厄尔巴岛有铁矿,所以在利翁比诺建有钢铁厂。首都罗马位于本区,是全国最大城市,人口约300万。有比萨斜塔、罗马斗兽场等古迹,旅游业发达。

(三)南部区

南部区包括坎帕尼亚、普利亚、巴西利卡诺、西西里、撒丁等六个地区。这里由于长期遭受封建残余势力的统治,资本主义的生产方式发育不够充分,因此经济远较北方落后。人均收入低,失业人员多,社会不安定。经济上主要是种植柑桔、柠檬和油橄榄。二战后,意大利政府采取了多项措施来加快南部区的发展,例如,在塔兰托建设全国最大的钢铁厂,在西西里岛和撒丁岛利用进口原油建设石油加工工业中心,等等,但与北方相比仍属相对贫困地区。因此,南部区犯罪现象严重,社会不稳定。本区最大城市是那波利(那不勒斯),工业有汽车、造船、飞机、化工等。它是仅次于热那亚的全国第二大海港。城市附近有世界著名的旅游胜地——庞培古城。

※ **搜集、研读、分析与回答**

1. 搜集与研读有关资料,说明二次大战后德国如何创造了"德国经济奇迹"。
2. 说明鲁尔工业区的位置、范围、地理优势、主要工业部门及其在德国经济中所占地位。
3. 搜集有关资料,说明意大利中小型企业在其经济中所处地位。

第十二章 日本

第一节 地理概况

一、地理位置及领土组成

日本是位于亚洲东部、太平洋西岸的一个岛国。全部领土由北海道、本州、四国和九州四个大岛及周边3000多小岛所组成，面积约37.8万平方公里。从纬度看四大岛位于 $30°59'N \sim 45°23'N$ 之间，即96%的领土位于北半球中纬度。但如以最南端的先岛群岛计算，则其领土已延伸至 $25°N$ 左右，已进入亚热带。

日本这种海陆位置和经纬位置以及领土组成，无论对日本自身的经济和社会发展，乃至亚太地区的安全上都有着重大意义。首先，岛国这种领土状况使日本拥有长达3万公里的海岸线，有利于日本造船、捕鱼、航运和对外贸易的发展。其次，日本虽为岛国，但离亚洲大陆很近，因此自古以来就与中国交往频繁，使日本社会深受汉文化的影响；并且也为日本在二次大战中首先侵略朝鲜和中国提供方便的地理条件，使广大的东亚地区深受其侵略之害。再次，日本位于包围亚洲大陆所谓"第一岛链"的北部，在美日结成军事同盟的条件下，日本无疑会对俄罗斯、韩国、朝鲜和中国构成安全上的威胁。

二、政治体制的和行政区划

日本是一个君主立宪制的国家，天皇是国家的名誉元首，立法机构是国会，行政机构实行首相领导下的内阁制，首相实际上是国家行政权力的代表。国会是由自由民主党、民主党、公明党等党派选出的议员组成。首相由在议会中获得多数席位的党派首脑担任。现任首相是民主党的野田佳彦。

日本的行政区划分为两级，第一级政区为都、道、府、县。共有1都，即东京都；1道，即北海道；2府，即京都府和大阪府；43个县，如福岛县、千叶县、青森县、群马县等。第二级政区叫市、町、村。市是指人口在20万人以上,居民主要从事工业和商业;町,人口在20万人以下,居民也是以工商业为主;村则是人口更少,居民主要从事农牧渔业。

日本根据相邻地区自然、历史、经济上的相关性把全国分为8个地方,如东北地方、北陆、关东、东海、近畿等。

许多学者把日本靠近太平洋沿岸人口稠密、经济发达的地区称为"表日本",把经济落后的日本海沿岸地区称为"里日本"。

三、居民

日本现有人口1.27亿,居世界第八位。由于领土面积小,人口密度大,人口密度为每平方公里336人。人口自然增长率低,只有0.21%,人口老龄化严重,65岁以上人口占18.5%。

日本人口分布不均,人口稠密地区主要是东京、名古屋、大阪、神户等的都会区,人口稀少地区主要是北海道、本州岛的北部、日本海沿岸、九州岛和四国岛南部。

日本人口素质高,全体居民享受高中义务教育,高等学校入学率占适龄青年的1/3以上。居民就业后,企业定期定向对职工进行培训,以使其技能能适应当代技术进步的需要。

城市人口占比大,20世纪80年代其城市化率已达77%,其中人口超过100万的特大城市有11个,除札幌位于北海外,其余10个均在本州岛的东南部和九州岛的北部。

日本民族单一,除北海道北部有2.5万的扎伊努人外,其余均属大和民族。外国移民主要是朝鲜人、美国人、华人和菲律宾人等。

四、自然环境

日本地形以山地、丘陵为主,约占全国面积的75%;平原狭小,主要平原是关东平原,面积仅为1.68万平方公里。南北与东西走向的山脉交汇在本州岛中部,地势最高点为富士山,海拔3776米。日本多火山、多地震、地壳活动十分活跃。多次发生的地震和海啸曾给日本造成巨大的人员伤亡和财产损失。日本由于平原少,耕地少,对种植业的发展不利,但山地、丘陵有利于林牧业发展。

日本气候类型属于东亚季风型气候,北海道和本州岛北部属温带季风,而本州岛南部、四国、九州岛为亚热带季风。但气候的海洋性强,与同纬度的亚洲大陆东部相比,冬季较为温暖,夏季较为凉爽,降水量多,年均降水量1000毫米左右。日本气候的缺点是每年夏秋季节常受台风的侵袭,而冬季日本海沿岸和北海道则多大雪,造成交通不便。

日本河流短小,但水量大,水位变化小,落差大,水流急,不利于航行,但水力资源丰富。最长河流是信浓川,全长367公里。

日本矿产贫乏,除硫磺、石膏、石灰石外,工业上常用的煤炭、石油、天然气、铁、铝等均很贫乏。但地热、渔业资源丰富,其北海道附近的太平洋海域是世界四大渔场之一。

第二节 经济发展历程和经济特征

一、明治维新后至二次世界大战期间的经济状况

1868年日本明治维新以前,日本由于经历了200多年的封建幕府统治,是一个闭关锁国的农业国,经济十分落后。国人主要是栽种水稻、养蚕、制陶和晒盐。1868年睦仁天皇推翻了幕府统治,取国号为"明治",并进行改革维新,从此日本开始走上了资本主义道路。

日本资本主义生产方式的产生和发展,是靠武力扩张来解决国内资源短缺和市场狭小的矛盾的。从1895年起,它先后发动了中日甲午战争、日俄战争,侵占了朝鲜和我国辽东半岛、台湾等地,直到1937年开始了全面侵华战争。在对中国的侵略中,它获取了大量赔款和各种资源,从而促进了其钢铁、机械、造船、纺织等工业的发展。到1939年第二次世界大战开始前,日本已成为仅次于美、德、英、法的世界第五工业强国。1936年其钢铁产量为580万吨,重工业在工业中所占比重高达57.8%;钢材自给率为105%;每年船舶下水吨位,居世界第三位;棉纱、棉布产量仅少于美国,居世界第二位。

二、二次大战后日本经济的恢复与发展

二次大战日本不但是军事上的战败国,而且经济上也是完全崩溃。战后,在美国支持和援助下,经过1946～1955年的恢复期,从1956年起经济进入高速增长期。1968年其GDP总量超过英、法、德,居西方国家第二位。1984年又超过前苏联,成为世界第二经济强国。汽车、船舶、钢铁、石油制品、自动机床等主要工业产品产量居世界前列。出口贸易额由1950年占世界的1.4%,到1995年上升到9.5%。战后日本经济迅速地恢复与发展,主要原因在于抓住了当时国际上有利的环境和国内制定的正确的方针政策。

(一)从国际环境分析

1. 战后日本被美国占领,美国出于遏制苏联和中国的需要,给予日本大量的经济援助,尤其在朝鲜战争和越南战争期间,日本承接了大约40多亿美元的军事订货,促使日本战后工业生产得以快速恢复和发展。

2. 20世纪50年代到70年代初,世界市场上各种能源和原材料供应充足,价格低廉,对日本这样一个以进口原材料为主的国家,无疑是一个相当有利的条件。

3. 第三次科技革命的推动,使日本战后生产的恢复和发展首先采用新技术、新设备,大大提高了生产效率,降低了成本,不断开发新产品,提高了市场竞争力。

4. 战后在美国推动下签署了《关贸总协定》,加速了国际贸易自由化。自由贸易的市场环境既有利于日本原料的进口,又有利于其产品的出口。出口的扩大,无疑促进了经济快速增长。

(二)从国内环境分析

1. 投资率高,设备更新快。战后经济恢复时期,日本强制企业扩大投资率和定时进行设备更新,以扩大生产规模和提高生产效率。

2. 国防开支少。战后由于不允许日本有正式的军队,因此国防费用只占国家财政支出中极小的比例,政府把大部份财政支出都用了经济发展。

3. 重视教育,人才素质高。战后不久日本就普及了高中义务教育,不断提高适合青年高等学校入学率,并加强职工的在职培训,以适应科学技术迅速发展的需要。

4. 积极引进国外的先进技术和设备,引进→吸收→创新,使自己的产品比竞争对手更胜一筹,力图更好地占领国内外市场。

5. 在国内实行高积累和低消费,企业实行低工资制,鼓励个人储蓄和投资,抑制政府消费性开支,把钱花在刀刃上。

6. 利用岛国的地理优势,进口原料,输出产品,走加工贸易国的道路,大力发展外向型经济。

三、日本当前的经济特征

(一)日本是仅次于美国和中国的世界第三大经济体,但自20世纪90年代以来,经济增长持续低迷

日本经过50年代至70年代的高速发展,到1984年已成为世界第二大经济体。但自80年代"泡沫经济"崩溃后,经济增长持续低迷,其GDP总量2010年为5.39万亿美元,已被中国超过,退居世界第三位。造成日本经济持续低迷的原因除国际上接连发生的东南亚金融危机、美国的次贷危机和欧洲主权债务危

机等大环境不利的因素外,也有日本自身的因素,如"产业空心化"、"终身雇佣和年工序列升迁制"已不适应生产日益国际化、全球化的竞争,以及基础科学研究远比美国落后等原因。

(二)原料靠进口,产品靠出口,对国际市场依赖性强,经济发展基础脆弱

日本是一个加工贸易国,工业加工能力强大,而煤铁、石油、天然气、棉花、木材等原料50%～90%要依赖进口,而生产的钢铁、汽车、电子产品,机械等有1/3要投入国际市场,因此国际市场供需和价格的波动,必然影响日本经济的发展,经济波动性大。

(三)产业结构日趋高级化

二战后,日本经济发展的战略重点由重视发展农业,进而转向发展重化工业;20世纪80年代以后,又着力发展知识和技术密集型工业和服务业,使产业结构日趋高级化,目前农业产值占GDP的比重为2.1%、第二产业为35.5%,而服务业为62.4%。

(四)生产和资本的集中和垄断不断加强

二战前三菱、三井等十大财阀掌握国家的经济命脉,战后财阀在政治上虽然受到限制,但以三菱、三井、富士、住友和第一劝银为首的6大财团仍然控制全国资本的70%,它们仍然是日本政府对内对外政策的决定者。例如,汽车生产主要由丰田、日产公司控制,松下、索尼、NEC、富士通等少数公司几乎垄断了日本所有电子电器的生产。

(五)区域经济发展不平衡

日本虽是一个发达国家,但由于各地自然条件的差异和开发历史的不同,因此区域经济发展差异明显。四大岛中本州岛最发达,这里人口占全国80%,工业产值占全国90%,出口额占全国70%。而本州岛最发达地区又集中在"三湾一海"地带,即东京湾、伊势湾、大阪湾和濑户内海沿岸。"三湾一海"地带面积占全国29%、人口占67.4%、工厂数量占72%、工业产值占全国75%,全国11个超百万人口的特大城市中,有10个在这里。而北海道、本州岛的日本海沿岸、四国岛和九州岛南部则是日本经济相对落后地区。

第三节　主要产业部门

一、工业

日本是一个加工贸易国,工业在国民经济中占有重要地位。其工业生产的

主要特点是：第一，工业部门齐全，体系完整，原以重化工业为主，自20世纪80年代以后，开始向知识和技术密集型产业转变。第二，根据自身岛国的优势，工业布局为沿海型，大型工业企业多分布沿海地带，以便于原料的输入和产品的输出。第三，产业空心化严重。20世纪80年代以后，日本面对亚太地区其他新兴工业化国家的崛起和竞争，为了降低生产成本，提高产品的竞争力，日本许多企业开始把生产的重心转向国外，关闭或减少在本国的生产，成熟和低端产业部门外迁，而高端产业一时又难以形成规模，因此造成产业的空心化。

1. 钢铁工业

钢铁生产是日本战后重点投资的产业部门，钢铁生产能力1950年时为500万吨，而到1973年已达1.2亿吨。同期世界钢铁生产能力增长了2倍，而日本却增长了14.5倍。2010年钢铁产量约1.09亿吨，仅少于中国，居世界第二位。其钢铁工业的特点是：(1)钢铁生产所需的煤炭、铁矿石等原材料几乎全部依赖进口，而钢材等产品1/3以上要出口。(2)钢铁工业内部结构轧钢＞炼钢＞炼铁＞采矿，越深加工能力越强。(3)炼钢技术如高炉焦比、冷轧、热轧的技术均领先于美国。(4)钢铁工厂的布局属沿海型，如福山、君津、室兰、大分等大钢厂均在太平洋沿岸。(5)钢铁生产为新日本制铁、川崎制钢、住友金属等6家大公司控制，其产量占全国的70%。

2. 汽车工业

汽车工业曾与钢铁、船舶工业列为日本工业的三大支柱。其发展的特点是：(1)起步晚，发展快。1950年时产量仅有3.2万辆；而1980年已超过1000万辆，首次超过美国；2010年产量为839.8万辆。(2)性价比高。日本汽车以车型小、耗油低、不怕碰撞、价格比美国车低，而且各种类型车均能生产而著称，在国际市场有较强竞争力。(3)汽车生产由丰田、日产、本田等少数大公司控制，丰田和日产两家公司产量就占全国产量的50%以上。(4)汽车生产分布集中，京滨和名古屋两个工业区，产量就占全国产量的70%以上。其中位于名古屋附近的丰田市是最大生产中心，有"日本底特律"之称，丰田汽车公司总部就位于这里。20世纪80年代以后，日本各大汽车公司纷纷到中国、美国、巴西、马来西亚等国设厂，以降低成本和扩大市场占有率。目前其海外生产的数量大有超过本国生产的趋势。

3. 石油加工工业

日本石油资源贫乏，唯一位于日本海沿岸的新潟油田年产量仅几十万吨，远远无法满足国内需求，99%以上的石油需要进口。但国内炼油能力大，年炼油能力可达3亿吨。大炼油厂主要分布在"三湾一海"地带，如名古屋附近的四国市，大阪湾的堺、吴，京滨工业区的横滨、千叶等。原油主要来自海湾的产油国，如沙特阿拉伯、伊朗、伊拉克、科威特、阿联酋,东南亚的印尼、马来西亚、文莱,以及俄罗斯等国。

4.电子信息产业

电子信息工业是日本战后发展最为迅速的产业。20世纪60年代主要生产音响产品;70年代生产音像制品;80年代生产自动化办公设备和集成电路;90年代生产计算机、软件、芯片和通信设备。其电子元器件产量居世界第一位,是世界上最大的集成电路和电脑芯片生产国。电子信息工业主要由松下、索尼、东芝、NEC、富士通等公司控制。电子信息生产分布地区广泛,但仍以京滨、阪神两大工业区最为集中。其中九州岛是日本集成电路和电脑芯片的生产基地,有"硅岛"之称。

5.造船工业

日本造船历史悠久,政府对造船工业予以大力扶植,所以从1956年起每年船舶下水吨位均居世界首位。2002年全世界下水吨位为2867万吨,其中日本下水吨位为1101万吨,约占世界的38.4%。其造船工业的特点是以商船为主,油轮约占1/3;船舶日益大型化、专业化和自动化;造船技术先进,船舶性能好;船舶大量出口。日本港口众多,因此造船厂分布广泛,但大型造船厂仍集中在"三湾一海"地带,如东京、横滨、长崎、堺、广岛、横须贺等地。

二、农业

农业是国民经济的基础,日本也不例外。二战后,日本农业发展大致经过两个阶段,1945~1960年期间,日本政府奉行"经济自主至上主义",政府十分重视农业生产,加大对农业的投入,稻米产量大幅度增长,自给率增加。20世纪60年代以后,日本政府主张"经济合理主义",对农业的投资逐渐减少,农产品自给率不断下降,农业产值占GDP比重也随之下降,目前农业产值只占GDP的2%左右,农业就业人口约650万,占全国就业人口的10.3%。

日本农业生产有下列几点特点:

1.经营规模小,以个体经营为主。一般农户拥有的土地均在2公顷以下,由于耕地少,农业生产的各个环节均由农户家庭成员操作,为个体经营。

2.农业生产高度集约化。即农业生产高投入、高产出,不追求数量而追求效益。

3.农业生产以水田为主,水田大于旱作,主要是种植水稻。因此日本农业现代化,首先追求水利化,后实现机械化、化学化。

4.农业生产中兼业户多、专业户少。农业劳动力多为老人和妇女。

种植业,主要种水稻,其次是小麦、玉米、蔬菜和水果。水稻种植面积约占全部耕作面积的42%,稻谷年产量约1200万吨,单位面积产量为6000公斤/公顷,居世界前列。1950年日本政府实施《新粮食法》,允许国外大米自由输入,在泊来米的冲击下,日本稻米产量不断下降,目前已不能自给。水稻主要种植在本州岛的东北地方、北陆地方,约占全国的45%。

蔬菜主要种植在大城市的近郊,四国岛的高知县是日本蔬菜新品种培育基地。水果主要生产苹果、柑桔和菠萝。苹果主要产在本州岛东北部的青森、长野等地,关东平原以南主要种植柑桔;冲绳地区主要产菠萝。

北海道附近的太平洋海域由于正处于千岛寒流与日本暖流交汇处,从而形成大渔场。因此,日本无论近洋与远洋捕渔业均很发达,年捕获量约1000万吨,少于中国,居世界第二位。主要鱼种有鳕、青花、沙丁鱼、鲸鱼等。

第四节 对外贸易与市场状况

一、对外贸易

日本是个加工贸易国,对外贸易在国民经济中占有主要地位,在20世纪90年代以前,"贸易立国"、"出口第一"成为日本的国策。为了促进出口贸易的发展,日本从1954年起建立了首相、各省(厅)首长和企业家组成的"出口会议"制度,定期研究和制定促进出口的政策和措施;同时大力引进国外的资金和技术,提高出口商品档次和结构;采用关税和非关税措施限制外国商品进口,保护本国市场。正是这些措施极大地促进了日本对外贸易的快速增长。1950年,日本的出口贸易额仅8.2亿美元,而至1995年已增至4430亿美元,增长了539倍。在此期间日本出口贸易的年增长率为13.8%,而同期其他发达国家的增长率仅为11.3%。由于出口贸易的快速增长,日本在世界贸易中所占比重由1950年的1.4%上升到1994年的9.5%。1997~1998年在东南亚金融危机的冲击下,其出口额有所下降。进入21世纪,在美欧经济上扬、中国经济持续稳定增长的带动下和小泉政府时期推动经济"结构性改革"的刺激下,日本对外贸易又开始增长,2010年其出口额已达7698亿美元,进口额为6926亿美元,其进出口总额少于美国、中国、德国,居世界第四位。日本对外贸易常年保持顺差,因此其外汇储备充足,仅少于中国,居世界第二位。

日本出口商品主要以工业制成品为主,约占出口总额的94%。不同时期日本出口的骨干商品不同,20世纪50年代出口的骨干商品是纺织品、钢铁、船舶和玩具;80年代骨干商品为汽车、家电、自动机械、钢材、化纤、电力设备、办公设备等;90年代以后主要是集成电路,电脑芯片、通信设备、精密机床、数字家电等；目前其信息通信设备、机械、碳纤维、半导体材料、液晶面板等高技术产品出口，约占出口额的11.4%。进口商品在20世纪80年代以前主要是初级产品，如棉花、煤炭、石油、铁矿砂、小麦等；80年代以后，除石油仍为大宗进口商品外，其他初级产品进口已大幅度下降，而汽车等制成品在上升。

日本对外贸易地区结构是一个特点是，对发达国家的出口大于对发展中国家出口，而从发展中国家进口要大于从发达国家进口。具体国别中，美国、东亚和东南亚各国是其主要出口市场，其中美国是其最大贸易伙伴；在亚太地区中国是其最大贸易伙伴；其他地区的贸易伙伴是澳大利亚、巴西、德国和加拿大。

二、市场状况

1. 经济发展水平高，市场规模大。日本经济总量位居世界第三，人均GDP超过3万美元，再加上资源短缺，加工能力大，因此日本市场需求旺盛，有巨大市场容量。

2. 市场竞争激烈。日本是一个比较开放的市场，非税水平低，非关税壁垒少，而且实施进口多元化的方针，因此在日本市场上，必然有多个国家的厂商参与竞争。当出口国的产品在质量、档次、价格和服务等方面不具备明显优势时，则很难打开日本市场。

3. 销售渠道复杂。日本市场各类批发商、零售商、代理商众多，当进口商品不能正确地选择恰当的渠道时，则无法打开市场。

4. 日本市场消费水平高。日本由于居民收入水平高、文化教育水平高，因此对进口商品无论内在质量、外观形态、品牌形象、售后服务都有较高的要求。某一方面无法满足当地要求，就难以被当地居民接受。因此出口到日本的商品应能适应当前小批量、个性化、时尚化、多样化的新趋势。

5. 日本进口商希望与国外的供货商建立长期稳定的供应关系，因此就要求出口商守时、守信、公平、互惠。

6. 法律健全，管理严格。日本是一个法制国家，在产品的生产、运输、销售、服务等各个环节都有明确的法律规定，因此进口商品必须遵守各项法律，否则就进不了日本市场。

第五节 区域经济差异

日本虽然领土面积不大，但由于自然和历史的原因，各地区的经济发展水平仍然差异明显。日本经济发达地区是本州岛，但本州岛的南关东地区、近畿地区和中部地区仍然有着明显差异。

一、南关东地区

南关东地区是指位于本州岛中部的东京都、崎玉县、千叶县和神奈川县,面积1.35万平方公里,约占全国面积的3.6%,而人口却占全国1/4。技术密集型的汽车、电子、造船、机械等工业的产值占全国工业总产值的1/2,石化与钢铁产量占全国20%,轻工业产值占全国30%。形成了以东京、横滨、川崎、千叶等城市为中心的沿东京湾沿伸的巨大工业带,是日本经济、文化中心,首都东京就位于这里。

东京,旧称江户,明治维新后改称东京。市中心及附近卫星城的人口合计约3530万人,是世界人口最多的城市。市区工业有电子、机械、汽车、家具、印刷、食品等。交通便利,乘新干线列车可通达日本主要城市。其成田和羽田两大机场是世界著名的航空港。

二、近畿地区

又称关西地区,是指以大阪、神户为中心的大阪湾沿岸地区。面积占全国的7.3%,人口占全国的16%,GDP占全国的17%工业产值占全国18%。二战前大阪是日本经济中心,主要是靠商业和民用工业发展起来的,当时其经济实力大于东京。二战后由于与军事有关的工业向东京周围转移,目前关西地区的经济实力要小于关东地区。这里钢铁、金属加工和轻工业发达,而汽车、机械制造比东京地区落后。主要大城市有大阪、神户、堺和歌山等。

三、中部地区

位于本州岛中部,是本州岛地势最高地区,包括北陆、东山和东海三个小区,面积占全国的17.9%,人口占17%。工业分布以名古屋为中心沿伊势湾延伸。最主要工业是汽车制造,丰田市就位于这里,汽车产量占全国1/3,占本区工业产值的40%,丰田、本田、三菱三大汽车公司均在这里。除汽车工业外,还有炼油、陶瓷、纺织、钢铁、机械等工业。四日市是炼油中心,濑户有"陶瓷之都"之称。

※ 搜集、研读、分析和回答

1.搜集有关阪神大地震、福岛海啸核漏露的有关资料,说明对日本造成的危害,并分析形成的原因。

2.分析日本战后经济飞速发展的国际与国内环境。

3.简要说明日本农业发展历程、特点及主要农作物种植区。

第十三章 "金砖国家"(Brics)(一)俄罗斯

"金砖国家"这个称谓是 2001 年由美国高盛投资公司首席经济学家吉姆·奥尼尔提出来的。奥尼尔创造"金砖国家"这个称号的初衷,是鉴于 20 世纪 90 年代巴西(Brazil)、俄罗斯(Russia)、印度(India)和中国(China)四个国家先后进行了国内经济体制的改革,在充分发挥市场机制的基础上,使国民经济取得了飞速增长,经济实力不断增强,人民生活大大改善,在世界经济中所处的地位不断提高,已成为推动世界经济增长主要力量。奥尼尔认为基于上述四个国家经济取得的巨大成就,它们应是世界其他国家投资的"宝地"。因此把这四个国家英文名称的第一个字母拼写起来(Bric),其发音与英文 Brick(砖)相同,因此称为"金砖国家"。

2009 年 6 月 16 日,"金砖四国"在俄罗斯的叶卡捷林堡举行第一次政府首脑会议,协商加强彼此间经济贸易合作和共同促进世界经济公平、合理、可持续增长等问题。次年在巴西召开了第二次首脑会议。2011 年在中国海南省三亚市召开了第三次首脑会议。在这次会议上南非共和国政府受邀加入"金砖国家"行列。"金砖国家"由初始的四国变为五个国家。2012 年 3 月"金砖国家"在印度首都新德里召开了第四次政府首脑会议。

"金砖国家"虽然仍属于发展中国家,但近年来由于经济持续快速的增长,已成为推动世界经济增长的引擎,改变了 200 多年来世界经济增长完全由发达国家拉动的局面,因此被人们称为"新兴经济体"。21 世纪头 10 年,"金砖国家"的 GDP 平均增长率超过 6%,其人口总量占世界人口总量的 42%,国土面积占世界 30%,国内生产总值占世界的 18%,对外贸易额占世界 15%,外汇储备占世界 25%。2009 年以来,"金砖国家"对世界经济增长贡献率已超过 50%。与此同时"金砖国家"正在推动建立更加公平、公正、合理的国际经济秩序,促进国际金融体制改革,实现可持续发展,提升发展中国家在世界舞台上的发言权,因此"金砖五国"在维护发展中国家利益方面,正在发挥不可替代的作用。

中国是"金砖五国"中,无论是人口数量、GDP 总额,还是对外贸易额、外汇储备、许多工业品的产量都是最大的国家,是金砖合作的积极倡导者、支持者和推动者。2011年中国与其他四国的贸易额已达2870亿美元,成为其他四国的第一大贸易伙伴。双边投资也取得了快速增长。2012年在新德里举行的首脑会议上,五国一致同意加强在金融领域的合作,建立由五国共同出资的银行,以支持彼此经济贸易的发展,并帮助其他发展中国家。

第一节 俄罗斯地理概况

一、位置、面积及国体的演变

俄罗斯的全称是俄罗斯联邦。它地跨欧亚两洲,面积约1707万平方公里,是世界上面积最大的国家。它三面环海,东临太平洋,北临北冰洋,西和西南临大西洋的边缘海波罗的海和黑海,海岸线长达4万公里。陆上邻国有14个,亚洲的邻国有朝鲜、中国、蒙古、哈萨克斯坦;欧洲的邻国有阿塞拜疆、格鲁吉亚、乌克兰、白俄罗斯、波兰、爱沙尼亚、拉脱维亚、立陶宛、芬兰和挪威。东隔白令海峡、宗谷海峡与美国、日本相望。俄罗斯这种海陆位置,使它几乎与世界上最重要的政治经济体如欧盟、美国、中国、日本为邻,无疑会对俄罗斯的经济、政治乃至国家安全有重大影响。

从纬度上看,俄罗斯90%以上的领土均处在$50°\sim70°N$之间,纬度高,气候比较寒冷,生长期短,是影响其经济发展的不利因素。

15世纪末,俄罗斯才建立了以莫斯科为中心的中央集权制国家。1547年伊凡四世改称沙皇,俄罗斯也称沙皇俄国。其后沙皇不断把其领土向东、向西扩张,20世纪初已扩展到西至波兰、芬兰,南至黑海,东至太平洋沿岸,面积达2280万平方公里的世界面积最大的国家。1917年"十月革命"后,苏维埃政权放弃了一些领土,波兰、芬兰和波罗的海沿岸三国宣布独立,面积缩减为2227万平方公里。1922年与乌克兰、白俄罗斯、格鲁吉亚、亚美尼亚和阿塞拜疆组成了"苏维埃社会主义共和国联盟",简称苏联,到1940年共有15个加盟共和国加入苏联。

1991年12月苏联解体,俄罗斯宣布独立。同年12月,俄罗斯与乌克兰、白俄罗斯、哈萨克斯坦等11个原苏联的加盟共和国组成了"独联体"。"独联体"是一个由苏联12个加盟共和国组成的各个国家主权独立,但在政治、经济乃至安全上仍有密切联系的、松散的国际组织。

二、自然地理环境

俄罗斯由于领土面积广大,自然条件复杂多样。从地形上看大致以叶尼塞河分界分为东西两部分,西部主要是平原,有东欧平原和西西伯利亚平原;东部是高原和山地,有中西伯利亚高原和东西伯利亚山地。东欧平原是世界大平原之一,面积约400万平方公里,这里是俄罗斯人口最集中、经济最发达地区。乌拉尔山脉以东的西西伯利亚平原,中西伯利亚高原和东西伯利亚山地,人口少,经济相对落后。

俄罗斯气候以温带大陆性气候和亚寒带针叶林气候为主,东欧平原和西伯利亚地区南部为温带大陆性气候,而广大的西伯利亚和东欧平原北部则为亚寒带针叶林气候。北冰洋沿岸有极地苔原气候,南部的黑海沿岸和高加索地区有小部分的地中海式气候。俄罗斯的气候除东欧平原和西伯利亚南部地区尚适宜农耕外,广大的西伯利亚和远东地区由于生长期短、积温低,一般对农业生产不利。

俄罗斯河流湖泊众多,水和水力资源丰富。欧洲部分最长的河流是伏尔加河,全长3530公里,发源于瓦尔代丘陵,注入里海,是俄罗斯、也是欧洲最长的河流。该河由于大部分河段流经平原,水流平稳,利于航行与灌溉。中上游河段建有一系列水电站。俄罗斯亚洲部分有三条大河,即鄂毕河、叶尼塞河和勒拿河。这三条大河均流入北冰洋,河流长度虽长,水量充足,但由于沿途人口少、经济落后,再加上结冰期长,因此目前不具有航行、灌溉意义,但已在叶尼塞河上建有大型水电站。主要湖泊要贝加尔湖、拉多加湖和奥涅加湖等。其中贝加尔湖是世界最深的湖泊,也是俄罗斯在西伯利亚的重要旅游区和捕鱼区。

俄罗斯无论矿产、水力、土地、森林以及动植物资源均很丰富。据有关机构测算,俄罗斯潜在资源总价值约300万亿美元,已探明资源总价值约30万亿美元,是美国已探明资源价值的10倍。能源资源主要是煤炭、石油、天然气和水力。仅西伯利亚地区能源储量就占世界总储量的1/3。其中石油已探明储量占世界12%～13%,居世界第6位。天然气储量占世界1/3,居世界第一位,煤炭储量占前苏联的70%。金属矿与非金属矿主要有铁、铜、镍、锌、锰、铝、金、银、汞、金刚石、钾盐等。其钾盐储量与加拿大一样,同居世界首位。俄罗斯是世界森林面积最大的国家,森林面积约8.4亿公顷,木材蓄积量860亿立方米,分别居世界的1/5和1/4,森林覆盖率可达50.7%。水力资源的蕴藏量居世界第二位。其他如皮毛兽、鱼类资源均很丰富。

三、人文环境

1991年苏联解体俄罗斯独立后,其政治体制已由原苏联的一党专政的社会主义制度,向三权分立的共和制转变。总统是国家元首和三军统帅,由各党派推举的候选人经全民选举产生,任期6年。总统是国家内政外交的真正决策者。

议会是立法机构,分上院和下院,上院叫联邦院,下院是杜马。政府由总理和各部委组成,实施政府日常工作的管理。总理由总统提名,经议会批准。司法机构有宪法法院、最高法院和仲裁法院组成。宪法法院审理总统、议会以及政府之间的矛盾和纠纷。最高法院审理各种民事和刑事案件;而最高仲裁院则裁决经济纠纷。

俄罗斯人口总数为1.45亿,少于中国、印度、美国、印尼、巴西和巴基斯坦,居世界第七位。但由于领土面积大,人口密度低,每平方公里仅9人,是世界平均人口密度的1/5。人口分布不均,欧洲部分人口稠密,面积占全国1/4,而人口却占3/4,人口密度为每平方公里25人;乌拉尔山脉以东的亚洲部分,人口密度为每平方公里3人。俄罗斯城市人口占比大,城市化率为75%。而在西伯利亚和远东地区城市化率更高。人口超过百万的特大城市除莫斯科、圣彼得堡外,还有叶卡捷林堡、喀山、新西伯利亚、伏尔加格勒等。

二战后,在20世纪40~50年代人口增长迅速,进入60年代人口增长缓慢。苏联解体俄罗斯独立后,由于经济的急剧恶化,俄罗斯人口曾出现负增长。普京第一次担任总统后,曾采取多项鼓励生育的措施,自2006年起人口负增长的状况才有所扭转。由于人口增长缓慢,劳动力短缺是俄罗斯经济发展面临的一个极为不利的条件。

俄罗斯民族众多,全国有130多个民族,除俄罗斯人外,还有乌克兰人、白俄罗斯人、哈萨克人、鞑靼人等民族。除俄罗斯人、白俄罗斯人、乌克兰人混居外,其他民族都有自己经常居住的地域,并相应地建立了各种"自治政府"。各民族由于经济发展水平的差异,宗教信仰、生活习惯的差别,因此往往存在种种民族矛盾乃至冲突,从而影响俄罗斯社会的稳定,制约其经济的发展,如车臣、阿布哈兹问题就是突出的例子。俄罗斯多数人信奉东正教,但位居中亚和高加索地区的一些民族信奉伊斯兰教。

第二节 俄罗斯经济状况

一、叶立钦主政时期俄罗斯的经济状况

1991年苏联解体俄罗斯独立后,政治、经济进入转型期。政治上追求"民主化、自由化和西方化",经济上转向私有化、市场化。在叶立钦担任总统期间以盖达尔总理为首的激进民主派,竭力执行美国哥伦比亚大学教授萨克斯所主张的"休克疗法",实行快速私有化,以彻底摧毁原苏联社会主义"计划经济"的物质基础,尽快形成以私有制为主体的经济结构,以便为政治上推动自由化、西方化奠定必须的经济基础。但盖达尔推动的"私有化"运动,由于脱离了俄罗斯本国的国情,又得不到西方国家必要的物质援助,因此使俄罗斯的经济几乎濒临崩溃的边缘。激进改革派的主要失误是:

1. 取消政府对经济活动的干预,提出了"对经济活动干预越少的政府才是好政府"的错误主张。

改革伊始,盖达尔政府在没有建立市场经济的基础设施,市场运行机制和公平、公开的市场竞争环境下,一夜之间就取消了国家对经济的计划管理,废除了国家对企业统一调拨物资的控制制度,给企业"断奶",把企业推向市场。这样就形成了经济生活中,既无市场、又无计划的宏观经济失控局面,使整个社会的经济生活处于无政府状态。

2. 强制推行的"快速私有化",导致国有资产大量流失。

俄罗期推行的私有化是以政府或企业债券的形式,把国有资产按职工的工龄、职务等标准分发给职工,使职工一夜之间成为企业的"股东",而国有企业一夜之间也就变成私人的公司。但企业的领导、运行和决策机制仍然是原有企业的一套,根本没有什么变化。职工虽拥有企业的债券或股票,却既不能参与企业经营管理,也分不到任何利润,只能以极低的价格卖掉,以换取眼前的实惠。其结果国有资产就被少数有国外背景的私人攫取,造成国有资产大量流失,也迅速滋生了一批一夜暴富的私人寡头,为寡头干政埋下了隐患。

3. 在俄罗斯物资十分短缺的清况下,盖达尔政府一夜之间放开了所有消费品和生产资料的价格,导致不法商人囤积居奇、哄抬物价,引发了恶性通货膨胀,卢布急剧贬值。

4. 在恶性通货膨胀压力下,俄罗斯政府又长期过度地紧缩银根,提高利率与贴改率,以控制货币发放,致使企业流动资金缺乏,互欠三角债,企业处于无法维持的困境。

5. 产业结构调整不当,使产业结构更加失衡。苏联时期政府片面强调发展重化工业,尤其与军事有关的工业,以适应美苏争霸的需要,从而忽视了农业与轻工业的发展,导致人民生活的日用品严重短缺,引起人民群众的不满。俄罗斯独立后,盖达尔政府开始调整产业结构,压缩军工生产,要求"军转民"。军事工业压缩了,但民用工业却因一无设备、二无技术、三无人员而迟滞不前。军工产业压缩后,俄罗斯失去了创汇来源,转而又大力发展石油、天然气等能源产业,以扩大出口创汇,其结果是产业结构更加畸形。

6. 过早过快地实行对外贸易自由化和金融市场化,导致进口商品急剧增长,出口商品减少,逆差不断增大。在资金短缺的情况下,政府发行的短期债券,以面值低、利率高、兑现快为特点,导致大量热钱流入。一旦时机有利,炒家纷纷抛售,抽逃资金,造成巨大的金融危机。

叶立钦政府这种激进式的改革给俄罗斯经济造成了严重的恶果:

1. 国内生产总值不但没有增加,反而急剧下降。1991年与1990年相比,GDP下降了4.7%。工业产值从1991～1996年累计下降了50%,下降幅度超过1933年资本主义发生经济大危机时期。

2. 综合国力大幅度下降。1990年俄罗斯GDP的总量为10390亿美元,为美国GDP的18.8%,是中国GDP的2.8倍;而到1997年俄罗斯的GDP只相当于美国的5.5%、中国的50%;1998年亚洲金融危机后,俄罗斯的GDP只有1800亿美元,仅为同期美国GDP的2.2%、中国的18%。

3. 居民工资收入大幅度减少,生活在贫困线以下人口大量增加。自1991～2000年,俄罗斯居民的货币收入减少了60%,占人口总数25%～30%的居民生活在贫困线以下。

4. 在私有化过程中,俄罗斯共出售了12.5万家国有企业,平均每一家售价仅1300美元,其价格之低,创世界记录。拥有3.4万职工的乌拉尔机械厂,售价仅372万美元。500家大型国有企业其正常价值是2000亿美元,而私有化仅卖了72亿美元。大量国有资产流入私人手中,形成了一批像别列佐夫斯基、霍多尔科夫斯基这样的新贵族,为后来的寡头干政创造了条件。

二、普、梅主政时期俄罗斯经济

1999年末,当俄罗斯经济几近崩溃时,叶立钦下台,并任命普京为代理总统,2000年5月普京正式当选总统,并连任两届。2009年梅德维捷夫继普京之后当选总统。在普、梅当政时期由于采取了适应俄罗斯国情和世界经济发展趋势的政策和策略,不但使俄罗斯经济摆脱了危机,而且取得了很大的增长。具体成就为:

1. 国民经济得到稳定增长。1999～2003年,其GDP年均增长率达到6.5%,GDP总量从1998年的1800亿美元,增至2007年1.35万亿美元,2010年更增至1.48万亿美元。

2. 居民收入增加。从2000～2002年居民实际收入增加了32%。

3. 工业生产得到全面恢复和增长。2001年工业生产年增长率达到11.9%,其中日用消费品的增长率超过了能源、化工、机械产品的增长率,产业失衡的严重状况有了初步扭转,居民消费品匮乏状况有了一定改善。

4. 外资不断涌入,从1992～2003年俄罗斯累计引进外资430亿美元,其中2000年一年就利用外资109.5亿美元,2002年为40亿美元,2003年为50亿美元,三年合计占 11 年累计利用外资的 2/3。

5.随着 2001 年以后世界市场上对石油需求的不断增长,石油、天然气价格也不断上涨,俄罗斯石油出口收入大幅度增加。2003 年以后,普京政府只用了短短三年时间就偿清了苏联时期所欠的 1200 亿美元的外债,2006 年其外汇余额已达 2430 亿美元。

普、梅政府上述成就的取得,得益于下述条件:

1.在国内坚持私有化、市场化方针不变的情况下,政府加强了对经济的宏观调控,打击别列佐夫斯基、霍多尔科夫斯基等人的"寡头干政",提高工人的工资和退休人员的养老金,实施投资免税等优惠政策,以求得社会的稳定和刺激经济的增长。

2."9·11"事件后,国际石油价格上涨,俄罗斯石油出口收入增加。世界市场上石油价格每上升 1 美元,俄罗斯就可增加石油收入 10 亿美元,可拉动 GDP 增长率 0.3 个百分点。

3.随着居民收入的增加,市场需求旺盛,从而提高了企业扩大投资的信心,企业投入增加,必然促进经济增长。

4.梅、普政府奉行东西方逢迎的外交政策,为国内经济发展创造相对稳定的外部环境。

2008 年美国发生的"次贷危机"而导致的世界金融危机同样也波及到俄罗斯。由于石油价格暴跌,使俄罗斯收入大幅度减少,国内物价上涨,企业破产增加。俄罗斯政府由于有充足的外汇储备,决定出资 500 亿美元,救助困难企业。著名的俄罗斯联合铝业公司一家就争得了 45 亿美元的援助。在救助困难企业的同时,国家又拿出 500 亿~700 亿卢布救助失业工人,提高退休人员养老金,对居民储蓄进行保值担保等政策措施,以缓解金融危机给俄罗斯造成的困境。

金融危机的发生使梅、普政府认识到高度依赖石油出口决非保持经济稳定、持续增长的长久之策,为此 2009 年俄政府制定了《2020 年经济和社会发展战略规划》,提出了"以创新为推动力,实现经济目标的多元化,摆脱经济高度依赖石油、天然气的现状,使产业结构合理化、均衡化"的目标。2011 年 12 月 16 日等待 18 年之久的俄罗斯加入 WTO 的愿望终于实现了。加入 WTO 后对于俄罗斯商品顺利打开西方市场、巩固和完善自身的市场经济体制、实现经济目标的多元化,必然创造有利条件。

第三节 主要产业部门

一、工业

无论是苏联时期还是俄罗斯独立后，工业都是它的骨干产业。从"十月革命"后至今，历经90多年的发展，其工业有下列特点：

1. 工业是在利用本国资源，面对本国国内市场，使用本国的技术装备，走自力更生的道路发展起来的。目前已经形成部门齐全、体系完整、技术较为先进的工业体系。绝大多数工业品能够自己制造，许多产品产量还位居世界前列。

2. 无论在苏联时期还是俄罗斯独立后，俄罗斯始终处于西方国家打压、治裁乃至封锁的境况，从而优先发展重化工业，尤其是与军事有关的工业就成为必然的选择，因此忽视轻工业的发展，造成了工业结构的二元化，即重大于轻，军大于民，使得日用消费品长期匮乏，压抑了人民的积极性。

3. 俄罗斯拥有一大批高素质的工业技术人才。全国2/3的人口受过高等教育。在世界50项工业生产关键技术中，俄罗斯有17项处于世界领先地位，如航空航天、核能、石油、天然气等。但在信息技术、自动化技术与生物工程技术方面与西方国家相比有较大差距。

4. 石油、天然气、煤炭、电力等能源工业成为维持国民经济增长和出口创汇的命脉。因此能源出口成为俄罗斯维系与东欧国家、中、日、韩、独联体等国家或地区政治、经济关系的重要"筹码"，但随着石油价格的涨跌，也必然造成其经济的巨大波动。

5. 俄罗斯工业生产与资源分布相互脱节，制造业主要分布在欧洲部分，而煤炭、石油、天然气、森林、水力多分布在西伯利亚和远东地区。这种状况必然造成往返运输、迂回运输、过远运输，从而增加了生产成本，也使得区域经济发展不平衡。

（一）能源工业

俄罗斯能源丰富，能源工业在国民经济中占有重要地位。其中石油已探明储量为66.7亿吨，居世界第十位。石油开采已有130多年历史，产量最高峰是1989年，高达6亿多吨，居世界第一位。苏联解体、俄罗斯独立后，由于整个国民经济急剧恶化，石油产量曾大幅度下降；普京上台后石油产量逐渐恢复，2010年产量为5.051亿吨，占世界总产量的12.9%，居世界第一位。

从苏联到俄罗斯，石油开采在地域空间上经历了从西向东发展的历程。在苏联时期首先开发的是巴库油田(现在已属阿塞拜疆),第二次世界大战期间又开发了乌拉尔—伏尔加油田,人称"第二巴库"。20世纪60年代以后,主要开发位于西西伯利亚的秋明油田。目前秋明油田是俄罗斯最大油田,主要分布在鄂木斯克州、秋明州、新西伯利亚州等州境内。世界巨型油田之一的萨莫特洛尔油田就属于秋明油田。其他还有位于远东地区的萨哈林油田和位于高加索地区的高加索油田。

俄罗斯天然气丰富,总储量48.16万亿立方米,占世界已探明储量的1/3,居世界第一位。世界有15个大型天然气田,9个在俄罗斯。其中最大气田在西西伯利亚的乌连戈依,其次是位于乌拉尔山南端的奥伦堡气田。2010年天然气产量5889亿立方米,占世界总产量的18.4%,仅少于美国,居世界第二位。所产天然气主要通过"友谊"管道输往乌克兰、白俄罗斯和原东欧的社会主义国家,如波兰、捷克、匈牙利等。俄罗斯石油和天然气开采存在的主要问题是,投资不足,开采设备陈旧,限制了新油田的开发和产量的增长。

俄罗斯煤炭丰富。原苏联时期已开发的大型煤田除顿巴斯已属乌克兰、卡拉干达属于哈萨克斯坦外,其他大型煤田均在俄罗斯境内。主要煤田有库兹巴斯、伯朝拉、坎斯克—阿钦斯克、南雅库特和莫斯科郊区等煤田。2010年煤炭产量2.68亿吨,占世界总产量的4%,居世界第六位。其中库兹巴斯是俄罗斯目前最大煤田,可露天开采,产量占全国1/3,其中焦煤占全国1/2。坎斯克—阿钦斯克煤田在库兹巴斯煤田以东,年开采量约5000万吨,主要是动力用煤。南雅库特煤田在东西伯利亚地区,年产量约1300万吨,除供给本地区消费外,还可出口日本。莫斯科郊区煤田和伯朝拉煤田,由于位于欧洲部分,主要供中央工业区和西北工业区用煤。

(二)冶金工业

主要包括钢铁工业和有色金属冶炼。钢铁工业是在本国丰富的煤、铁、锰、铬等原料的基础上发展起来的。苏联时期其钢铁产量曾居世界第一位,2010年产钢铁约6700万吨,少于中国、日本、美国和印度,居世界第五位。钢铁工业分布在四个地区,即乌拉尔工业区、中央工业区、西北工业区和新西伯利亚工业区。其中乌拉尔工业区产量最大,约占全国产量的43%。位于这里的马哥尼托哥尔斯克钢铁厂是俄罗斯最著名的钢铁企业,其产量约占全国1/10,中央工业区的新利佩茨克钢铁厂也是重要的钢厂之一。

俄罗斯钢铁产量约有1/2供出口,钢管和型材出口量2000年为2790万吨,出口地区广泛分布在亚洲、北美、非洲等地,其中中国是最大出口地。

目前俄罗斯钢铁生产存在的问题是:(1)设备老化,技术水平低;(2)劳动生产率低,能源消耗大;(3)主要以粗钢为主,市场价值低;(4)国内需求不足,开工率不足,设备闲置。

有色金属冶炼,主要有色金属矿有铜、铝、镍、铝锌、金、铂等。有色金属冶炼由于需要充足而廉价的电力,因此冶炼企业主要分布在电力充足的乌拉尔和西伯利亚地区。主要工业中心是新西伯利亚、车里雅宾斯克、克拉斯诺雅尔斯克等地。

(三)机械工业

俄罗斯机械制造业发达,主要生产机床、矿山采掘设备、农业机械、动力机械、运输机械、汽车、飞机、船舶等。冶金设备、矿山采掘设备、发电设备、机车车辆的生产主要分布钢铁产量大的乌拉尔工业区和新西伯利亚工业区,如叶卡捷林堡、喀山、新西伯利亚等地。

仪表、汽车、飞机、电子工业主要分布在技术水平高、市场需求量大和便于出口的中央工业区和西北工业区。如莫斯科、圣彼得堡、特维尔、新西伯利亚、下诺夫哥罗德、伊尔库茨克等地。

(四)化学工业

俄罗斯石油、天然气、煤炭、钾盐等化工原料丰富,有利于化学工业的发展。20世纪80年代以前以制酸、制碱的基本化工为主。之后大力发展制药、化纤、石油冶炼、合成橡胶、塑料等石油化工。目前其石油加工的生产能力仅次于美国。乙烯、合成橡胶的产量居世界第二位。石油化学工业主要分布在伏尔加河流域和喀山、新西伯利亚等地。莫斯科为综合化工基地。

(五)纺织、食品等轻工业

纺织、食品、制鞋、服装等轻工业是俄罗斯经济中的短板,产量低,质量差,许多产品不能满足国内需求,需要进口。纺织工业以棉、麻、毛纺为主。食品工业主要以粮食加工、肉类加工、制糖业为主。主要生产中心是莫斯科,圣彼得堡、新西伯利亚、伏尔加格勒等地。

(六)木材加工和造纸工业

俄罗斯森林资源丰富,因此木材加工和造纸工业发达,其锯木产量居世界第五位,纸浆产量居世界第六位。木材加工工业中心是阿尔罕格尔斯克、圣彼得堡、新西伯利亚、伊加尔卡等地。

二、农业

(一)农业生产概况

俄罗斯土地资源丰富,人均耕地0.86公顷,在世界上仅少于加拿大和澳大利亚。但由于积温和降水在空间分布上不吻合,加之在前苏联时期片面发展重工业,忽视农业和轻工业,从而造成了农产品和日用消费品的短缺。俄罗斯独立后,叶立钦主政时期,在农业生产上同样采取了"快速私有化"等激进式改革方针,更加挫伤了农民的生产积极性,使农业生产陷入更大困境。主要表现在:

1. 农作物播种面积减少。1997年与1992年相比,粮食种植面积减少了863万公顷,饲料种植面积减少了422万公顷。

2. 农业从业人员减少。1994年农业从业人员占总就业人口的14.3%,而1997年下降至13.4%。

3. 农机和化肥的购置量下降。1996年与1990年相比,经济型货运汽车购买量减少了96%,化肥减少了85.7%。

4. 由于农用工业品价格上涨,农业生产成本上升,农产品的售价与成本倒挂,农业经营亏损。

5. 主要农产品的产量下降。如果以1990~1991年生产指数为100,而1998年则下降至56.5。粮食产量仅4897.4万吨,比1990年减少了43%,肉类产量下降了60%。1999年农业生产规模,只相当于20世纪五六十年代水平。

2000年普京正式担任总统后,采取了一系列稳定和促进农业生产的措施,如加大政府财政对农业的投入;对农民购买农业生产资料给予一定的补贴;增加化肥、塑料薄膜、农业机械的产量;限制农业生产资料价格的上涨;规定农产品的保护价;给城市居民在郊区分配一小块土地,鼓励他们种植一些蔬菜、水果,以满足自身家庭消费的需要等。到2009年俄罗斯粮食总产量已达9300万吨,改变了20世纪90年代时粮食大量依赖进口的局面。

种植业:主要种植小麦、大麦、黑麦和燕麦。其中小麦产量占粮食作物产量的第一位,产量约3800万吨,少于中国、美国、印度和法国,居世界第五位。大麦是仅次小麦的粮食作用,产量约1550万吨。经济作物主要是甜菜、亚麻、葵花子、大豆和棉花。小麦主要种植在莫斯科以南的中央黑土区、西伯利亚南部和伏尔加河流域,玉米和甜菜主要种植在中央黑土区和北高加索地区,黑海沿岸是茶叶等亚热带作物产区。

畜牧业:主要是养牛、养羊、养猪和饲养家禽,在北冰洋沿海苔原气候区,少数居民饲养驯鹿。畜牧业在苏联时期发展十分缓慢,原因是饲料缺乏。到20世纪80年代初,牛、羊、猪的存栏头数仅比"十月革命"前增长一倍。苏联解体、俄罗斯独立后,畜牧业产值量大幅下降,普、梅当政后,目前正在恢复当中。养牛业主要在西北地区和西伯利亚地区;养猪业主要在中央黑土区;养羊业主要在伏尔加河下游、里海沿岸和北高加索地区。

(二)农业生产地域类型

1. 北部放牧业地带

该地带是指分布在西伯利亚中北部和北冰洋沿岸的亚寒带针叶林和极地苔

原气候区,由于气候寒冷、人口稀少,当地农业主要是放养驯鹿、养牛和狩猎。

2. 中部农牧业地带

该地带是指自俄罗斯西部国境向东呈楔形插入到西伯利亚地区南部,这里是温带草原和森林草原区,气候为温带大陆性气候,面积约占全国的2/5。这里农业生产主要是种植业和养畜业。种植业主要种植小麦、大麦、马铃薯、亚麻和甜菜。养畜业主要是饲养奶牛、肉牛和猪。

3. 南部放牧的灌溉农业地带

该地带主要是指伏尔加河下游和里海沿岸地带,这里已属温带干旱、半干旱气候,降水稀少,地表植被稀疏,农业主要是放养细毛羊。有水源灌溉的地区,则种植棉花、水果等。

三、对外贸易

苏联时期在斯大林的"两个平行市场"理论指导下,当时的对外贸易主要是在苏联15个加盟共和国之间和其他社会主义国家之间进行的。不仅地域结构单一,而且商品结构也是俄罗斯出口能源、钢铁、木材等原材料和重工业产品,进口农产品和轻工业品,对外贸易的依存度并不高。

苏联解体俄罗斯独立后,叶立钦在对外贸易上同样也采取了激进式改革,如完全取消国家对对外贸易的垄断,企业可以自由经营进出口贸易,放松对进出口商品所实行的各种管制,取消外汇管制,汇率改为自由浮动的汇率制等,结果使俄罗斯出口急剧下降,进口大幅度增加,贸易逆差严重,卢布贬值,外汇短缺。1991年其进出口总额仅945亿美元。2000年普京当选总统后,开始纠正某些过激的作法,把增加能源、原材料出口,扩大外汇收入作为整个经济上着力的杠杆,加上2001年以后整个世界经济形势的回暖,国际市场上对俄罗斯能源需求旺盛,俄罗斯对外贸易开始进入恢复增长期。2003年其进出口总额已达1920亿美元,2010年增长到6484亿美元,其中出口额为4000亿美元,进口额为2484亿美元,贸易顺差为1526亿美元。

俄罗斯的对外贸易在经济的转型期表现为下述特点:

1. 对外贸易的增长与经济的增长呈逆向运动。即国内经济不景气时,对外贸易往往快速增长;而国内经济快速增长时,对外贸易反而下降。例如1992年和1995年俄罗斯的GDP分别下降了19%和34%,而同期对外贸易却增长了4%和6%。造成这种现象的原因是,当国内经济不景气时,国内对能源与原材料的需求减少,而国外需要旺盛,因此能源、原材料可以大量出口;国内不景气消费品匮乏,必须进口,大出大进,对外贸易增长。

2. 俄罗斯出口商品中石油、天然气占有很大比重,因此其对外贸易的增加或减少与国际市场原油价格涨跌密切相关。例如1997年亚洲金融危机时,世界市场石油价格下跌,俄当年石油出口量增加了100万吨,而出口额就减少了10亿美元。

3. 贸易自由化后,进口商品大量增加,对本国一些缺乏竞争力的工业造成了重大冲击,其他工业制成品出口反而出现衰退现象。

俄罗斯对外贸易的商品结构,出口以燃料动力资源和金属制成品为主。如2008年,石油、天然气、煤炭等能源出口占出口总额的75%,金属及其制品占11.5%,化工产品占5.9%,木材及纸浆占2.3%,机械设备占2.9%。进口商品中,机械设备占56%,化工产品占13.8%,食品及食用原料占12.9%,金属制品占5.2%。

俄罗斯独立后其对外贸易伙伴发生了变化,由苏联时期以"经互会"成员国为主,开始转向欧美等西方国家。1998年,其对西方发达国家出口额占48.7%,其中美国上升到西方国家中的第一位,其后是德国、荷兰、瑞士、英国、芬兰和法国。对独联体及原"经互会"成员国出口占37.6%,主要贸易伙伴为乌克兰、白俄罗斯、波兰和哈萨克斯坦。对亚洲国家(地区)出口占11.7%,主要伙伴是中国、韩国、新加坡、中国香港等。俄罗斯与中国2000年双边贸易额仅80亿美元。2001年双方总理签署了《中俄睦邻、友好和合作条约》之后,中俄双边贸易增长迅速,2007年已增至481.5亿美元。俄从中国进口商品主要是服装、电气设备、通信器材、运输工具、鞋类、食品等。对中国出口主要是石油、木材、化肥、水产品等。

第四节 主要经济区域

俄罗斯幅员广大,东西宽约9000公里,南北长约4000公里,因自然和历史因素的影响,各地区经济发展水平差异明显,全国可分为11个经济区,即北方区、西北区、中央区、中央黑土区、伏尔加—维亚特卡区、伏尔加河流域区、北高加索区、乌拉尔区、西西伯利亚区、东西伯利亚区和远东区。现介绍在俄经济中占有重要地位的几个区。

一、西北区

西北区主要包括圣彼得堡市、列宁格勒州、诺夫哥罗德州和普斯科夫州。面积19.4万平方公里。本区濒临波罗的海是通往北欧的陆上枢纽、西欧的海上门户。工业发达产业主要是机械、冶金、化工、木材加工、造纸。农业主要种植亚麻和蔬菜,粮食靠输入。圣彼得堡市是俄罗斯第二大城市、最大的港口。现在维堡设有自由贸易区。

二、中央区

中央区包括莫斯科市、莫斯科州、布良斯克州、特维尔州、梁赞州、图拉州等13个州、市,面积48.5万平方公里,是俄罗斯经济最发达地区。主要工业包括机械制造、金属加工、石油加工、汽车、飞机制造等。农业主要养牛,种植业主要种植马铃薯、亚麻、蔬菜等。粮食靠输入。主要城市是首都莫斯科、梁赞、图拉、特维尔等。

三、乌拉尔区

乌拉尔区包括奥伦堡、叶卡捷林堡等4个州和2个自治共和国,面积约84万平方公里。本区矿产资源丰富,主要是铁、锰等黑色金属和有色金属,石油、天然气等。其中铁矿储量可达150亿吨。工业生产能力仅次于中央区,它生产了全俄22%的焦炭、30%的黑色金属、50%钾盐和60%的铝土矿。最大城市是叶卡捷林堡。

四、西西伯利亚区

该区主要包括新西伯利亚、秋明、鄂木斯克等5个州和一个边疆区,面积约242万平方公里。这里石油、天然气煤炭十分丰富,石油、天然气主要分布在秋明州的苏尔古特和乌连戈衣等地。煤炭主要在库兹巴斯等地。森林茂密。工业除了采矿业外,还有冶金、木材加工、食品等。最大城市是新西伯利亚。新西伯利亚的"科学城",是俄罗斯重要科研基地之一。

五、东西伯利亚区

该区包括克拉斯诺雅尔斯克边疆区、伊尔库兹克州、赤塔州和布里亚特自治共和国。面积约460万平方公里,地广而人稀。这里森林、水力、矿产资源丰富。煤炭储量占全俄1/2,木材蓄积量占全国35%,水力资源丰富。已在安加拉河、叶尼塞河上建有一系列水电站。工业主要是有色金属和黑色金属冶炼、机械、化工、木材加工等。主要城市是伊尔库兹克、赤塔等。在赤塔和布里亚特自治共和国均设有自贸区。

※ 搜集、研读、分析与回答

1.搜集有关资料,对比苏联解体后叶立钦时代的经济改革与中国改革开放的政策有何不同?

2.分析俄罗斯在自然条件和自然资源上有何优势与劣势,对其经济发展有何影响。

3.分析俄罗斯对外贸易的发展与经济发展的关系,及其进出口贸易的商品结构。

第十四章 "金砖国家"(二)印度

第一节 基本国情

印度全称印度共和国。位于亚洲南部,大部分领土在印度半岛上,面积约328.78万平方公里,是世界第七大国。印度三面临海,东临孟加拉湾,西临阿拉伯海,南临印度洋。陆上邻国有中国、巴基斯坦、尼泊尔、孟加拉国和缅甸,南隔保克海峡与斯里兰卡相望。从纬度看,印度领土大致位于 $8°N\sim37°N$ 之间,处于热带和亚热带。由于印度北部有高大的喜马拉雅山阻挡,东、西、南面有海洋包围,使印度半岛具有相对的"独立性",因此称为"南亚次大陆"。

一、历史、政治体制和行政区划

印度是世界著名的文明古国。从公元前3世纪的阿育王朝到1757年沦为英国的殖民地,它经历了2000多年奴隶制、封建制和殖民统治。二次大战后,随着印度人民反抗殖民统治运动的高涨,1947年英国被迫宣布印度独立,并于1950年1月正式宣布成立印度共和国。

印度实行"三权分立"的政治体制。议会上院叫"联邦院"、下院称"人民院",议会是立法监督机构。行政机构是由总统、总理和各部会组成。总统是名义国家之首,无实权。总理是真正国家权力的代表,由议会中拥有多数席位党派推荐人选担任,司法机构是最高法院和各级地方法院。现有的主要政党是国大党和人民党。当前由国大党执政,总理是辛格。

印度行政区划分为邦和中央直辖区两种。共有26个邦和6个中央直辖区。如北方邦、中央邦、喀拉拉邦、阿萨姆邦等;中央直辖区有德里、安达曼和尼科巴岛直辖区等。首都为新德里。

二、优越的自然条件

印度自然地理条件十分优越。地形可分为三部分,北部与中国、尼泊尔、不丹接壤处是高大的喜马拉雅山;中部是恒河平原;南部的印度半岛主要是高原。三种地形以平原、高原为主,所以地势平坦。恒河平原是由恒河与布拉马普特拉河冲击形成的,沿岸土地肥沃,是重要的农业区。德干高原位于印度半岛,地势西高东低,由于高原土壤是火山喷发物经多年风化而形成,因而十分肥沃,适宜棉花、花生等农作物生长。北部高大的喜马拉雅山,既造成了交通屏障,但也阻挡了冬季寒流的南下,使印度气候终年温暖。

印度气候有三种类型,北部西马拉雅山区属高山气候,随海拔高度不同,不同气候类型呈垂直变化。西北部印巴接壤处是热带沙漠气候,著名的塔尔沙漠就位于这里。印度其他地区属于热带季风气候。全年高温,年均气温25℃以上,但一年分为凉、热、雨三季,每年11月至次年3月为凉季,盛行东北季风,风从陆地吹向海洋,降水少,气候凉爽;每年3月至6月为热季,由于太阳直射点自赤道北移,气温升高而降水仍然稀少;每年6月至10月为雨季,来自印度洋的西南季风登临印度半岛,带来丰沛降水,年均降水量约1000~1500毫米。降水最多处是位于喜马拉雅山南坡的乞拉朋齐,最高年降水量可达11000多毫米,有"亚洲雨极"之称。印度气候的优点是全年高温,农作物生长一年两季到三季;缺点是由于西南季风势力不稳定,登陆时间有早有晚,一旦登陆晚,势力弱,使热季延长,就形成旱灾;相反如西南季风登陆早、势力强,导致降雨量大,降水集中又会造成水灾。

印度的主要河流是恒河和布拉马普特拉河,河流的上游都流经山区、落差大、水流急,水力资源丰富,河流的中下游流经平原,水流平稳,利于航行和灌溉。但每逢夏季,当西南季风强势登陆时,大量的降雨,常使河流泛滥,造成水灾。

印度矿产资源丰富,主要有煤、铁、锰、云母、铝土矿、稀土等,但石油、天然气、有色金属缺乏,大部分依赖进口。煤铁、锰主要分布在半岛东北部的焦达纳格普尔高原和南部的克里希纳河流域。石油主要分布在孟买附近浅海大陆架水域。煤炭、铁矿和云母除供国内需求外还可出口。

三、复杂的人文环境

1. 人口众多。印度人口已超过10亿,仅少于中国,居世界第二位。但人口自然增长率为2.9%,超过发展中国家平均人口增长率。众多的人口,既为经济活动提供廉价的劳动力,但也使国民的人均收入水平低,人均GDP只有1530美元,远低于中国5400多美元,大部分人仍生活在贫困线以下,而且国内失业现象严重。

2.人种和民族。印度人属白色人种,是由半岛的土著居民达罗毗荼人和来自西方的雅利安人、希腊人和波斯人长期混血形成的。主要民族有印度斯坦族、孟加拉族、泰米尔族、泰卢国族等。其中印度斯坦族人口最多,约占全国人口的46%,各民族间由于经济发展水平、宗教信仰和风俗习惯的差异,存在一定的民族矛盾。

3.宗教信仰复杂。主要宗教有印度教、伊斯兰教、锡克教、基督教、佛教、袄教等。其中80.5%居民信仰印度教、13.4%信仰伊斯兰教。

印度教主张"它(自我)是非生的,永恒的,不变的,古老的,即使肉体毁灭了,它也不会毁灭"。印度教主张素食,视牛为"神",主张在恒河进行"圣浴",死在圣城瓦腊纳西,每年印度历法8月的月圆之日是"排灯节",是最盛大的节日,放假15天,有钱人纷纷购买黄金,代表追求财富和光明。

伊斯兰教是公元7世纪时由阿拉伯人传入印度的,在莫卧尔王朝时曾兴盛达数世纪,现已退居为第二位。

佛教的发源地是古印度(今尼泊尔),但目前信众很少,只占全国的0.8%,信众主要在马哈拉斯特拉邦的奥兰加巴德,是印度"宪法之父"安贝德卡尔为反对印度教的种性制度,率众50万皈依佛教的。

印度虽是以信奉印度教为主的国家,但印度教并非"国教",印度仍是一个"世俗国家"。各个宗教的存在,既体现了宗教的相互包容,也必然有宗教矛盾。印度因宗教的冲突而导致的社会动荡时有发生。

4.语言。印度语言众多,在印度的货币卢比上就印有15种语言文字,而官方语言有18种,地方语言有1650种。其中印地语为国语,全国45%的居民说印地语。众多的语言必然为人们的交流带来一定的困难,而英语普及率高,为印度更广泛、更及时地接受西方发达国家的文化,更好更快地融入国际社会,创造了一个极为有利的条件。懂英语人多,已成为印度经济发展中一大优势。

5.残留的"种性制度"。"种性制度"是印度在奴隶社会形成的落后的等级制度。国人分为四个等级,最高等级称为"波罗门",即印度教的僧侣;第二等级称为"刹帝利",即贵族和武士;第三等级为"吠舍",即平民;第四等级为"首陀罗",即奴隶。在四个等级之外,还有一种人称为"达维特"人,意为"贱民"或"不可接触者",是指罪犯、战俘和从事最低等工作的劳动人民,如清扫工、粪便清理工等。在种性制度下,不同种性之间不能通婚、不能混居,低等种性的人即使拥有巨大财富、取得重大成就也不能改变其所属种性。如印度"宪法之父"安贝德卡尔是英、美两国的双科博士,但他仍属于"达维特"人。1947年印度独立后,曾在宪法中规定"废除种性制度",但在实际社会生活中,种性制度仍有残留,这极大地压抑了劳动人民的生产积极性。

第二节　印度独立后经济的改革与发展

1950年印度独立并建国后,为了摆脱长期殖民地统治下经济落后的面貌,历届印度政府都对印度经济的发展与改革十分重视。在尼赫鲁担任总理期间,为了避免西方国家频繁发生的经济危机,决定"建立社会主义类型社会",实行公私混合经济体制,走自力更生的道路。为此,印度政府采取的措施是:(1)建立以国家计划为主的宏观经济管理体制;(2)实施以公共经济为主体的公私混合所有制制度;(3)坚持以"自力更生"为主的对外经济模式。正是由于采取了上述三项措施,使印度在摆脱殖民地经济上取得了一系列成效。这些成效表现在,第一,到20世纪70年代初,印度的粮食生产已能基本自给;第二,建立了部门齐全的完整的工业体系,80%的工业品可以自给。第三,形成了一支强大的科技队伍,其规模仅次于美国和俄罗斯。但这种以计划经济和公营企业为主体的混合经济体制,也存在着种种弊端。如公营企业由国家统负盈亏,企业经营中不计成本,导致企业亏损严重;计划经济强调政府的干预,弱化了市场的作用,不利于资源的优化配置,浪费严重;技术进步慢;外贸出口能力弱,常年逆差。正是由于上述弊端,使印度在20世纪80年代以前经济增长十分缓慢,直到1997~1998年度其GDP仅为3839亿美元,人均GDP约411美元,仍属世界贫困国家。

为了克服上述弊端,从20世纪80年代开始,以英吉拉·甘地、拉吉夫·甘地和拉奥为总理的历届印度政府进行了以"私有化、自由化、市场化和国际化"为目标经济改革,并已取得了重大成就。1991~2001年期间,其GDP的年均增长率超过7%,在"金砖国家"中仅次于中国。

2011年GDP总量已达1.84万亿美元,居世界第10位,人均GDP已达1530美元。

印度经济改革的主要措施是:

1. 放松对私人资本的限制,除6种产业必须由国家经营外,其他行业一律允许私人经营,对私人企业扩大经营规模、兼并、重组不加任何限制,一些用于进口替代的高技术产业私人自主兴办,不需国家批准。

2. 对公营企业进行市场化的改革,把效益作为衡量企业绩效的重要标准,淘汰病态企业,撤换不合格的企业领导人。

3. 削减政府的计划职能,增强市场调节机制。政府压缩对公营企业的投资,产品价格实行市场化,减少政府对公营企业产品的收购,扩大企业产品自销的比例。

4. 扩大对外开放,放宽对外资投资行业、投资比例的限制,对投资于基础产业的外资,外资控股比例可达100%。减免税赋,允许资本货物和原材料免税进口。

上述改革措施虽使印度的GDP增长率迅速提高、外资大量涌入、出口贸易额大幅增长、企业效益不断提高,但市场化、自由化的改革也使印度产生了下述亟待解决的问题。

第一,国内贫富差距进一步扩大,目前全国还有4.5亿人生活在贫困线以下,而且绝大部分在农村。而城市中陶瓷工、洗衣工等体力劳动者每天的工资收入仅相当于30元人民币。孟买著名的"达拉维"贫民窟,面积仅2平方公里,而生活在这里的穷人约100万人。而少数富人却拥有巨额财富,富翁安巴尼拥有的豪宅,仅电费一项每月的支出就相当于100万元人民币。

第二,广大农村中封建的土地生产关系并没有完全废除,无地、少地的农民流入城市,形成了庞大的失业大军,构成了社会的不安定。

第三,高端产业得到了充分发展,而对基础设施却投入不足,因此交通、电力等十分落后,一定程度上限制了印度经济的发展。

印度的经济改革,虽然成就与弊端并存,但与其他新兴经济体的改革相比较却有自身的特点,这就是,它不是沿袭了多数新兴工业化国家的改革路径,即从发展劳动密集型出口加工工业起步,待积累了一定的社会财富、经验和技术实力后,再大力发展资本密集、知识和技术密集型的产业的服务业,使产业结构日趋高级化、现代化的传统道路。而印度是凭借自身拥有大量高科技人才的优势,首先发展IT产业、金融业、动漫业和房地产等高端产业,在高端产业积累财富的基础上,再发展实体产业。因此印度的工业化是走了一条凭"智慧"而不是凭"人力"走向复兴的新路。目前印度的IT业、金融业、房地产等高端产业的产值约占GDP的58%,2%的高科技人才支撑了全国1/2的经济增长。目前印度是仅次于美国的第二大软件生产国,2007年印度服务外包的总收入已超过当年进口石油所需资金,印度已获得了"世界办公室"的美誉。

第三节 主要产业部门

一、工业

印度独立时,工业十分落后,手工业生产占74%;现代工业十分薄弱,重工业所占比重不足10%,而且技术落后。独立后,印度确定了优先发展重工业和基础工业的方针,经过50多年的努力,印度已形成了工业部门齐全、体系完整、技术水平中等的新兴经济体。特别是20世纪90年代以后,计算机软件、电信、化工、制药、动漫等新兴产业得到了迅速发展,工业生产显示了空前的活跃。其工业取得的成就主要有:

1.建立了钢铁、化工、机械、汽车、船舶、电子信息、医药、核能等众多的工业部门,工业设备的自给能力大大提高。

2.工业产值的增长加快。如以1980年为基期,1995年工业产值为251.9。1981~1990年工业产值的年均增长率为7.54%。

3.工业产品的产量大幅增长。例如,煤炭1950年产量为3230万吨,而到2007年已增至3.01亿吨;汽车由0.9万辆增至2011年的393万辆。产品的自给能力大大提高。

4.工业部门结构和地区分布发生了变化。轻重工业的比例已由独立时的3.5∶1变为1∶1;过去工业集中分布在孟买、加尔各答等少数大城市,现在已新建了600多个工业新城。

(一)能源工业

印度的一次性能源主要是煤炭,石油、天然气储量很少。煤炭总储量约700亿吨,主要分布在中央邦、比哈尔邦和西孟加拉邦。褐煤储量约260亿吨,主要分布在南部的泰米尔纳德邦。2010年煤炭产量约3.88亿吨,而国内需求量为4.5亿吨,仍需进口。石油、天然气主要分布在孟买以西浅海大陆架区域,2010年开采量约3890万吨,而年消费量约8000万吨,依赖进口。

(二)钢铁工业

印度煤、铁、锰等资源丰富,有利于钢铁工业的发展,2011年钢铁产量约7220万吨,居世界第四位。钢铁工业已由完全国家垄断成为对外开放的产业部门。钢铁厂主要分布在中央邦的比莱和比哈尔邦的詹谢普尔。

(三)纺织工业

纺织是印度主要的工业部分,其产值约占工业产值的14%,纺织品出口额约占总出口额的25%,在纺织行业就业人口达3500万人,仅少于农业就业人口。纺织工业所以发达,是因为印度是重要的棉花和黄麻生产国,原料丰富,劳动力众多。全国约有1600个纺织企业,其纱线的出品量占全世界1/4,年出口创汇约114亿美元。棉纺织工业主要在马哈拉施特拉邦和古吉拉特邦的孟买和艾哈迈达巴德。麻纺织工业集中在以加尔各答为中心的胡格利河沿岸。

(四)电子信息工业

电子信息工业起步于20世纪90年代,但在短短的20年中已取得了飞速发展,现已成为世界第二大软件生产国。2002~2003年IT业的产值已达127亿美元,出口额102亿美元。2003年IT业的产值在国内生产总值中所占比重已达2.4%,全国有60万人从事软件设计、网络服务、电子商务解决方案和业务流程外包等的生产与服务,全国有39个软件科技园。最大的电子信息工业中心是班加罗尔,其从业人员的数量已超过美国"硅谷"。世界著名的计算机工业企业如英特尔、惠普、三星、诺基亚、联想、华为等均在印度设有研发或生产中心。印度的电子信息工业中心除班加罗尔外,还有海德拉巴、孟买、科钦、浦那等。印度瑟斯是印度最著名的软件企业,它开发的跨越2000年的软件,解决了"千年虫"难题,使其享誉世界。印度电子信息产业的高度发达除印度政府予以支持外,更重要的原因在于印度拥有高水平的科技人才。印度理工学院是与哈佛大学、麻省理工学院齐名的世界著名大学。它每年3000名毕业生中有2/3被国外聘用为工程师,在美国"硅谷"创立的2000多个企业中,其中有4成是印度人创立的,而印度理工学院毕业生就占1/2。

(五)机械工业

印度目前已能生产各种机床、拖拉机、机车和车辆、内燃机、纺织机械、矿山机械等,机械设备自我装备能力达97%。其生产的纺织机械、铁路机车、柴油机、锅炉等在世界市场上有一定竞争力。机械工业中心是孟买、海得拉巴、金奈等大城市。

(六)化学工业

传统的化学工业有制酸、制碱、化肥、染料等,但近年来,制药工业取得了飞速发展,2003年其制药工业产值已达70亿美元,出口创汇额28亿美元。药品出口到美、英、德、俄、中等多个国家。其百康制药公司已成为与辉端、施乐宝、拜尔等著名制药公司齐名的企业。印度制药工业主要着重新药的研发,而不是成药的生产,因此有强大竞争力。主要制药工业中心是孟买和班加罗尔。

(七)宝石工业

印度是世界上最大的宝石切割研磨中心,从业人员约100万,按价值计算,印度生产的钻石约占世界的60%,按数量计算可占92%。钻石、祖母绿、红兰宝石、黄金饰品的出口额可达82亿美元。主要生产中心是孟买、斋浦尔等地。

二、农业

(一)农业生产概况

印度独立前是一个落后的农业国,是英国的棉花、黄麻的供应基地。独立后为了改变落后的面貌,印度政府采取了多项措施来发展农业。首先,规定了每个农户拥有土地数量的最高限额,对大地主多于限额的土地,政府出资购买分给无地少地的农民。其次,政府增加对农业的投入,对农业投资占政府财政支出不低于20%,并建立农业信贷基金,支持全民银行向农民提供低息贷款。第三,努力提高农业生产的科技水平,在全国建立了40多个农业科研机构、27家农业大专院校,大力培养农业科技人才。第四,政府通过建立农业生产合作社和农产品收购站的方式,加快农产品的销售,减少中间环节,降低交易成本,让利于农民。第五,在旁遮普邦,大力开展"绿色革命"和"白色革命"、"兰色革命",努力提高粮食、牛奶、水产品的产量,走农业生产集约化的道路。

上述措施已取得了一定的效果,其2010年粮食总产量已达2.16亿吨。但小麦、棉花等重要农产品的总产量或单位面积的产量不但少于美、加等发达国家,而且也落后于中国。例如,1986年每公顷棉花的产量中国为890公斤,而印度仅有197公斤。

纵览印度的农业生产有下列特点:

1. 自然条件优越,农作物品种多样。印度的土地面积约为2.9亿公顷,可耕地面积1.7亿公顷,占全国土地面积的54.5%,人均可耕地约0.15公顷。如此多的耕地加上地形、气候、灌溉等条件优越,对农业生产十分有利,农作物一年二熟至三熟。农作物品种有水稻、小麦、玉米、谷子、豆类、棉花、黄麻、花生、茶叶、橡胶、烟草、香料等。其中水稻、棉花、黄麻、花生、甘蔗、茶叶的产量,居世界前列。

2. 气候对其农业生产影响很大。印度大部分地区气候类型为热带季风气候,由于夏季风势不稳定,登陆时间有早有迟,极易形成水旱灾害,影响农业生产。

3. 小农成分仍占有很大比重。全国拥有1公顷以下土地的农民占农户总数的56.4%,而拥有10公顷的大农户约占2.4%,由于农户规模小,农业生产缺乏规模效益。

4. 生产效率低。1951~1965年,水稻单位面积产量的增长率仅为3.5%,棉花为2.3%;而1965~1986年,水稻的年产反而下降了31.4%,棉花下降了1.2%。造成农业生产效率低下的原因是,农业人口素质低,仍沿袭古老落后的生产方式;50%的农民生活在贫困线以下,既无能力、也无动力实行科学化的生产;农村中仍残存着"二地主"封建的土地关系,农民不愿对租种土地付出过大的成本;政府对广大农民的技术支持水平低下,农机、化肥、塑料等农业生产资料量少价高,农民无力采用。

(二)农业生产的地域类型

印度自然条件多样,各地农耕历史进程不同,因此农业生产地域类型多样。

1. 东北部水稻、黄麻、茶叶种植区

本区主要分布在西孟加拉邦、比哈尔邦、阿萨姆、奥里萨邦等地区，这里正处于恒河与布拉马普特拉河下游，地形是平原，适合水稻、黄麻生长。1998年，稻谷产量达8230万吨，茶叶8.1亿公斤，黄麻1100万包（每包180公斤）。

2. 西北部小麦、杂豆、油菜种植区

本区主要是指旁遮普邦、哈里亚纳邦、北方邦、中央邦等地，这里地处恒河的中上游，灌溉条件好，适宜种小麦、豆类和油菜。小麦产量占全国90%，1998年小麦产量为6590万吨。

3. 半岛杂粮、棉花、花生种植区

该区主要包括右吉拉特邦、马哈拉施特拉邦、卡纳塔克邦、安德拉邦和泰米尔纳德邦。本区地处德干高原，气候炎热，降水丰沛，绵黑土透水性能好，适宜棉花、花生、谷子的生长，棉花产量占全国60%，花生、烟草产量占80%。

4. 西南部稻谷与热带经济作物种植区

该区主要包括印度西南部的喀拉拉邦、卡纳塔克邦等地。本区是印度咖啡、橡胶、腰果、椰子等热带经济作物主要产区，粮食作物主要是水稻。印度橡胶产量居世界第四位，咖啡产量居世界第六位。

印度的畜牧业主要是饲养奶牛，是世界上最大的牛奶生产国。其淡水鱼的养殖仅次于中国，居世界第二位。

第四节 对外贸易及市场状况

一、对外贸易

印度从1947年独立到20世纪90年代，其对外贸易经历了从限制到激励以至促进的一个发展过程。20世纪60年代以前由于国内物资匮乏，本国产品缺乏竞争力，政府既限制出口，又限制进口，导致60年代与50年代相比，对外贸易额不升反降。60年代以后，印度政府调整了外贸政策，鼓励对外贸易发展，使对外贸易额有所增加。80年代以后，随着整体经济改革的深化，政府对对外贸易采取积极的促进措施，如免除出口关税；进口国外先进的技术的设备，提高出口产品的附加值；组建对外贸易局，由专家对企业提供咨询服务；简化进出口手续，实行对外贸易便利化，这一切均有利于对外贸易的增长。1992～1993年年底，其进出口的总额仅404亿美元，而到2002～2003年其进出口总额已超过1100亿美元。2010年进出口额为5389亿美元，其中出口额为2162亿美元，进口额3227亿美元，逆差为1065亿美元。印度对外贸易虽取得了一定的增长，但增长率远远低于世界平均水平,甚至也低于某些低收入国家的水平。1948~1970年世界贸易额增长了5倍,而印度仅增长了0.5倍;低收入国家平均增长率为6.5%,而印度仅有3.8%,而且对外贸易长期处于逆差地位。逆差形成的原因,一方面,在于印度每年需要进口大量的石油和资本货物;另一方面,也与印度对进口管理过于宽松有关。

印度对外贸易的商品结构,从进口商品看,能源、资本货物和原材料进口不断增长,而粮食和消费品进口在不断下降。1980年,能源、原材料、中间产品和资本货物占进口总量的90%以上,而粮食和消费品进口占2.5%。能源主要是石油,原材料主要是羊毛、棉花、化肥、钢铁、钻石原料和食用油。

从出口商品来看,农产品出口下降,工业制成品出口不断增长。茶叶、稻米、棉花、黄麻、鱼产品在20世纪60年代时曾占出口总额的40%,而到90年代已下降到20%。制成品主要是汽车、内燃机、工业紧固件、铸锻件、仪器、服装、皮革、药品、珠宝首饰和计算机软件。2004年各种农产品出口额合计为80亿美元,而计算机软件一项出口额就为185亿美元,钻石珠宝出口超过100亿美元,医药出口55亿美元。

印度的贸易伙伴在独立初期主要集中在英联邦的少数国家,目前已多元化。20世纪60年代主要贸易伙伴是英国和美国。80年代以后苏联成为其最大贸易伙伴,其次是亚太国家,英美地位下降。其工业品出口到发达国家的占37%,输往发展中国家占63%。当前主要贸易伙伴为美国、英国、俄罗斯、德国、阿联酋、斯里兰卡、孟加拉国、中国和新加坡等。

二、市场状况

1.人口多,市场容量大。印度拥有10亿多人口,随着20世纪90年代以后经济快速增长,人均收入也相应增加,从而使市场不断扩大,无论对资本货物、原材料、中间产品乃至消费品均有需求。

2.市场自由化程度不断提高。印度政府取消了对绝大多数商品的进口限制,降低关税,允许私人和外资进入对外贸易领域,实行在经常项目下卢布可自由兑换,因此贸易环境日趋自由化。

3.印度居民中贫困人口占比大,而年收入3万至6万卢比的中高收入阶层人口约2.5亿至3亿,亿万富翁也不少,因此对低、中、高档商品皆有需求。

4.人才素质高为对外交往和引进外资提供了高素质劳动力。

5.居民中绝大多数会说英语,有利于信息的传播和相互交流。

6.印度人喜欢素食和红、黄、黑、绿、橙等鲜艳颜色;不用左手接送东西;向女人问候应双手合十,说"纳马斯卡拉"(Namaskara,你好);不吃牛肉;商标忌"牛"

的图案。

※ 搜集、研读、分析和回答

1. 分析印度水旱灾害频发的原因。
2. 说明印度人文地理环境的特点,并说明其对经济的影响。
3. 搜集印度IT产业的发展状况,并说明班加罗尔在印度信息生产中所处的地位。
4. 通过与其他发展中国家比较,说明印度的崛起走了一条怎样不同的道路。

第十五章 "金砖国家"(三)巴西

第一节 自然与人文地理环境

巴西全称巴西联邦共和国。它位于南美洲的中部和东部,是一个海陆兼备的国家。它东部与东北部濒临大西洋,其北、西、南方向与法属圭亚那、苏里南、圭亚那、委内瑞拉、哥伦比亚、秘鲁、玻利维亚、阿根廷、巴拉圭和乌拉圭接壤。面积851.4万平方公里,是世界第五大国。从纬度看,巴西绝大部分领土都在热带,东南部的南里奥格里德州、巴拉那州位于亚热带。

地理大发现后,最早到达巴西的欧洲人是葡萄牙人卡布拉尔。他从巴西东北部的萨尔瓦多登陆后,发现这里生长着大片火红的树木,他就把登陆的这片土地称为"Brazil"(葡语,意为火红的树木)。此后巴西被沦为葡萄牙的殖民地,直到1822年才获得独立。1889年推翻帝制,成立巴西联邦共和国。独立后,首都设在里约热内卢。1960年,巴西政府出于带动内陆地区经济发展的目的,把首都迁到巴西利亚。

一、优越的自然条件,丰富的资源

巴西地形以平原、高原为主,缺少高大连绵的山脉。主要的平原是亚马孙平原,它是世界上面积最大的平原,地势低平,平均海拔均在300米以下。中部和南部为巴西高原,也是世界上面积最大的高原,平均海拔高度600米至900米。只在东南部有以"大崖壁"著称的马尔山脉。

巴西由于领土绝大部分在热带,气候类型主要是热带雨林气候和热带草原气候。全年高温,降水丰沛,年均气温多数地区都在25℃以上,即便在冬季绝对气温也无0℃以下地区,年均降水量均在1000~2000毫米。

巴西河流主要有亚马孙河、巴拉那河、圣弗兰西斯科河等。其中亚马孙河是世界水量最大、流域面积最广、支流最多的河流,全长6000多公里,仅短于尼罗河,是世界第二长河。由于河宽水深、支流众多,十分利于航行。从河口上溯,吃水4米的船只可达秘鲁的伊基托斯。但亚马孙河流经赤道附近,属热带雨林地带,地广人稀,经济相对落后,其航运、发电、灌溉功能尚未得到充分利用。巴拉那河由于流经巴西高原东南部注入巴拉那盆地,在巴西与巴拉圭接壤处,河流落差大、水流急,形成世界著名的伊瓜苏大瀑布。巴西在这一地区建有装机容量仅次于中国三峡的伊泰普水电站,装机总容量达1200万千瓦时。圣弗兰西斯科河流经巴西高原东北部,注入大西洋,所流经地区气候较为干旱,对农田灌溉极为有利。

巴西矿产资源丰富,主要有铁、锰、铝、铌、钽、铍等。其中铁矿储量居世界第三位,而且矿体品位高。铝土矿储量少于几内亚和澳大利亚。铌、钽、铍等稀有金属储量居世界首位。近年来,巴西在近海大陆架区域发现远景储量十分巨大的油田,因此有望成为南半球石油资源最丰富的国家。

巴西地势平坦,可耕地面积约3.7亿公顷,已开垦的耕地为8600万公顷,人均耕地0.6公顷,是世界上人均耕地面积较多的国家之一。为其农牧业发展提供了有利条件。

亚马孙河流域,有茂密的热带森林,面积约347万平方公里,占全国面积的41%,木材的蓄积量仅少于俄罗斯,居世界第二位,而且多经济树种,如橡胶、漆树、棕榈树等。

水力资源蕴藏量为2.19亿千瓦,少于中国、美国和俄罗斯,居世界第四位,而且大部分有待开发,主要蕴藏在亚马孙河和巴拉那河上。

二、人文地理环境

巴西人口约1.76亿,居世界第五位。全国人口中,白人约占54.4%,混血人种占40%,黑人占5.2%,印第安人占0.2%。印第安人是巴西土著居民,当巴西沦为葡萄牙殖民地后,印第安人惨遭杀戮,目前只剩18万人。他们居住在亚马孙河流域的热带森林中,仍以采集、狩猎为生。

巴西城市化水平高,城市人口占总人口的79.6%。城市化集中的地区是圣保罗州、里约热内卢州和米纳斯吉拉斯州,城市化率为83%,而西北部地区城市人口仅占47%,是经济相对落后地区。

巴西人口分布不均,东北部和东南部由于是欧洲人最早到来的地区,开发早,经济发达,人口稠密,人口密度为每平方公里55人,南部地区人口密度为每平方公里33人,而西北部地区人口密度仅为每平方公里2人～4人。

巴西90%居民信奉天主教,葡萄牙语为官方用语。桑巴舞是巴西的"国粹",每年的"狂欢节"享誉世界,吸引了大量游客。首都巴西利亚是1960年由著名建筑设计师尼迈耶精心设计,独特的城市建筑布局和奇异风格的议会大厦被联合国列为世界著名的文化遗产。

第二节 经济发展历程

一、殖民地的单一经济

二次大战前,巴西经济具有殖民地性质的单一经济特征。所谓单一经济是指在某种自然条件或自然资源的基础上,专门种植某一种农作物,生产一种农产品,或采掘某一种矿产品,供出口,以满足宗主国和国际市场的需要,经济高度依赖国际市场,产业结构畸形,经济落后。1500~1550年葡萄牙殖民者主要是在巴西砍伐"巴西木"运回国内,用以提炼红色染料。1534~1700年,在里约热内卢州、圣保罗州和东北部地区大面积种植甘蔗,出口蔗糖。17世纪末,在米纳斯吉拉斯州发现黄金和金钢石,从此巴西步入长达150年的"采金热"。1850年后,巴西开始大规模地种植咖啡,从此步入"咖啡王国"时期。1880~1912年,巴西又开始大量种植橡胶树,出口橡胶。总之,从16世纪到20世纪初,巴西经济一直是为了满足宗主国和国际市场需要的这种单一经济模式。1822年巴西独立后,也曾力图扭转和摆脱单一经济的桎梏,但直到第二次大战以前一直收效甚微,只是乘第一次大战和20世纪30年代西方国家陷入经济危机无暇顾及巴西时,巴西才开始发展了本国的纺织、制糖、食品等轻工业,减少对单一农产品出口的依赖,但基础仍然十分薄弱。

二、二战后巴西民族经济的发展

二次大战后,从20世纪40年代末到70年代初,世界上出现了一个以发展经济为主的和平稳定的时期,巴西趁此有利时机大力利用外资,引进技术和设备,努力扩展对外贸易,实施外向型经济发展战略和巩固农业基础地位并重的方针,从1948~1979年经济出现了快速地增长,GDP年均增长率高达7.2%,创造了"巴西奇迹"。1950年GDP仅为166.7亿美元,而到1988年GDP已增至357.7亿美元,人均GDP也由321美元增至2469美元,成为世界第九经济大国。但巴西在取得经济高速增长时,也因利用外资过度和对国际市场高度依赖,为20世纪80年代陷入严重的"债务危机"埋下了隐患。

进入20世纪80年代,在两次能源危机的冲击下,西方发达国家的经济纷纷陷入危机,市场需求急剧下降,高度依赖出口的巴西经济也随之跌入谷底。本国货币雷亚尔急剧贬值,国内通胀率高达1484%。又因举债过多,每年出口创汇收入的80%要用于还本付息,终于在1987年,巴西爆发了严重的"债务危机"。1987年巴西政府公开宣布自即日起停止对外还本付息,这立即引起了整个国际金融市场上巨大的震动和发达国家的恐慌。因为巴西这一举措必然导致世界许多大的银行破产,使本已陷入危机境况的西方国家处境更加艰难。英、美等国出于维护自身利益需要,采取了"债务资本化"的措施来缓解巴西的窘况,从而避免了巴西经济的崩溃。但此后,巴西经济全面下降,1990年其GDP比1989年下降了4.3%,整个80年代是巴西经济"失掉的十年"。

惨痛的教训使巴西政府认识到,必须对经济进行全面的改革。时任财政部长的卡多佐制定了著名的《雷亚尔计划》,决定改变进口替代战略,实行经济上的全面对外开放,取消对国内信息市场的保护,采取了降低关税、扩大私有化、放宽从国外引进技术的限制、压缩联邦政府的开支、增加税收等多项措施,到1993年,巴西经济开始扭转全面下滑的态势,出现了恢复性的增长。1993年GDP比1992年增长3.4%,联邦预算收入出现了盈余,对外贸易变为顺差,通胀率已由1992年的1151%下降到1997年的4.3%。1995~2002年卡多佐担任总统期间及2003年以后卢拉担任总统期间,始终坚持卡多佐的改革政策,因此巴西顺利地渡过了1997年亚洲金融危机和2007年美国金融危机的冲击,到2010年其GDP总量已达2.08万亿美元,少于美国、中国、日本、德国、法国和英国,居世界第七位,人均GDP已达11000美元,是"金砖国家"中人均收入水平最高的国家。

目前巴西经济具有下列特点:

1.已从过去具有单一经济特点的国家,变成一个工业部门齐全、体系完整、技术先进、自我装备能力不断增长的新兴工业化国家。无论是GDP总量还是人均收入水平在发展中国家中均处于领先地位。

2.产业结构日趋高级化,农业和工业的比重下降,服务业在国民经济所占比重不断上升。1990年,农业产值占GDP比重为11.6%,服务业所占比重为46.5%,而到2002年,农业所占比重已下降至7.5%,服务业上升至53.7%。

3.农业的基础地位得到了巩固。无论是粮食还是咖啡等经济作物的产量都有大幅度的增加,但经济作物可供出口、粮食仍需进口的格局没有改变。

4.债务负担严重,2004年债务余额仍有2215.2亿美元,每年还本付息压力仍然很大。

5.地区经济发展不平衡。圣保罗、里约热内卢、米纳斯吉拉斯、巴拉那等位于东南部沿海各州经济发达,人口稠密,工业集中,农业集约化程度高,而广大的北部、中部和西部内陆地区经济相对落后,人口稀少,是粗放型农业区。

6.贫富差距进一步扩大。巴西经过战后尤其是1987年改革之后的发展,无论是GDP总量还是人均GDP均有很大增长,42%的家庭已进入中产阶层,但直到2003年卢拉担任总统时,全国仍有4400万人生活在贫困线以后,约占全国人口的1/4。为此卢拉政府对穷人实施所谓"援助救助计划",国家每年投入65亿雷亚尔,对穷人进行职工培训,把穷人子女送入学校,享受教育,适当提高低收入人群的工资和享受适当的医疗补助,使45%的贫困家庭受益。到2011年罗塞芙担任总统时,贫困人口已下降到1600万人,但仍占全国人口的10%。

第三节 主要产业部门

一、工业

巴西工业起步于20世纪30年代,二战后,由于采取了引进的发展战略,从而实现了跨越式发展。目前已建成了完整的工业体系。而且许多工业部门的自我装备、自我发展的能力和主要工业产品的产量,都居发展中国家前列。其工业发展的主要特点是:

1. 起步晚,发展快。巴西工业虽然是20世纪30年代开始发展纺织、制糖等轻工业,但规模较小,现代化的工业尤其是重工业是二战后才发展起来的,比西方发达国家要晚100多年。但由于采取了"引进"的发展模式,其发展速度要比西方国家快得多。例如,汽车和飞机是20世纪60年以后巴西才开始生产的,但目前汽车产量已居世界第七位,而且是世界上主要的轻型飞机生产国。

2. 工业具有两元结构的特点,即规模大、资本和技术密集的大型工业企业与规模小、经营分散、技术陈旧、劳动密集的中小企业并存。例如,1980年职工人数不足20人以下的小企业占企业数量的80%,而它们的产值只占工业总产值的8.8%;职工人数100人以上的中大型企业,只占企业数量的4.4%,而它们的产值却占工业产值的68.9%。

3. 对外依赖性强。"引进"的发展模式虽能加快了巴西工业的发展,但也造成了巴西对外国资本、技术和市场的严重依赖。例如,外资控制巴西汽车销售的97.6%、石油生产的36.4%,一旦外资抽逃,不向巴西转让技术,巴西工业必然发生波动。

(一)钢铁工业

巴西的钢铁工业是在本国丰富的铁矿、锰矿等资源的基础上发展起来的。2010年钢铁产量为3290万吨,是拉美最大的产钢国,是世界第九大钢铁生产国。钢铁工业无论采矿、炼铁、炼钢和轧钢都很发达,产品能满足国内需要,而且还能出口。钢铁工业中心是贝洛奥里藏特和里约热内卢等地。

(二)汽车工业

汽车工业是巴西的支柱工业之一。1958年开始生产汽车,70～90年代汽车生产发展迅速,2010年产量已达340万辆,居世界第七位。巴西在使用乙醇作燃料的汽车研制和生产上处于世界领先地位。巴西本国使用乙醇的汽车已占汽车拥有量的23%,其最终目标要达到50%。巴西在圣保罗市建有世界最大的汽车用酒精工厂。但汽车生产多为外资控制,主要外资是丰田、通用、大众等西方汽车公司。

(三)航空航天及核能等高技术工业

巴西的航空航天业至今只有20多年的发展历史,但却是世界上重要的航空器生产国,尤其在轻型飞机和支线喷气客机生产上处于世界领先地位。年产各种飞机约2000架,出口到20多个国家和地区。1985年,巴西发射了第一颗人造卫星,制造了首台机器人。1975年建成了第一座核电站,是世界上第五个掌握浓缩铀技术的国家。这些新兴高技术工业主要分布在里约热内卢、圣保罗、贝洛奥里藏特、玛瑙斯等大城市。

(四)纺织、食品等轻工业

巴西农业发达,纺织、食品工业原材料供应充足。食品工业主要是制糖、粮食加工、肉类加工等。这些轻工业由于生产规模小、技术水平较低,因此布局分散,多在原料产地和消费地。

(五)采矿业

巴西的采矿业是从17世纪末首先开采黄金开始的,目前已发展为开采能源、金属砂和非金属矿等多种部门。采矿业多有外资参与,因此所产铁矿石、锰矿石多用于出口。铁矿石储量约493亿吨,主要分布在米纳斯吉拉斯州和帕拉州。矿石品位高,一般含铁率为65%以上,年产铁矿石2亿吨,80%供出口,出口量约占世界铁矿石出口量的30%,铁矿石的开采和经营主要由世界著名的淡水河谷公司所控制。

巴西铝土矿的储量少于几内亚和澳大利亚,居世界第三位,年产约1000万吨,主要分布在帕拉洲。锰矿石的开采在巴西北部阿马帕地区。石油2010年产量约1.057亿吨,居世界第十三位,年消费量中约50%的石油需依赖进口。

巴西宝石资源丰富,紫水晶、红宝石、玛瑙等宝石资源质量上乘,据统计,全球销售宝石原料65%来自巴西。

二、农业

巴西具有发展农业得天独厚的自然条件,因此在二战前农业在国民经济中一直占据主导地位。20世纪60年代以后,巴西由于大力推行工业化,农业在国民经济中所占比重不断下降,20世纪70年代以后,农业在GDP中所占比重基本保持10%左右。农业所占比重的下降,并不意味着农业在其国民经济中已不重要,农业至今仍然是巴西就业人口最多的产业部门和出口创汇的骨干,其农业产值仍居拉美各国之首。咖啡、大豆、甘蔗、柑桔的产量仍居世界第一位或第二位。二战后巴西农业的特点是:

1. 农业生产增长较为迅速,但经历了一个波动过程。

1950~1960年,巴西农业年平均增长率为4%,高于同期的法国、加拿大、美国和印度。但20世纪60~70年代,由于巴西大力推行工业化,农业增长率下降。80年代以后,巴西政府认识到农业增长缓慢不利于工业化的进展,政府开始实施一系列促进农业生产的政策,此后农业增长速度得到了提高,1994年农业增长率达到5.5%。

2. 实行粮食生产与出口创汇经济作物并重的方针,力争在不断提高粮食自给能力的基础上,扩大经济作物出口创汇能力,为工业化积累资金。

3. 实行集约化生产与扩大耕地面积并重的方针,鼓励农民不断扩大耕地面积,同时加强对农业生产的投入,走集约化的道路。

4. 农业的部门结构完整,但种值业仍占重要地位。种植业约占农业产值的55.45%,畜牧业占38.63%,林业占4.17%,渔业占1.7%。

5. 面向出口以生产咖啡、橡胶为主的大种植园主拥有大量耕地,而中小农户耕地少。占有1000公顷以上的大种植园主仅占农户总数的0.85%,而他们占有的土地却为43.8%;而耕地在100公顷以下的中小农户占89.9%,占有耕地仅有21%。大庄园主由于面向出口生产,生产集约化水平高,多为盈利者;而中小农户一般从事粮食生产,利润低,不愿进行生产投入。

(一)种植业

主要种植小麦、玉米、大豆、稻谷等粮食作物与咖啡,甘蔗、棉花等经济作物。粮食作物占播种面积的71.14%,经济作物占23.14%。2010年巴西粮食总产量为1.33亿吨,少于中国、美国和印度,居世界第四位。

1. 咖啡:是巴西最主要的农作物,从18世纪以来其产量和出口量始终居世界第一位。二次大战后,随着巴西农业生产走向多元化,咖啡种植面积在减少,在经济中的地位也在下降,但目前仍是巴西吸引劳动力最多的行业。1998年产量为345万吨。主要种植在圣保罗州、巴拉那州和来纳斯吉拉斯州,产量占全国90%。

2. 甘蔗:17世纪50年代至18世纪初,甘蔗是巴西占支配地位的农作物,目前在巴西经济中虽不占支配地位,但产量仍居世界第一位。主要种植在东北部和东南部的圣保罗州和里约热内卢州。

3.棉花：巴西是世界上重要的产棉国，产量少于中国、美国、印度、巴基斯坦和澳大利亚。但本国需求少，因此出口量大。主要种植在圣保罗州、巴拉那州和米纳斯吉拉斯州。

4.谷物及豆类作物：粮食生产中玉米产量最多，2003年达4781万吨，居世界第三位。其次是稻谷和小麦。粮食总产量2003年已达1.23亿吨，大豆产量6000万吨，当年超过美国，居世界第一位。粮食、豆类主要种植在南里奥格兰德州、巴伊亚州等新兴农业区。

(二)畜牧业

主要是养牛、养羊、养猪和养鸡。牛的存栏头数为1.77亿头，全国人口人均一头牛。猪的存栏头数为3600万头，少于中国，多于美国，居世界第二位。肉类总产量少于中国和美国，居世界第三位。养牛业主要在圣保罗州和米纳斯吉拉斯州；养猪业主要在圣卡塔林纳州；养羊性在南里奥格兰德州。

第四节 对外贸易和主要经济区

一、对外贸易

巴西无论是在单一经济时期还是实现工业化以后，对外贸易在经济中均占有重要地位。二战后至20世纪60年代中期以前，由于巴西经济处于内向化，其对外贸易曾出现过停滞。60年代以后，因为经济转向外向型，提出了"出口即出路"的口号，政府采取各种措施促进对外贸易发展，其对外贸易有了快速增长。1968～1974年期间，其对外贸易额年均增长率高达32%，1980年其出口额由60年代初的30亿美元猛增至435.8亿美元，到2010年更达到3934亿美元，居世界第二十位。

进出口商品结构不断优化。1965年以前初级产品出口占80%以上；而1987年制成品出口占68.7%，初级产品已降至30.6%。出口商品主要有运输设备、冶金产品、机械设备、化工产品和农产品。2010年其出口额为2019亿美元。

进口商品中日用消费品和一般工业制成品进口下降，燃料的原材料进口增长。钢铁、化肥、化工原料和粮食的进口比例已由60年代初占24.9%上升到36.5%。其中石油等燃料则由15.1%上升到31.5%。2010年进口额为1915亿美元。

美国是巴西最大贸易伙伴和最大外资来源国,其次是日本、阿根廷、委内瑞拉等。巴西于1974年8月与中国正式建交,建交后双方贸易增长迅速,2004年双边贸易额已达123.6亿美元,中国已是巴西第三大贸易伙伴,巴西是中国第十大出口市场。巴西从中国进口机电产品、计算机和通信器材、煤和焦炭、纺织品等;巴西向中国出口铁矿砂、大豆及豆油、钢材、纸浆、支线飞机等。两国经济合作也十分密切,如共同发射卫星和研制生产支线飞机等。

二、主要经济区

巴西领土面积广大,各地由于自然条件的差异和开发历史早晚的不同,经济发展区域差异明显。可分为发达的东南部地区,开发早而后来落后的东北部地区,尚待开发的中部、北部和西部地区。南部以白人为主的农业地区。

(一)东南部地区

该区包括圣保罗州、里约热内卢州、米纳斯吉拉斯州和圣埃斯皮里图四个州。面积占全国11%,而人口占全国44%,这里是巴西经济最发达地区。工业有钢铁、汽车、机械、电子、化工、采矿等多种部门。农业种植咖啡、棉花、甘蔗。最大城市圣保罗、前首都里约热内卢、工业中心贝洛奥里藏特、第一大港口桑托斯均在本区。

(二)开发早后来落后的东北部地区

东北部包括马拉尼昂、巴伊亚等10个州,面积占全国8%,人口占全国29%。这里是葡萄牙殖民者最早到来的地区,最初采伐"巴西木",后种植甘蔗,开采黄金,曾历经繁荣;后人口外迁逐渐落后,目前仍以农业为主。1959年巴西政府大力号召向此移民,大力发展水果种植业,目前有"新加里福尼亚"之称。本区拉丁文化色彩浓厚,也是黑人较多的地区。

(三)有待开发的中西部的北部地区

中西部包括戈亚斯、马托格罗索等3个州和1个联邦区,北部区包括亚马孙、帕拉、朗多尼亚等6个州,两者合计面积占全国64%,人口占12%。这里是热带雨林和热带草原区,人口稀少,经济落后,是尚待开发的地区。大城市玛瑙斯、首都巴西利亚位于本区。

(四)以白人移民为主的新兴农业南部地区

南部地区包括巴拉那州、南里奥特里德和圣卡塔林纳州,面积占全国6.8%,人口占15%,这里是意大利、德国和波兰移民最集中地区,以农业为主,种植咖啡、棉花、烟草、玉米和豆类。工业主要是农产品加工,如制革、纺织、酿酒等,其经济发展水平略低于东南部发达地区。

※ 搜集、研读、分析和回答

1. 什么是单一经济？并说明巴西单一经济的历程。
2. 分析20世纪60~70年代巴西经济"起飞"的条件及1887年陷入债务危机的原因。
3. 分析巴西区域经济发展不平衡的表现及形成原因。

第十六章 "金砖国家"(四)南非

南非全称南非共和国,面积122.1万平方公里,它位于非洲的最南端。西临大西洋,东南临印度洋,北部与莫桑比克、斯威士兰、津巴布韦、博茨瓦纳和纳米比亚等国接壤。莱索托王国在南非东部,四周被南非领土包围。南非地理位置重要,其领土南端的好望角,由于正处于大西洋与印度洋交界处,是超过25万吨的大型轮船来往两洋必经之地,因此具有重要的经济意义。首都为比勒陀利亚。

第一节 从"黑暗国度"向"彩虹之国"

南非旧称"阿扎尼亚"(Azania)。"阿扎尼亚"来源于阿拉伯语,意为"黑人的家园"。在1652年荷兰人占领开普敦之前,这里居住和生活的是属于班图语系的黑人——祖鲁人和科萨人。最先到达好望角的是葡萄牙人迪亚士,他于1488年在寻找到达印度新航路时到达了好望角,由于风浪巨大无法绕过,被迫返航,并命之名为"风暴角"。1652年荷兰人到达南非,并把开普敦地区占为殖民地,独自统治达150多年。当地的黑人把荷兰人称为"布尔"人。1802年英国人来到开普敦,并与布尔人发生战争。战争以布尔人失败而告终,开普敦地区沦为英国殖民地。

1899~1902年,英国人与布尔人发生了第二次战争,英国人再次打败布尔人,并占领了三块新的殖民地,至此南非全部变为英国的殖民地。1910年英国在南非建立"南非联邦"作为英国的自治领。1961年南非宣布退出英联邦,改称南非共和国。

南非从17世纪到20世纪90年代初,虽然政体几经改变,但始终由白人统治,并残酷地压迫和剥削当地的黑人是始终一脉相承的。1951年由白人总统丹尼尔·马兰制定并实施的《种族隔离法》,1952年实施的《证件法》把罪恶的种族隔离制度推向了顶峰。黑人被限定在面积只占全国12.6%的9个"保留地"中居住和生活;不能与白人一起上学、吃饭、坐公共汽车;黑人出门随身要携带60

多种证件,否则就会遭到警察的殴打或拘留;是白人还是黑人的认定不看血统只看肤色,导致某些白人被认定为黑人而遭受长期歧视的丑剧的发生。

为了反抗罪恶的种族隔离制度,以纳尔逊·曼德拉为首的黑人革命者在1944年成立了"非国大"("非洲国民大会")这一组织,领导黑人反抗白人统治者。南非当局对"非国大"进行了残酷的镇压,并于1960年宣布"非国大"为非法组织,1962年逮捕曼德拉,判他终生监禁。1976年南非当局枪杀200多名黑人小学生的"索维托"惨案震惊了世界,联合国决定对南非进行治裁,号召成员国与南非断交,并断绝一切经济与人员往来,把每年的3月27日定为世界"消灭种族隔离日"。在强大的国际舆论压力与经济治裁下,20世纪80年代南非经济几近崩溃。南非当局不得不在1990年宣布释放黑人领袖曼德拉,并承认"非国大"为合法政治组织。1994年曼德拉当选首任的黑人总统。

1996年南非制定了《南非新宪法》,最终从法律上废除了种族隔离制度,宣布在南非人人平等,无论白人、黑人或其他有色人种均享有工作、居住、选举和被选举的权利。以曼德拉为总统的黑人政府以"民族和解"政策取代种族隔离政策,并为此采取了一些具有明显"和解"象征的行动。如把原南非的国旗与"非国大"的三色旗拼合在一起,构成南非共和国的新国旗,以象征白人与黑人的和解,从而得到"彩虹国家"的称号。2005年,黑人政府更批准完全由白人运动员组成的"翅羚队"代表南非参加世界橄榄球赛。曼德拉政府这一系列民族和解政策和行动,不但获得南非各界人士的普遍支持和拥护,同时也获得得了国际社会的肯定和赞誉。从而为南非国内局势的稳定和经济的发展创造了极为有利的条件,使南非不但成为非洲经济最发达国家,也成为"金砖国家"之一。

第二节 自然和人文地理环境

一、自然地理环境

南非自然环境较为优越。地形绝大部分属于南非高原,地势起伏平缓,海拔高度1000~1600米。高原的东、西、南三面被德拉肯斯堡山脉、西开普山脉和东开普山脉所环绕。山脉内侧平缓、外侧比较陡峭,沿海地区形成狭窄的滨海平原。地势的最高点在德拉肯斯堡山脉的中段,海拔3657米。整个南非的地势是自东、西、南三面向中间和北部逐渐降低呈"簸箕形"。

南非领土几乎全部在南纬35°至南回归线之间,因此大部分地区处于亚热带。从气候类型看,中部的南非高原属于半干旱、干旱的热带草原气候,全年温暖,年降水量700~1000毫米。东北部和东部的德拉肯斯堡山脉和沿海平原由于正处于东南信风的迎风面,属亚热带和热带森林气候,全年温暖,降水量要比内陆地区为多。如位于这里的德班年平均气温在20℃以上,年降水量可达1157毫米。南部和西南部的开普敦地区,为亚热带地中海式气候,冬季温暖多雨,夏季炎热少雨。西北部属于卡拉哈里沙漠的过渡地带,虽属热带沙漠气候,但这里比北非的撒哈拉沙漠湿润,降水量在100~200毫米之间。

南非的河流有奥兰治河、林波波河等。奥里兰河发源于德拉肯斯堡山脉,全长2160公里,是南非最长的河流。上游流经湿润区,水量较大,下游流经气候干旱区、支流少、水量小,对沿途农田灌溉有重要意义。

南非矿产丰富,储量居世界前列的有黄金、铂、钒、铬、锰、金刚石、铀等。非金属矿主要有煤炭、石棉、莹石等。

二、人文地理环境

南非人口大约有4300万,由白人、黑人、混血人种和亚洲人种四部分组成。其中黑人约占总人口的70%、白人占17%,其余为亚裔人和混血人。黑人分为祖鲁、科萨、茨瓦纳等9个部族,各个部族分别居住在种族隔离时期所形成的"保留地"中。而这些"保留地"一般地形崎岖、土壤贫瘠、资源贫乏,而且面积只占全国面积的12.6%。

全国人口分布不均,人口稠密的是以开普敦、约翰内斯堡、比勒陀利亚、布隆方丹和德班等大城市为中心的地区,其他地方人口稀少。大多数居民信奉天主教和新教,部分黑人信奉原始宗教,亚裔人多信奉印度教。英语与南非荷兰语为官方语言。南非人文环境存在着下列特点:

1. 长期的殖民统治和种族隔离制度在观念和意识形态上形成的恶果一时难以消除。白人在失去统治权后,感觉自身在社会政治和经济生活中被"边缘化",因此一些白人纷纷迁往国外,从而造成南非资金和高素质人才的流失。

2. 黑人在取得政府的主政权后,虽然在法律上取得了与白人平等的地位,但由于教育水平低、缺乏必要的知识和技能,因此无法与白人进行公平的竞争。政府虽采取了一些向黑人倾斜的政策,但在短期内黑人在教育、就业等方面境况很难有大幅度改善。目前黑人劳动力的就业率只有40%,大量失业人员影响南非社会的安定,抢劫、贩毒、走私等事件不断发生。

3. 农村中的土地、城市中的工商业目前绝大部分仍掌握在白人手中,黑人达到中产阶级以上水平的只占黑人总数的10%,黑人仍处在相对贫困中。

第三节 经济发展概况及主要产业部门

一、经济发展概况

南非是非洲经济发展水平最高的国家。早在 1997 年南非的国内生产总值就占整个非洲国内生产总值的 21.95%,占南部非洲 14 个国家的 69.72%。据统计,1993 年,南非生产的电力占整个非洲的 50%、钢铁占 83%、煤炭占 97%、铁路货运量占 69%,并拥有相对完善的基础设施和相对熟练的劳动力。2010 年,南非的 GDP 总量为 4080 亿美元,人均 GDP 为 8066 美元。

南非由于是欧洲人向海外殖民发展起来的国家,因此有英国、荷兰等国资本的广泛介入,政治、技术上的充分支持,加上殖民主义者对广大黑人的暴力镇压、无情的剥削和掠夺,这一切成为它经济发展远较非洲其他国家迅速的基础。

南非的现代经济是在大力开采当地丰富的矿产基础上而发展起来的。1866~1868 年期间,英国人先后在约翰内斯堡和金佰利发现黄金和金刚石后,于是开采黄金和金刚石就成为南非的骨干产业,黄金和金刚石的产量和出口量,至今稳居世界前列。在出售黄金、金钢石丰厚的外汇收入的基础上又发展了其他工业。目前南非已拥有钢铁、有色金属冶炼、汽车、发电、食品加工、服装纺织、烟草等众多的工业部门。

南非的经济有下列特点:

1. 一直是国民经济支柱的采矿业,近年来由于资源储量渐趋枯竭、品位的下降以及成本的上升,其在国民经济中的地位也不断下降,已由 1971 年占 GDP 的 27%,下降到 2008 年 8% 左右;而以金融、旅游为代表的第三产业不断上升,2010 年其第三产业的产值已占 GDP 的 68.6%。

2. 黄金、金刚石、煤炭的开采和电力工业等基础工业仍然由少数外国资本和本国私人资本所控制。例如,以"英美公司"为首的七大公司垄断了黄金和铂的开采与冶炼;奥本海默家族的私人资产总额就占南非 GDP 总量的 10%;德尔比公司掌握了全部钻石生产,有"钻石王国"之称。南非钢铁公司和电力供应公司等国家垄断企业,控制了全国 1/5 的钢铁、采煤和发电的能力。

3. 由于采矿业支撑国民经济发展作用的下降,而纺织、服装、机械等工业在国际上尚缺乏竞争力,因此许多工厂企业不断裁减员工或宣布破产倒闭,从而使制造业在国民经济中所占比重由 1980 年的 30% 降至目前的 14%。实体经济的不景气,导致工人失业不断增加,目前成年人失业率高达 29.7%,接受政府救济的人数占全国人口的40%,如此高的失业率和救济率无疑加重了南非政府的负担。2009年祖马担任总统后,把增加就业作为政府当前最重要任务。在政府2010年制定的《新增长计划》中,提出在未来3年国家要出资12亿美元来解决就业问题,力争创造500万个就业机会。要达到上述,目标南非的GDP的增长率在今后20~30年内必须保持在6%~7%之间,这么长时期的持续高增长,无疑是南非政府一项艰巨的任务。

4.农业在国民经济中占有重要地位。南非农业产值占GDP的比重虽只有4.5%,但却是世界上重要的玉米、羊毛、蔗糖、葡萄酒的生产国。农产品在正常年景下,不但能够自给,而且玉米、羊毛、蔗糖和葡萄酒还可出口。农产品出口是南非仅次于黄金的第二大项出口商品,约占非黄金商品出口额的30%。

二、主要产业部门

(一)采矿业

采矿业在南非经济中占有特殊地位,1980年采矿业的产值占国内生产总值的13%,目前已下降到8%,但矿产品出口仍是出口商品中最大宗商品。

南非采矿业首先是从开采黄金和金刚石开始的。1866年人们首先在以约翰内斯堡为中心的"兰盆地"发现了巨大的弧形金矿带。这个金矿带东起伊万德,向西经约翰内斯堡至克鲁格斯多普,向南越过奥兰治河到达韦尔科姆,绵延达500公里。其中以约翰内斯堡为中心的中心矿区开采最早,早在1898年产量就居世界首位。直到20世纪90年代中期,其黄金产量仍占世界的21.6%。黄金出口值占整个南非出口值的40%左右。约翰内斯堡的黄金矿床品位不高(每吨原矿含金4.95克),但矿床厚度大,岩性变化小,易于规模开采。但开采生产仍属劳动密集型,开采成本高。南非黄金的开采几乎全部为"英美公司"控制。铀是黄金开采的副产品,从黄金尾矿中提取,1996年产量为1700多吨,主要为西方国家提供核原料。

南非的金刚石矿床是1860年在奥兰治河畔霍普敦发现的,以后陆续在金佰利和比勒陀利亚附近找到金刚石岩筒,并开始进行工业化开采。其产量少于刚果(金)和俄罗斯,居世界第三位。但南非的金刚石多"宝石",因此其价值远远大于刚果(金)和俄罗斯。1996年产量达9940万克拉。

南非煤炭资源丰富,远景储量为1155亿吨,已探明储量为550亿吨,占非洲煤炭量的80%。煤炭主要分布在纳塔尔省北部,2010年开采量约2.57亿吨,居世界第七位,出口量1.6亿吨,是世界第六大煤炭出口国。

铂、铬、钒等金属主要储藏在德兰士瓦省中部吕斯腾堡至莱登堡一线,长约300公里。铂的产量居世界第一位;钛的产量是世界第二,开采中心是吕斯腾堡。

(二)制造业

南非的制造业起步于为采矿业和农业服务的部门,如发电、机械、冶炼、化工、运输和农机等,以后又发展了与居民生活密切相关的纺织、服装、食品、制糖、酿酒、肉类和水果加工等轻工业。20世纪90年代以后又发展计算机等电子信息产业。但从1986年开始,制造业人数不断减少,在GDP中所占比重不断下降,已由1980年30%下降到目前的14%左右。

1. 能源工业

除采煤工业外,火力发电是南非电力供应的主要来源,约占全部发电量的92%,电力工业主要由国有埃斯科姆电力公司所控制。发电量约占非洲发电量的1/2。所发电力除供本国消费外,还输往莫桑比克、津巴布韦等6个国家。

南非缺少石油、天然气,是从20世纪50年代起就用煤炭人工合成燃油和煤气的国家,因此合成燃料的生产技术水平处于世界领先地位。少量石油开采主要位于厄加勒斯角附近的布雷杰斯多普,日产原油约2万桶。

2. 冶金和机械制造业

冶金工业主要包括钢铁及贱金属的冶炼业。2010年产钢铁约760万吨,钢铁生产由南非钢铁公司控制,它拥有10座铁矿和4个钢铁厂,由于运费、原材料、劳动力成本低,南非钢铁产品在国际市场有竞争力,出口到欧美、中东和非洲的50多个国家和地区。钢铁生产主要集中在以约翰内斯堡为中心的工业带,如比勒陀利亚、弗里尼欣等地。

机械工业主要生产汽车、船舶、采掘机械、农业机械、发电设备、军火等。年产轿车和商用汽车约30万辆。南非是南半球最大的军火生产国,从轻型武器到飞机、导弹等均能生产。机械工业主要集中在约翰内斯堡、比勒陀利亚、弗里尼欣、斯普林斯等地。

化学工业最早生产为采矿所需要的炸药,近年来也大量生产化肥和一般化工产品,主要生产中心是约翰内斯堡和布隆方丹。

水果和酿酒工业主要在开普敦,南非是世界八大葡萄酒生产国之一。

二、农业

南非的现代经济虽然是以采矿业和制造业的兴起而发展起来的,但农业在国民经济中仍占重要地位。全国农业就业人口约100万,占全国就业人口的13%,农业产值约占国内生产总值的4.5%,农产品出口创造了非黄金外汇收入的30%。在1994年新南非政府成立前,国内大部分耕地为白人农场主所拥有,他们从事规模化的商品生产,而广大黑人由于无地或少地,只能从事维持家庭生计的生产。新南非政府成立后,政府通过实行赎买政策,购买白人超量的土地,分给无地和少地的农民,以调动农民的生产积极性,目前已取得一定成效。

南非的种植业主要种植玉米、小麦、大麦、高粱、葵花籽、花生、烟草等农作物。其中玉米种植面积最广,约占全部耕地的36%,年产量约850万吨,除本国消费650万吨外,其余可供出口。玉米主要种植在德兰士瓦省和奥兰治区东起埃尔默诺、西至勒斯腾堡、南抵莱迪布兰德的三角地带,产量占全国70%,有"玉米带"之称。其他如蔗糖、葵花籽也是主要出口农产品。葡萄主要种植在西开普省,南非是世界重要的葡萄酒生产国和出口国之一。

南非的畜牧业主要是养牛和养羊。养牛业与玉米的种植区一致。养羊业分布普遍。南非是世界四大羊毛出口国之一,羊毛是仅次于玉米的第二大出口农产品。南非利用它与北半球季节相反的规律,在其夏季大量生活蔬菜出口到欧洲市场。南非虽然海岸线长,但对海洋生物实行保护政策,因此捕鱼业主要在西部大西洋水域从事远洋冷水鱼的捕捞,年捕获量约60万吨。

第四节 对外贸易与主要经济

一、对外贸易

对外贸易在南非经济中占有重要地位。2010年其进出口总额为1620元,其中出口额为818亿美元。

出口商品以矿产品和农产品为主。制成品出口主要面对非洲国家,约占制成品出口的70%。从其出口商品构成看,农产品出口约占出口总值的9.4%,矿产品占15.8%,宝石、半宝石、珍珠、贵金属占11.8%,贱金属占18.3%。纯金出口是南非赚取外汇的最主要商品,其他矿产品有煤炭、铬铁矿、锰、石棉、花岗岩等。

进口商品主要是机械设备、汽车零部件、药品和工业用化工产品、原油、服装和纺织品。

南非的贸易伙伴主要是南部非洲关税同盟的成员国,即莱索托、斯威士兰、博茨瓦纳,约占出口额的2/3;欧盟是南非在发达国家中最主要的贸易伙伴,美国是南非第二大投资来源国。与亚洲的贸易主要是在日本、中国、马来西亚、印尼之间进行。中国于1993年与南非正式恢复贸易关系,到1998年双边贸易额已达15.58亿美元。中国向南非出口的商品主要是农用机械、电动设备、电子产品、化工用品等。中国从南非进口的主要商品是铁矿砂、铬矿砂、钻石、煤炭、采矿设备、羊毛、纸浆等。南非是中国在非洲最大贸易伙伴,中国工商银行已成功收购南非国家银行20%的股权。

二、主要经济区

南非面积广大,各地区经济差异明显,但经济发达,人口稠密主要集中三大区域。

(一)中部区

中部区主要是德兰士瓦省中部、奥里治省东部地区。这里地形是高原,地势起伏平缓,气候为亚热带湿润气候,水热条件对农业生产有利。这里是玉米种植区,玉米产量占全国70%。以约翰内斯堡为中心的"金弧带"正在本区,金、铂、铬、钒、铀、煤炭等矿产十分丰富。本区最大工业中心是约翰内斯堡,首都比勒陀利亚、司法首都布隆方丹都在本区。工业主要是采金、机械、汽车、化工、采煤和纺织、服装、食品等轻工业。

(二)南部区

南部区主要是指开普省南部的沿海地带,地形为丘陵与谷地相间分布,气候为典型的亚热带地中海式气候,冬季温和多雨,夏季炎热少雨。由于这里是欧洲殖民者最早到来的地区,灌溉农业发达,盛产小麦、葡萄、柑桔等农产品;工业以轻工业为主,重工业主要是造船和炼油。最大城市和工业中心是开普敦,它是南非第二大城市,仅次于约翰内斯堡;它也是南非第二大港口,仅次于德班。

(三)东部区

东部区主要是指德拉肯斯堡山脉以东、纳塔尔省东部的沿海平原地区,气候为亚热带湿润气候,农业主要种植甘蔗、香蕉、菠萝等,工业中心是德班和伊利莎白。主要工业部门是造船、炼油、化工和食品。德班是南非最大港口;伊利莎白是本区第二大港口,工业有汽车、纺织和轮胎制造等。

※ 搜集、研读、分析和回答

1. 搜集南非在"种族隔离时期"白人对黑人的迫害与限制的种种恶行,并分析其对南非经济社会发展所造成的危害。
2. 分析曼德拉政府如何使南非从"黑暗世界"变为"彩虹国度"的。
3. 说明南非矿产资源的现状,并说明采矿业在南非经济中的地位。

第十七章 地广人稀的资源大国——澳大利亚和加拿大

第一节 澳大利亚

一、地广人稀的年轻国家

澳大利亚的全称是澳大利亚联邦,它位于太平洋与印度洋之间的澳大利亚大陆上,其领土除澳大利亚大陆外,还包括位于澳大利亚东南端的塔斯马尼亚岛及大陆周围的许多小岛,总面积约769.2万平方公里,是世界第六大国。从纬度看,澳大利亚大部分领土位于10°S~40°S之间,南回归线穿过大陆中部,因此澳大利亚绝大部分地区在热带和亚热带,温带面积很小。澳大利亚现有人口约2000万,是世界各大国中人口最少的国家,人口平均密度仅每平方公里2.6人。澳大利亚人口还有下列特点:

1.居民中主要是英国移民的后裔,外来移民之多,在世界各国中比较罕见。1788年1月,英国航海家菲利普首先率领1030位英国移民抵达悉尼定居,其中736人是流放犯。1788~1860年入境净移民人数达96万人。二次大战后,澳大利亚为加快资源的开发,采取鼓励向澳移民的改革,1946~1970年净移民人数已达211.6万人。

2.居民因以白人为主,当地土著人日渐减少。在欧洲移民到达澳大利亚之前,当地有土著居民30多万。欧洲移民到来之后,由于英国人实行"白澳政策",大肆屠杀当地的土著居民,土著居民急剧减少,目前只剩下2万人,居住在北部热带丛林所谓"特居地"中。

3.人口增长快。1901年澳大利亚联邦刚成立时,全国人口仅382.5万人,而1947年已增至760万人。二战后,随着外来移民的增多,人口增加更快,1980年增至1480万人,目前全国约2000万人。

4.人口分布不均。90%的人口居住在东南沿海距海岸120公里的范围内。

其中新南威尔士和维多利亚两个州面积占全国13.4%,而人口却占全国60%以上。悉尼和墨尔本两大城市人口就占全国40%,而西澳州和澳北区面积占全国50.4%,而人口只占全国10%左右。

5. 城市人口占比大,城市人口占全国85%以上,主要城市除悉尼、墨尔本两大城市外,其他城市如珀斯、布里斯班、阿德莱德等。

澳大利亚是一个年轻的国家,所谓年轻,是指澳大利亚1931年才真正摆脱英国的殖民统治,开始享有"宪法权力",成为一个真正独立的国家。在此之前自1768年英国航海家詹姆斯·库克到达澳大利亚,并宣布这里是英国的领土开始,英国在澳大利亚先后建立了昆士兰、新南威尔士、维多利亚、塔斯马尼亚等6块各自独立的殖民地。19世纪末,6块殖民地要求摆脱英国的统治,1901年获准独立,成立了澳大利亚联邦,但仍属英国的自治领。享有行政权力,但无宪法和外交权力。直到1931年第一次大战后,日渐衰落的大英帝国才允许澳大利亚真正独立。

澳大利亚自1901年建立联邦成为自治领时起,就沿袭了英国三权分立的政治体制。总督是国家名义元首,总督由总理推荐、英国女王任命,代表女王行使女王授予的职权,但不拥有任何行政权力,任期五年。

政府由总理和各部部长组成。总理是国家真正的行政首脑,享有真正的决策权。总理由在议会中取得多数席位的政党领袖担任。他有权任命各部部长和解散议会,并举行大选。

议会分为参、众两院。参院议员由各州选出,每州10人。众院议员由居民直选。众院享有立法、审查预算、监督政府等权力。

司机机构由州法院、联邦法院和最高法院等组成,最高法院的法官由司法部长推荐、总理任命。

二、古老而孤立的大陆,独特的自然环境

澳大利亚大陆是世界上面积最小的大陆,但也是世界上最古老的大陆,从海底隆起形成陆地至今已有10亿年的历史。其孤立性表现在,由于它四面环海,除与亚洲离得较近外,与非洲、美洲、南极洲等都很远,因此也是欧洲人发现最晚的大陆。这种古老性和孤立性无疑会对澳大利亚自然地理环境和国家历史的形成和演变产生一定的影响。例如,表现在生物上的独特性和古老性,国家历史的短暂而年轻。

澳大利亚自然地理条件比较优越。地形以平原、高原为主,缺少高大而连续的山脉。平原主要分布在大陆中部,平均海拔200米以下,平原中部的埃尔湖地区,地下水丰富,被称为"大自流盆地"。平原以东是海拔1000米以下的大分水

岭和沿海平原,大分水岭虽为山脉,但由于高度低、不险峻,对陆上交通和海上水汽进入内陆并不构成障碍。平原以西是高原,海拔一般在500米左右,但由于深居内陆,地表多为荒漠草原和沙漠,是人口稀少地区。

澳大利亚气候的特点可概括为"热"、"干"两字。"热"是由于南回归线穿过澳大陆中部,澳大利亚绝大部分地区在热带和亚热带,只有南部的塔斯马尼亚岛处于温带。因此其气候类型,北部和东北部沿海地区为热带雨林气候,广大的中部和西部为热带草原和热带沙漠气候,东南部沿海为亚热带湿润气候,西南部沿海为亚热带地中海式气候。气候温暖,生长期长,是澳大利亚农牧业发展的有利条件。"干"是由于南回归线穿过大陆中部,澳大利亚大陆中部和西部的广大内陆地区常年受到副热带高气压带和东南信风带控制,下沉气流和离岸风不易形成降水,所以中部和西部为热带沙漠气候,也使澳大利亚成为世界各大陆中年均降水量最少的地区。但南部地区人口密集,降水丰沛,气候温暖,有利于其经济的发展。

澳大利亚由于气候干旱,降水少,所以地表水缺乏,难以形成大河、长河。最大的河流是墨累—达令河,全长3490公里。但澳大利亚地下水丰富,北起昆士兰州,向南经新南威尔士州至南澳州,总面积达177万平方公里的地区存有丰富的地下水,而且承压水占75％,形成著名的"大自流盆地"。

澳大利亚矿产资源丰富,主要有铁、铝土、铅锌砂、黄金、铀、煤炭、金红石、锆石等。其中铝土矿储量居世界第二位,铁砂储量居世界第四位,金红石、锆石储量居世界第一位,是南半球煤炭最丰富的国家。

澳大利亚生物资源表现为古老性与独特性。如鸭嘴兽、袋鼠等都是世界最古老的动物;代表树种是桉树。

澳大利亚虽四面环海,除东南部海岸比较曲折外,大部分海岸平直,因此缺乏良港,尤其位于其东北部的大堡礁对海上航行构成巨大屏障。

三、经济发展概况

澳大利亚是一个后起的发达国家。2011年其国内生产总值为1.49万亿美元,居世界第12位,人均产值已超过6.5万美元。但纵观澳大利亚经济发展历程,不难看出,澳大利亚现代工业经济不但起步晚,而且经历了从殖民地性的单一经济向现代经济转变的过程。18世纪90年代,英国鉴于国内毛纺织工业原料不足,就开始向澳大利亚大量移民,把澳大利亚作为养羊基地,从西班牙引进优质的美利奴羊,向英国本土出口羊毛。从19世纪20～50年代,养羊业是澳大利亚最重要的产业部门,因此被称为"骑在羊背上的国家"。

1851年墨尔本地区发现黄金,澳大利亚又开始了采金热,黄金的产量曾占到世界的38.6%,以后随着黄金资源的枯竭,澳大利亚又转向种植小麦等农产品。这种以矿产品和农产品出口为主,满足国际市场需要的经济模式一直延续至今。

第二次大战期间,英、美等国利用澳大利亚远离战场、相对和平的环境,把它作为军需品的生产基地,从而促进了钢铁、化工、机械、食品加工等现代工业的发展,到1942年,工业产值已达工农业总产值的3/5。二战后随着外资的大量涌入,澳大利亚政府加速产业结构的调整,工业产值已上升至工农业总产值的80%,初步形成了部门比较齐全的工业体系。

分析澳大利亚当前的产业结构、对外贸易的商品结构和产业的地区分布,澳大利亚当前经济有下述几个特点:

1. 外国资本占有重要地位,主要投资国是日本、美国和英国。投资产业是采矿、冶金、化工、机械等部门,目前外资占国内资本构成的20%。

2. 经济区域发展不平衡。工业、农业和交通运输业主要集中在东南部地区,即从布里斯班到阿德莱德的弧形沿海地带。而广大的中部、西部和北部则只有零星的采矿业和粗放的农牧业。

3. 对外贸易具有发展中国家特点,即出口以农矿产品和粗加工制成品为主,进口以机械设备和深加工成品为主。

4. 国民经济为本国和外国垄断财团控制,国内财团为悉尼财团和阿德莱德财团,外资主要是日本、美国和英国的资本。

四、主要产业部门

(一)采矿业

澳大利亚矿产种类多、储量大。战后其采矿业的产值已超过农牧业,约占GDP的10%左右,而矿产品出口占出口总额的40%,澳大利亚已由"骑在羊背上的国家"变为"坐在矿车上的国家"。

铁矿开采是二战后澳大利亚采矿业发展最快的部门,2001年铁矿砂产量为1.7亿吨,80%供出口,出口量约占世界出口量的36%。澳大利亚铁砂具有品位高,含铁率50%~60%;埋藏浅,可露天开采,成本低的优势。铁矿开采主要在西澳洲的皮尔巴拉、哈默利斯、纽曼和塔斯马尼亚岛。所产铁矿石主要出口到日本、中国和美国。铁矿石开采和出口主要由力拓和必和必拓两大公司控制。

铝土矿的储量占世界35%,产量占世界1/3以上,所产铝土一半以上供出口。主要产地在约克角半岛的韦帕和澳北区的金佰利等地。

澳大利亚是南半球煤炭资源最丰富的国家,2010产量为4.23亿吨,少于中国、美国,居世界第三位。煤炭大部分出口,年出口量1亿吨,是世界上最大煤炭出口国。煤炭开采主要在新南威尔士州的悉尼和昆士兰州的鲍恩。

黄金的开采始于19世纪中期,20世纪80年代开采黄金曾达到170吨。黄金开采主要在西澳州的卡尔古利。

(二)制造业

澳大利亚的制造业具有起步晚、内向性、小而全、分布集中、外资占比大等特点。起步晚,是指澳大利亚的钢铁化工、机制、汽车等现代工业是二次大战中或二战后才发展起来的,比英、美等西方发达国家要落后将近一个世纪。内向性,是指澳大利亚的加工工业其产品往往是满足国内市场需要,在国际市场上除食品、饮料和以资源为基础的加工产品外,一般缺乏竞争力。小而全,是指工厂规模小,75%工厂工人数为25人以下的小企业,而且布局分散。由于企业规模小,因此从产业结构分析,多数为资源的简单再加工,如食品是其最大工业部分,而机械设备等深加工部分远较其他西方国家落后。分布集中是指主要制造业的企业多数分布在东北、东南和西南沿海地带的少数大中城市,如悉尼、墨尔本、布里斯班、阿得莱德,珀斯等地。对外资依赖大,是指食品、机械、化工、电子电器、汽车等工业外资占比很大,外资主要是日本和美国资本。

钢铁工业:本国丰富的煤铁资源为澳大利亚发展钢铁工业提供了有利条件。2010年其钢铁产量为730万吨。主要生产不锈钢和各种特种钢材,钢材主要供出口。钢铁工业的中心是纽卡斯尔—悉尼—肯布拉港一线。

有色金属冶炼,主要是以炼铝、铜、铅锌为主。所产氧化铝80%供出口。铅锌的冶炼在皮里,铜产在艾萨芒特而在汤斯维尔冶炼。

机械工业主要生产汽车、船舶、飞机、机车和农机、机床。2010年生产汽车20万辆,汽车生产主要中心是悉尼和墨尔本。墨尔本是飞机制造中心,能生产军用和民用飞机。

化学工业主要以石油化工为主,生产化肥、塑料、药品和化妆品及合成橡胶。工业中心是悉尼、墨尔本。

食品工业是澳大利亚最大部门,主要是肉类和奶类加工、制糖、面粉、烟草、酿酒等工业。工业中心是悉尼、墨尔本、阿得莱德等。

(三)农牧业

澳大利亚是一个农牧业十分发达的国家,也是世界上重要的农畜产品出口国。其农牧业有下列几个特点:

1. 农牧业稳定增长,种值业比重上升,畜牧业相对下降。农业稳定增长既表现在种植面积的扩大,也表现在产量的增长。如20世纪80年代小麦的种植面积比1950年扩大了2.4倍,而产量增长了2.7倍。

2. 集约化的家庭农场占主要地位。家庭农场占农场总数的90%,农场职工为家庭成员,雇工只占农业从业人员的15%。

3.农牧业生产高度专业化、现代化和社会化。专业化是一个农场主要专门种植或饲养一两种农作物或牲畜;社会化是施肥、灭虫、剪毛等环节由专门的公司承担;现代化是指耕种、收割、剪毛、烘干、运输都使用机械。

4.农牧业生产受气候和国际市场需求变化的影响大,常常使产量发生大幅度波动。影响澳大利亚农牧业的气候主要是大面积的旱灾,如1982~1983年,澳大利亚曾发生大面积的旱灾,当年使农产品出口减少了5亿澳元。20世纪60年代以后,由于化学纤维的广泛使用,澳大利亚羊毛出口量减少,1980年与1970年相比,澳大利亚羊毛减产了26.7%。

5.农牧产品主要面对国际市场,产品的出口率高。20世纪80年代中期,其小麦、蔗糖、羊肉、羊毛的出口量分别占其产量的99%、79%、36%和93%。

6.国家加强对农牧产品销售的干预,如给予补助,成立各种中介机构为农场主提供市场信息和服务,规定最低保护价等,以维持农牧业生产的稳定。

7.国家鼓励农场的兼并、重组,以扩大农场规模,提高效益。所以在耕地面积扩大的同时,农场数目并没有增加。

种植业。主要种值小麦、大麦、玉米、水稻、甘蔗、棉花和烟草。其中小麦是种植面积最广、产值最大的农作物,小麦产值约占种植业产值的40%,所产小麦80%以上出口,是世界上第四大小麦出口国。小麦种植在昆士兰州中南部向南经新南威尔士州中部,维多利亚州北部、西北部,南澳州北部到西澳州东南部的弧形地带。水稻种植在灌溉条件好的马兰比季河流域,出口量也居世界第四位。甘蔗主要种植在昆士兰州和新南威尔士州北部。水果主要种植苹果和葡萄。苹果种植在塔斯马尼亚岛,葡萄在墨累河流域。

畜牧业约占农业产值的60%,主要是养羊和养牛。以养羊为主,全国羊的只数约为1.5亿只,所产羊毛80%供出口,品种为优质的美利奴羊。养羊业主要分布在内陆干旱的草原地带和东南、西南沿海地带。内陆地区的养羊业以粗放经营为主,主要是放牧;而东南沿海和西南沿海为集约化的围拦人工饲养。

养牛业主要以肉牛为主,存栏头数约2300万头。肉牛主要分布在北部的昆士兰州,奶牛主要在东南部的新南威尔士州和维多利亚州。

五、对外贸易

对外贸易在澳大利亚经济中占有主要地位,因国内市场不大,产品主要靠外销。多年来外贸收入约占GDP的35%左右。2010年对外贸易额为4140亿美元,其中出口额为2123亿美元,进口额为2016亿美元。农牧产品和矿产品是其骨干的出口商品。农畜产品主要是小麦、羊毛、蔗糖和肉类。其中羊毛出口量约占世界出口量的1/4,是世界出口羊毛最多的国家。所产小麦80%供出口,是仅少于美国、加拿大和法国的世界第四大小麦出口国。20世纪80年代末蔗糖出口量曾居世界第二位。

出口的矿产是铁矿砂、煤炭、铝土、铅、锌、铀等有色金属和稀有金属。近年来钢材、一般运输设备、化工设备等制成品出口也不断增加。

澳大利亚进口商品主要是制成品,约占进口额的80%,主要是机械设备、化工产品、特殊钢材、燃料和日用消费品。

二战前英国是澳大利亚最大的贸易伙伴,战后其贸易伙伴走向多元化。尤其亚太地区的中国、日本、韩国是澳大利亚铁矿石、煤炭的重要买主。美国则是其机械设备的重要供应者。其他贸易伙伴有新西兰及东盟各国。

六、行政区域和城市

澳大利亚的行政区划是由原来英国的6块殖民地演变得来的。全国分为6个州,2个区。6个州是东部自北向南有昆士兰州,首府是布里斯班;新南威尔士州,首府悉尼;维多利亚州,首府黑尔本;南部有南澳州,首府阿德莱德;西部有西澳州,首府为珀斯;塔斯马尼亚州,首府为霍巴特。两个区是首都直辖区和澳北区,澳北区的首府达尔文。首都是堪培拉。

主要城市有:

堪培拉,首都,人口约30万,依山傍水,光景秀丽,是澳大利亚政治、文化中心、交通方便,铁路、高速公路通往主要大城市。市区有大学、图书馆、天文台和航天跟踪站等设施。

悉尼,位于澳大利亚东南杰克逊湾内,全国最大城市,最大海港和航空港,经济、贸易、交通中心。港口水深,装卸设施完善,年吞吐量约2500多万吨,出口羊毛、小麦、肉类、煤炭。驰名世界的"帆船歌剧院"就在这里。

墨尔本,澳大利亚第二大城市,以当时的英国首相的名字命名。位于澳大利亚东南部巴拉河入海口处。工业发达,主要是汽车、炼油、纺织、飞机制造等。主要是农畜产品出口港,是澳大利亚最大集中箱吞吐港。

布里斯班是澳大利亚第三大城市。以新南威尔士总督的名字命名。位于布里斯班河下游,距河口22公里。工业以机械、汽车、制糖、肉类加工、纺织等为主。

第二节 加拿大

一、从英法殖民地到独立国家

加拿大的全称是加拿大联邦。位于北美洲北部,三面环海,东临大西洋,西临太平洋,北临北冰洋,东北隔巴芬湾与格陵兰岛相望,西北邻美国阿拉斯加州,南邻美国本土。面积998.4万平方公里,仅少于俄罗斯,是世界第二大国。

加拿大从是英国和法国的殖民地到形成一个真正享有宪法主权的独立国家,经历了漫长的发展过程。16世纪以前,加拿大是土著的印第安人和因纽特人生活的地方。地理大发现后,即从16世纪起,法国和英国开始入侵加拿大,把加拿大变为它们的殖民地。最初的英法移民主要居住在西起苏必利尔湖口的苏圣玛丽,东至魁北克的五大湖和圣劳伦斯河沿岸,主要以法国移民为主。后来随着英国在北美13州(即现在美国的新英格兰地区及大西洋沿岸北部各州)殖民势力的增强,英国移民开始进入加拿大,最终于1763年取代了法国在加拿大取得统治地位。

1867年英国议会通过了《英属北美法》,决定把英国在加拿大的4块殖民地,即现在的魁北克省、安大哈省、新不伦瑞克省和斯科舍省组成一个联邦国家,定名为"加拿大自治领"。自治领并非一个真正独立的国家,英国仍掌握加拿大宪法权、最高司法权和外交权。

19世纪70年代以后,位于西部的不列颠哥伦比亚省(BC省)、艾伯塔省、马尼托巴省、萨斯喀彻温省和位于东部的爱德华王子岛先后加入加拿大联邦,加拿大完成了领土从大西洋到太平洋的扩展与统一。第一次大战后,加拿大以一个独立国家身份参加了"巴黎和会"签署了《凡尔赛公约》,取得了独立的外交权,1926年英国议会通过了《贝尔福公报》,公开宣布各联邦主体之间是平等的,互不隶属。但加拿大修改宪法的权力仍属于英议会。二次大战后,随着大英帝国的瓦解,1982年英国议会终于同意加拿大政府收回宪法权力,加拿大才真正取得了完全的独立。

加拿大自始至终实行三权分立的政治体制。总督是名义元首,行政权属于总理统领下的内阁,立法权属于参、众两院,司法权属于联邦法院和地方法院。

加拿大行政区划有10个省和3个地区。10个省分别为安大略省、魁北克省、不列颠哥伦比亚省、艾伯塔省、马尼托巴省、萨斯喀彻温省、新不伦瑞克省、新斯科舍省、纽纷兰省、爱德华王子岛省;3个地区是育空地区、西北地区和努纳武特地区。首都是渥太华。

二、自然与人文地理环境

加拿大三面环海,海岸线长达2.8万公里,但由于纬度高,大部分海域结冰期长达半年以上,不利于航行。仅西部太平洋沿岸由于受暖流影响,港口不结冰,如温哥华、鲁珀特王子港均属于不冻港。大西洋沿岸只有哈利法克斯和圣约翰为不冻港。

加拿大地形分为三个南北向纵列带。东部为拉布拉多高原和阿巴拉契亚山脉;中部为平原,也称大草原;西部为高大的科迪勒拉山系。平原和高原是地形的主体,约占全国面积的51%。中部的平原不但水草丰美,而且多湖泊,水资源丰富。

加拿大的领土几乎全部在49°N以北,纬度高,气候寒冷是其突出特点。北部为极地冰原和苔原气候,面积约占全国1/3;苔原气候以南为亚寒带针叶林气候;中部平原的南部、五大湖及圣劳伦斯河沿岸为温带大陆性气候;西部太平洋沿岸由于受阿拉斯加暖流的影响,为温带海洋性气候。

加拿大河流、湖泊众多,水和水力资源丰富。主要河流有马更些河、育空河、圣劳伦斯河等,除圣劳伦斯河具有航行意义外,其他河流由于结冰期长,沿途人口少,多数不具有航行和灌溉意义。湖泊众多,而且多是淡水湖,除美、加共有的五大湖外,还有大熊湖、大奴湖、温尼伯湖等。

加拿大自然资源丰富,森林面积约440万平方公里,仅少于俄罗斯和巴西,居世界第三位。矿产资源种类多、储量大,主要矿产有煤炭、石油、天然气、铁、镍、铝、铅锌、黄金、铂等。东部的纽芬兰岛附近海域,由于处于寒暖流交汇处,鱼类资源丰富,是世界四大渔场之一。水力资源蕴藏量约9000万千瓦,水力发电占全国发电量的70%。

加拿大现有人口3227万,是一个地广人稀的国家,人口平均密度为每平方公里3.1人。人口分布不均,人口密集的地区是南部美国与加拿大交界处以及太平洋沿岸地区,而广大的中部和北部人口稀少。城市人口占比大,约占77%。

加拿大原始土著居民是印第安人和因纽特人,但目前土著居民已经不多,只居住在北部和西部山区。加拿大现有居民多是欧洲移民的后代,主要是法国、英国移民的后裔。法裔居民主要居住在东部的魁北克省,而英裔居民多生活在安大略省、艾伯塔省、马尼托巴省、萨斯喀彻温省、BC省、新不伦瑞克省等地。英裔居民占全国人口的45%,法裔占29%,其他移民有德国人、意大利人、印度人等。华裔居民多生活在温哥华、多伦多等大城市。

加拿大的官方语言是英语和法语。但在魁北克省,法裔居民区最好使用法语,而在安大略省、BC省等英裔居民区使用英语。

加拿大面积大,人口少,劳动力相对缺乏,因此多年来加拿大采取鼓励移民进入的政策,设有"技术移民""投资移民"等移民方式。但2012年由于经济的不景气,加拿大对上述移民政策已暂停,但鼓励"教育移民"进入。

枫树和枫叶是加拿大喜欢的树种和图案。

三、经济概况

加拿大是一个后起的资本主义国家,由于具有广袤的土地、丰富的资源、稳定的国内政治环境、毗邻美国等地理优势,因此经济发展十分顺利。2011年其国内生产总值已达1.737万亿美元,居世界第11位,人均GDP超过5万美元。

建立联邦之前,加拿大经济以渔业、林业、狩猎业为主,建立联邦之后,尤其是1880~1885年连接太平洋与大西洋的铁路修通之后,促进了采矿、钢铁、造纸、木材加工等工业的发展,但直到二战前仍然是以农业、渔业、林业、采矿业为主的国家。二战后,加拿大与美国的经济联系日益密切,在美国侵朝和侵越战争期间,美国为了充分利用加拿大各种资源,开始向加拿大大量进行投资,并转让技术,输出人才,从而促进了加拿大经济迅速发展。在20世纪50~70年代,加拿大的GDP年均增长率高于美、英等国,仅低于日本和德国。进入20世纪90年代,当西方国家普遍经济增长缓慢时,加拿大仍保持了每年4%的经济增长率。

纵观加拿大经济发展历程,其经济有下列特点:

1. 对美国经济依赖性大。目前加拿大70%的外资来源于美国,美、加互为最大贸易伙伴,加拿大很多大型企业是美国的子公司。

2. 从国民生产总值、人均产值、劳动生产率、社会保障水平等项经济指标分析,加拿大是一个发达国家,而以农矿产品出口为主的对外贸易商品结构则属于发展中国家。

3. 对外贸易在国民经济中占有重要地位,对外贸易依存度在40%以上。

4. 区域经济发展不平衡。安大略省、魁北克省、BC省、艾伯塔省是最发达地区,四省产值占全国生产总值80%以上,而育空、西北地区仍以林业、采矿业为主,经济相对落后。

四、主要产业部分

(一)农业

加拿大虽然领土的一半面积为海拔500米以下的波状高原和平原,但由于纬度高,年积温低,生长期短,因此宜农耕地和永久牧场只占全国面积的8%左右,而且集中分布在草原三省的南部、五大湖和圣劳伦斯河沿岸,大约49°N～53°N之间。农业产值只占GDP的2.3%左右。

加拿大农业具有下列特点:

第一,人均耕地多,生产效率高。加拿大虽然宜农耕地不多,但由于人口少,因此人均耕地2.1公顷,居世界首位。加拿大每个农场拥有的耕地约在300公顷左右,而且实行机械化生产,因此效率高,其人均粮食的产量,仅少于美国,居世界第二位。

第二,农业生产专业化。粮食生产主要集中在中部草原三省,仅萨斯喀彻温一省的小麦产量就占全国3/5;艾伯塔省是大麦生产区,产量占全国1/2。东部的纽芬兰、新斯科舍省则以渔业为主。

第三,农产品依赖出口。所产小麦、牛肉和乳制品50%～80%要投入国际市场;谷物出口总量仅少于美国,居世界第二位。

第四,受气候影响大,产量不稳定。例如,2000年小麦产量为2690万吨,而2003年由于气候干旱,则产量下降到1568万吨。

1. 种植业

主要种植小麦、大麦、燕麦、玉米、大豆、亚麻籽等。其中种植面积最广、产量最多的是春小麦,其"硬粒红"春小麦是世界著名的优良品种。小麦、大麦、燕麦主要种植在中部草原三省,占全国产量的90%以上,因此艾伯塔、萨斯喀彻温、马尼托巴三省被称为加拿大"谷仓"。玉米、大豆作为饲料其种植地区与养牛、养猪地区相吻合,主要在安大略省,其玉米产量占全国3/4。西部的不列颠哥伦比亚省(BC省)由于境内多山,种值业主要在南部的温哥华地区。主要生产花卉、水果,是全国最大苹果生产基地。

2. 畜牧业

主要是养牛、养猪和饲养家禽。肉牛和猪的饲养主要在安大略省,奶牛的饲养主要在魁北克省,饲养的家禽主要是肉鸡、蛋鸡和火鸡,多分布在大城市的远郊区。

3. 林业

加拿大森林面积广阔,从纽芬兰岛向西经拉布拉多半岛、西北地区到育空地区的落基山脉上分布着茂密的针叶林,是仅次于俄罗斯的世界第二大针叶林地带,木材蓄积量约230亿立方米。全国分为北方、哥伦比亚、五大湖和圣劳伦斯等五大林区,其中安大略省、魁北克省和不列颠哥伦比亚省,木材的产量占全国1/2。从事林业的职工占全国就业人口的10%,林产品出口占出口总额的15%。

4. 渔业

加拿大三面环海,海岸线长达2.8万公里,其东部的纽芬兰海域与西部的太平洋海域均是著名渔场,渔场面积约30万平方公里。所产鳕鱼、温哥华蟹驰名世界。90%鱼产品供出口。捕鱼业主要在纽芬兰省、新不伦瑞克省和新斯科舍省。

(二)制造业

制造业是加拿大第二大产业,仅次于服务业。主要部门有钢铁、有色金属冶炼、木材加工、造纸、汽车、化工、纺织、服装、食品等。加拿大制造业中由于外资占比大,因此许多产品是由国外进口零部件进行组装,因此进出口量大。

钢铁工业中心是安大略省的汉密尔顿,2010年产钢铁1300万吨。

汽车工业是二战后新兴工业部分,2010年产汽车213万辆,主要由美资控制,生产中心是五大湖沿岸的温莎。

有色金属冶炼业主要是炼铝、镍、铅锌、黄金等。工业中心是萨德伯里和苏圣玛利等地。

加拿大由于林业资源丰富,造纸工业发达,其新闻纸的产量居世界第一位,也是重要的纸浆出口国。造纸工业分布在魁北克省、安大略省和不列颠哥伦比亚省。其中魁北克省产量占全国38%,出口量占44%,造纸工业中心是蒙特利尔。

服装、纺织、食品是加拿大主要轻工业部门,但纺织原料、棉花、羊毛需进口,主要纺织服装工业中心是蒙特利尔。食品加工主要是肉类和奶制品、粮食加工。

(三)采矿业

采矿业是加拿大重要的产业部分,其矿业产值仅次于俄罗斯和美国。其采矿业可分为三大部类,即金属矿开采,如铁、镍、铝、铂、黄金、白银等;非金属矿开采,如石膏、钾盐等;能源开采,如石油、天然气和煤炭等。石油、天然气开采主要集中在中部草原地区,如艾伯塔省的卡尔加里和埃德蒙顿等地。铁矿的开采主要在东部的拉布拉多半岛。矿产品绝大部分供出口。其石棉、镍、锌、银的产量居世界首位;石膏、钾盐居世界第二位;铁、黄金、铜、铀的产量居世界第三位。

五、对外贸易

加拿大是世界贸易大国,对外贸易在国民经济中占有重要地位。二战后,随着加拿大经济稳定地增长,尤其是20世纪70年代以来,对外贸易也以每年平均10%的速度增长。2010年其对外贸易总额已达7783亿美元,其中,出口3872亿美元,进口3912亿美元。

对外贸易的商品结构随着产业结构的调整和技术进步也发生了重大变化,初级产品出口比重下降,制成品比重不断上升。20世纪60年代以前,出口商品中初级产品占2/3,而目前初级产口已下降至1/5。目前主要出口商品是汽车、钢材、纸和纸浆、有色金属、木材及矿产品,农产品主要是小麦和肉类。进口商品是汽车及其零配件、机械设备、计算机、电子电器、纺织品、服装和食品。

加拿大贸易伙伴在日趋多元化的同时,却也相对集中。其中美国是其最大贸易伙伴,2004年双边贸易额6019.2亿美元,占加拿大对外贸易额的76%以上,第二大贸易伙伴是日本,第三大贸易伙伴是欧盟各国。

中国自与加拿大于20世纪70年代建交以来,双方贸易往来发展迅速,2005年双边贸易额已达326亿美元,目前加拿大是中国第十大贸易伙伴。

六、主要经济区

(一)中央区

中央区包括安大略省和魁北克省,面积占全国1/4,人口占全国3/5,制造业产值占全国4/5,是加拿大人口最稠密、经济最发达地区。首都渥太华、最大城市多伦多、第二大城市蒙特利尔和港口城市魁北克均在这里。主要工业有汽车、钢铁、木材加工、造纸、纺织、服装、采矿、机械制造等。农业以畜牧业为主,集约化程度高。

本区所以形成加拿大经济最发达地区,主要在于下述有利条件:

1. 是英、法移民最早到来的地区,也是联邦主体最早形成地区,开发历史久。
2. 本区具有丰富的森林、有色金属和铁等矿藏,为采矿业和制造业的发展提供了物质条件。
3. 濒临五大湖和圣劳伦斯河,水上运输、陆上运输均很方便,近通美国,远接欧洲,有利于对外经济贸易发展。
4. 紧邻美国五大湖工业带,美国各大跨国公司纷纷到加投资设厂,促进了本地区经济的发展。

本区的主要城市有:

渥太华,加拿大首都,人口115万,木材加工和造纸工业发达,近年来大力发展计算机等信息产业,有"北硅谷"之称。

多伦多,加拿大最大城市,位于安大略湖畔,人口约300万,主要工业有汽车、化工、电子等,金融、旅游等第三产业发达。邻近的尼亚加拉大瀑布是世界著名的旅游地。

蒙特利尔,加拿大第三大城市,位于圣劳伦斯河畔,主要工业有造纸、木材加工、纺织、服装、造船、石油化工等,是加拿大商业、金融工业中心,重要的小麦出口港。居民多为法裔,通用法语。

(二)草原三省

草原三省包括加拿大中部的艾伯塔、萨斯喀彻温和马尼托巴三个省,面积和人口约占全国1/5。本区在经济上突出特点是,这里既是加拿大小麦最大的产区,有"谷仓"之称;又是重要的石油、天然气产区。所产石油、天然气通过管道输往加拿大中央区、太平洋沿岸区和美国。主要城市有卡尔加里、埃德蒙顿、温尼伯等。

(三)太平洋沿岸区

本区主要包括太平洋沿岸的不列颠哥伦比亚省,面积96万平方公里,人口370万。本区地形以山地为主,气候由于受西风带和阿拉斯加暖流影响,沿海地区为典型的温带海洋性气候。居民多居住BC省的南部,以英裔移民为主。工业主要是木材加工,全区有1/2就业人员与林业相关。沿海捕鱼业发达。本区最大城市、最大港口是温哥华。它是仅次于多伦多、蒙特利尔的第三大城市,也是华人移民较多的城市。

※ 搜集、研读、分析和回答

1. 分析澳大利亚如何是一个既"古老"又"年轻"的国家。
2. 澳大利亚的产业结构与其自然地理环境有什么关系?
3. 搜集相关资料,了解加拿大这个国家形成和发展的历程。
4. 加拿大自然地理环境有何特点,这种特点对其经济区域发展可有何影响?

第十八章 新兴工业化国家——韩国、新加坡

第一节 韩国

一、从统一到分裂的国家

韩国全称大韩民国。位于朝鲜半岛南部,面积9.93万平方公里,约占朝鲜半岛总面积的45%,南北长约500公里,东西宽约250公里。三面环海,西隔黄海与中国相望,南临东海,东临日本海,北部与朝鲜民主主义人民共和国相接壤。首都是首尔。

1945年以前,现在的韩国与北部的朝鲜是一个国家。1910年,当时的朝鲜半岛被日本占领,成为日本的殖民地。二次大战后,朝鲜半岛虽摆脱了日本的殖民统治,获得了独立,但其北半部却被苏联占领。南半部被美国占领,双方以38°N为界。1948年8月15日,在美国占领区首先宣布成立"大韩民国",同年9月9日,苏联占领区成立了"朝鲜民主主义人民共和国",从此一个统一的国家就走向了分裂。更令人痛心的是分裂的南北朝鲜又从1950~1953年发生了"朝鲜战争",把双方推向至今仍然严重对立的深渊。

直至20世纪70年代,随着世界政治局势趋向缓和,为南北双方走向和解提供了有利的国际环境。1985年,首先在双方红十字会代表预先安排下,实现了南北50位离散家属的互访。1994年,韩国总统金泳三与朝鲜主席金日成决定举行首脑会议,后因金日成逝世而被迫中断。金大中继任总统后,提倡"阳光政策",继续促进南北和解,终于在2000年6月访问了平壤,双方同意发展南北双方关系,促进祖国的和平统一,并继续实施离散家属的互访。2003年卢武铉接任总统后,仍然继续实行"和解政策",但李明博继任总统后南北关系走向了恶化,至今仍无和缓的迹象,国家的统一更是遥遥无期。

二、自然地理环境

韩国是一个半岛国家,三面环海,海岸线全长 5200 多公里,东部海岸由于太白山直逼海岸,海岸平直,缺少优良港湾,西海岸和南部海岸由于沿岸地形多为平原,海岸较为曲折,多有优良的港湾,如釜山、仁川、木浦等港口,均在西海岸与南部海岸。

全国 70% 的面积为山地与丘陵,主要山脉有太白山、庆尚山脉等。平原多在西部和南部各大河下游,如汉江平原、洛东江平原等。山地多,平原少,导致宜耕土地少,对农业生产不利。地势由东北向西南降低。

韩国气候属东亚季风性气候,是大陆性季风与海洋性季风气候的过渡型。冬夏长,昼夜温差大,春秋短。最热月为 8 月,平均气温 19℃~27℃;最冷月为 1 月,平均气温 -8℃~7℃ 之间。受季风影响,冬季刮东北风,寒冷干燥;夏季吹东南风,降水多,全年降水量约 1000~1500 毫米,降水集中分布在 6~9 月。春季常有来自大陆的沙尘天气。

韩国河流有汉江、洛东江和锦江。洛东江是其最长河流,全长 525 公里;汉江全长 514 公里。河流多发源于东北部的山地,向西、向南流入黄海和东海。河流上游流经山地,落差大,水流急,水力资源丰富。河流下游流经平原,水流缓慢,泥沙淤积严重,虽不利于航行,但对农田灌溉有利。

韩国资源相对贫乏,主要矿产有铁、钨、铅锌、石墨、莹石、高岭土等。但工业生产中所需的煤炭、石油、天然气、铁矿石等均依赖进口。

三、居民、政体和行政区划

韩国现有人口约 4800 万,人口平均密度为每平方公里 500 人,是世界上人口稠密的国家之一。二战后,由于经济的发展、人民生活水平提高,人口总数在不断增长的同时,人口增长率却在不断下降,人口自然增长率至今已下降到 0.6%。随着人口出生率和死亡率的下降,人口老龄化加剧。据统计,65 岁老年人所占比例到 2002 年已达 7.9%,老龄化加大了劳动力短缺的压力。随着工业化的进展,城市化水平不断提高,城市人口所占比重已达 80%。首都首尔的人口已达 1000 万。

韩国民族单一,全国人口中除外来移民外,几乎全部为朝鲜族(大韩族)。

韩国实行西方国家三权分离的政治体制。国会是立法机构,实行一院制。行政机构实行总统领导下的内阁制,总统是国家内政、外交、军事安全政策的最终决策者。总统之下设有总理领导下由各部部长组成的国务会议来行使具体的行政权力和办理行政事务。

司法机构是大法院、高等法院和各种各级地方法院。韩国的行政区分为一个特别市(首尔)、九个道(京畿道、江原道、忠清北道、忠清南道全罗北道、全罗南道庆尚北道、庆尚南道等)和六个广域市(釜山、大邱、仁川、光州、大田、蔚山)。二级政区叫界、洞、面。

四、"汉江奇迹"——战后经济的腾飞

1948年韩国刚刚成立时,由于遭受了35年的殖民统治,经济十分落后,人民极端贫困。20世纪50年代初又受到朝鲜战争的破坏,到1960年时人均GDP仅87美元,几乎没有任何现代工业,是一个十分落后的国家。1962年,韩国在美国扶持下开始实施"五年计划",大力发展出口导向的外向型经济,适时调整产业结构,努力提高人才素质,创造了所谓的"汉江奇迹"。这种奇迹主要表现在:

1. 国民生产总值与人均国民产值大幅度增长。1962年其GDP仅23亿美元,而2011年达到1.12万亿美元;人均GDP增长到22428美元。

2. 产业结构不断优化。第一产业在国民经济中所占比重已由1970年的31.5%,下降到2002年的5%;第二产业却由14.7%上升到36%;第三产业则由53.8%上升到59%。

3. 对外贸易迅速增长。1985年其进出口额为614.19亿美元;而2010年其对外贸易额为8916亿美元,其中出口额为4664亿美元、进口额为4252亿美元。

4. 主要产品产量跻身于世界前列。钢铁产量仅少于中、日、美、印、俄,居世界第六位;船舶年下水吨位少于日本,居世界第二位。汽车年产量居世界第五位;是世界上重要的电子信息产品生产国。

韩国战后"经济奇迹"的产生得益于有利和国际环境的国内实施的正确经济发展战略。

(一)国际因素

1. 在"战后"冷战时期,美国出于战略上的需要,给予韩国大量的经济与技术援助。

2. 20世纪70年代以前,国际市场上能源、原材料供应充足、价格低廉,有利于资源贫乏的韩国发展出口加工工业。

3. 20世纪70年代以后,美国等发达国家开始调整产业结构把劳动密集型和资本密集型工业向韩国转移,为韩国引进资金和技术提供了有利条件。

4. "战后"国际贸易自由化,韩国利用其发展中国家的地位,其出口商品享受发达国家"普惠制"关税待遇,有利于其产口出口,从而推动了其出口加工工业的发展。

(二)国内条件

1. 制定正确的经济发展战略,适时调整产业结构

1953年朝鲜战争结束后,韩国经济十分困难,韩国政府为了恢复经济,满足人民群众对基本生活用品的需要,就采取了"进口替代"战略,力图在自力更生发展民族经济的基础上,满足国内需求。而"进口替代"战略,对韩国这样一个资源贫乏、技术落后、缺乏相应工业基础的国家并不适宜,因为要实现"进口替代",就要实行限制外国商品进口,对本国市场采取贸易保护政策,以防止外来商品的竞争。如此一来,其结果是保护了落后,因民族企业无竞争压力,所以,效率低下,成本上升,技术落后,产品产量低,质量差。许多商品仍需进口,反而造成大量外贸逆差。鉴于上述弊端,韩国政府在20世纪60年代以后及时调整了经济发展战略,由"进口替代"转为"出口导向",即开放本国市场,大量引进国外资金和技术,利用本国廉价的劳动力,发展出口加工工业,扩展对外贸易,打入国际市场。这一战略的转变,既解决了资金短缺的问题,又引进了先进技术,同时打开了国外市场,从而加快了韩国经济的发展,"一五"计划期间,韩国GDP年均增长率为7.8%,而到"二五"、"三五"计划时则提高到10.5%和11.2%。适时调整产业结构是指,20世纪60年代实现了从以农业为主导向以轻纺等劳动密集型工业为主导的转变。20世纪70年代以后,面对劳动密集型产品附加价值低、劳动成本上升等弊端,韩国又把产业向资源和资金密集型产业转移,大力发展钢铁、造船、轻型机械、化工等重化工业,以提高产品的附加值和产品的技术层次。进入20世纪80年代,随着世界信息产业的蓬勃发展,韩国又及时把产业结构由重化工业向知识和技术密集型转移,大力发展电子、通信、生物工程等高技术产业。正是由于产业的不断升级,不但提高了韩国产品在国际市场的竞争力,而且提高了企业的效益,增加了收入,使韩国经济进入到新兴工业化国家行列。

2. 实行政府干预与市场调节相结合的经济管理体制。建国初期,韩国在国内物资短缺、民族企业尚未充分发展、市场机制等不完善的情况下,为了保证稀缺的资源得到有效的利用和分配、保证重点项目的建设、加快经济增长的速度,有必要加强国家对经济活动的管理和引导,为此韩国通过"经济企划院"等行政机构,制定经济计划,加强对经济进行宏观调控,以保证国家计划的顺利执行和民间企业的有序发展和壮大。20世纪80年代以后,随着市场机制的日益完善和私人企业的日益壮大,政府过多地干预必然不利于经济的发展,韩国又开始减少政府行政的干预,充分发挥市场的调节作用。这种以市场调节为主、国家宏观干预为辅的机制,有利于经济的发展。

3. 重视教育,努力提高人才素质。朝鲜战争结束后,当国家把发展经济作为指导目标时,韩国政府就把发展教育放在重要地位。不断增加教育经费在政府

预算支出中的比例,教育经费的支出仅少于军费的支出,占政府支出的第二位。在普及义务教育的基础上还注重在职员工的技能培训,以适应新技术发展的需要。

4. 注重先进技术的引进和自主研发。20世纪60～70年代,韩国把引进先进技术放在首位,到80年代以后,随着自身经济技术实力的增强,政府又鼓励企业走自主创新、自主研发的道路。国家设立科学技术委员会来协调和促进国家科学技术的发展,制定国家科学技术的规划。国家加大对科学技术的资金投入和政策支持,鼓励企业成为技术研发的主体,促使企业通过技术进步来适应产业和产品结构的调整,不断提高企业自身的竞争力。

五、主要产业部门

(一)农业

二战前,统一的朝鲜是一个落后的农业国。二战后,韩国采取了"先工业化,后农业现代化"的方针,导致了农业发展滞后,出现了农业用地迅速减少、农民入不敷出、城乡差距日益扩大、农民弃农严重等问题,使韩国出现大米、小麦、玉米、大豆等农产品均依赖进口的不良后果。为了扭转这种局面,近年来,韩国政府开始调整农业政策,以促进农业发展。主要措施:

1. 增加农业的投入,以技术进步来推动农业发展。

2. 加强水利、农田基础设施建设,推广先进的农业生产技术,大力培养农业科技人才。

3. 鼓励大型工业企业与农村挂勾,相互支援,开展"一村一社"运动。

4. 成立返乡运动委员会,鼓励城市失业人员返乡务农。

5. 鼓励规模经济,提高单位面积产量。

6. 开放大米市场,利用竞争机制,激励本国稻米生产。

韩国的种植业主要种水稻,稻米的产值约占农业总产值的30%,水稻的产量本世纪初已达551万吨,国内基本自给。其他农产品如小麦、玉米、大豆产量在不断下降。水稻等农作物主要种植区为汉江、洛东江等平原。

畜牧业主要是养牛、养猪和养鸡。但玉米等饲料要靠进口。

(二)工业

经过数十年的发展,韩国已从一个落后的农业国,变为一个工业部门齐全、体系完整、技术先进的现代化工业国。工业实现了从劳动密集型向知识、技术密集及资本密集型的转变。其工业有下列特点:

第一,20世纪80年代以后,工业已由劳动密集型向资本和技术密集型转变。电子、汽车、机械、船舶等工业成为工业的骨干,重化工业上升,轻工业下降。

第二,许多工业产品产量居世界前列,如船舶、汽车、家电、钢铁等主要工业品均居世界前六名以内。

第三,工业技术水平与美、日等发达国家相比仍有一定差距。如以自主研发能力来分析,美国自主研发能力设定为100,日本为90.8,而韩国则为72.3。韩国工业生产仍以机械加工和引进组装为主,其核心零配件或加工设备仍然靠引进。

1. 钢铁工业

韩国钢铁工业是20世纪60年代以后发展起来的,60年代,全国钢铁产量不足20万吨,而到本世纪初(2002年)产量已达4544万吨,少于中、日、美、俄,居世界第五位。韩国钢铁生产原料铁矿砂、煤炭等依赖进口,因此钢铁厂多布局在沿海港口。其中位于东海岸的浦项钢铁厂是全国最大钢铁厂,其次是位于南部的光阳钢铁厂。2010年钢铁产量5900万吨,居世界第六位。

2. 电子信息工业

电子信息工业是韩国主要产业之一,其产值居世界第六位。生产各种家用电器、计算机、通信设备、集中电路、电脑芯片等,产品大量出口。电子信息产品的生产主要由三星、LG、大宇等财团控制。近年来,韩国电子信息企业纷纷到东盟、中国、拉美等地投资设厂,以降低成本,开拓国外市场。本国电子信息工业主要布局在首尔、釜山、光州、仁川、马山等地。

3. 汽车工业

汽车工业也是韩国支柱工业之一。1970年产量仅2.9万辆,1990年就增长到132万辆,2010年产量为465万辆,居世界第五位。汽车品种以小轿车为主,约占全部产量的2/3。汽车生产由现代、起亚、大宇、双龙等公司控制。汽车工厂主要在蔚山、釜山、光州、仁川等地。

4. 造船工业

20世纪60年代以后,随着钢铁产量的不断增长,韩国造船工业也得到了迅速发展。1980年船舶订单数量为169万吨,而到2003年已达1675万吨。造船工业主要由大宇造船、三星重工、三湖重工、现代重工所控制。造船厂主要分布在蔚山、釜山、浦项、木浦、仁川等地。

5. 机械制造

韩国机械工业主要生产电气设备、动力机械、通用机械、农业机械、机床等产品。自1973年创建昌原综合机械工业基地后,其机械工业无论在铸造、锻造、焊接、金属切割等工艺上已与美日等发达国家无差距。目前在新产品设计、表面处理和新材料研制上仍不如美、日等发达国家。主要机械工业中心是仁川、光州、大邱、釜山、马山等地。

6. 纺织和服装工作

韩国是世界主要纺织品生产国和出口国之一,棉、毛、麻、丝、化纤纺织均较发达。其技术水平已接近发达国家,但在服装设计,面料的透气、防火、防臭等处理上与发达国家仍有差距。国内最大纺织工业中心是首尔。

六、对外贸易

韩国是一个加工贸易国,对外贸易是国民经济的生命线。从20世纪60年代初实施"一五"计划时起,韩国就提出了"以五大洲为舞台,在全世界做买卖"的口号,为此建立了健全的外贸管理体制,培养了一批有竞争力的企业集团。对外贸易由1962年出口额仅5670万美元,到1991年已增至718.7亿美元。2010年韩国对外贸易金额为8916亿美元,其中,出口额为4664亿美元,进口额为4252亿美元。2000年以前韩国对外贸易多数年份为逆差,进入新世纪韩国对外贸易多为顺差。

出口商品的结构随着产业结构的调整,其骨干商品也在不断地变化与提升。1962年,初级产品出口占出口总额的72.6%,制成品占26.3%,重化产品只占7.1%。1996年初级产品下降到4.3%,而制成品占95.7%。制成品中轻工业品下降到33%、重化工业品上升到62.7%。目前出口居前十位的商品是汽车、半导体、船舶、无线通信设备、计算机、石化制品、家用电器、汽车零部件等。

进口商品中石油是最大宗商品,其后是半导体、天然气石油制品、机械、煤炭,农产品主要是玉米、小麦和大豆。

20世纪60年代以前,对外贸易伙伴主要是美国、日本等少数国家,现在已经实现多元化。特别是1988年推行"北方外交"政策以来,韩国与中国、俄罗斯、东南亚等国的贸易关系迅速发展。1995年,其对发展中国家出口已超过对发达国家出口。目前韩国出口市场居前五位的是中国、美国、中国香港、中国台湾和日本。主要进口市场是日本、美国、沙特阿拉伯、中国和澳大利亚。

中国与韩国自1992年正式建交以来,双边贸易得到了迅速增长,目前中国已是韩国最大贸易伙伴。韩国从中国进口米、水泥、煤炭、石油、棉花等原料以及纺织品、饲料食品,黑色金属。韩国向中国出口钢材、化工原料、电子产品、皮革、纸张等。

七、主要城市

首尔,原名汉城,2005年更名为首尔,是韩国首都,位于汉江北岸,人口1000多万。1394年李氏王朝迁都于此,称城府。是全国的政治、文化中心和海陆空交通枢纽,工业有食品、纺织、机械、石化、冶金、造纸等。名胜古迹有景福宫、德寿宫、昌庆苑和塔公园等,由于宫殿众多,有"皇宫之城"的美誉。

釜山,韩国第二大城市,最大港口,人口约320万,位于朝鲜半岛的东南端,面临朝鲜海峡,西北山地耸峙,南有岛屿屏障,是著名的深水良港,也是南部重要的铁路枢纽,工业中心。主要工业有纺织、炼油、化工、造船、金属加工等。

仁川,旧名济物浦,位于朝鲜半岛江华湾东岸,距首尔约40公里,有铁路、公路与首尔相连,是首尔的外港。原为一个小渔村,1883年开辟为港口,外有小岛屏障,并筑有防波堤。工业有食品加工、船舶、纺织、陶瓷、钢铁等。朝鲜战争中,由于美军在此登陆而闻名世界。海滨及沿海岛屿是旅游胜地。

第二节 新加坡

一、地理概况

新加坡全称新加坡共和国。古称淡马锡,原是马来西亚柔佛王朝的一个小渔村,公元11世纪时,当圣尼罗乌达玛王子抵达新加坡岛时,看见一头类似狮子的怪兽,认为吉祥,便在这里做了国王,取名"狮子城"。1824年沦为英国殖民地,1959年成为英国属下的自治领,1963年与马来西亚合并成为马来西亚联邦的一个部分,1965年脱离马来西亚宣布独立,并于同年8月宣布成立新加坡共和国。

新加坡位于马来半岛以南的新加坡岛上,全部领土由新加坡岛及周围50多个小岛组成,面积647平方公里,其中新加坡岛面积占全国面积的92%。

新加坡地理位置十分优越。北隔柔佛海峡与马来西亚为邻,海峡最窄处仅1200米,现今筑有长堤使新加坡与马来西亚相连,便利新加坡与亚洲大陆其他国家陆上的往来。南隔新加坡海峡与印尼领土相望,最窄处仅16公里,是进出马六甲海峡必经之地。马立甲海峡由于是太平洋到印度洋的咽喉要道,具有十分重要的经济和战略意义。新加坡独立后,经济的腾飞正是得益于濒临马六甲海峡这个地理优势。

新加坡面积虽小,但地形、气候条件优越。地势平坦,全岛平均海拔高度仅17米,最高处也仅有166米。由于位于赤道附近,纬度低,全境属于热带海洋性气候。年平均温度在23℃~33℃之间,年均降水量2400毫米,温差小,降水季节均匀,没有台风、地震等自然灾害的威胁。但土地、矿产等资源贫乏。

新加坡现有人口435万,其中华裔占77%,其他为马来人、印度人、巴基斯坦人等民族。由于面积小,人口密度大,每平方公里6000人。由于新加坡是个城市国家，农矿业人口占总人口的0.3%。

新加坡使用多种语言，其中马来语为国语，英语和汉语均为官方用语。

新加坡实行三权分主的政治体制。总统是国家名义元首，政府实行总理领导下的内阁制，总理是国家权力的真正代表，议会是立法机构，法院是司法机关。自独立后人民行动党始终是执政党。现任总理是李显龙。

二、经济发展历程

二战前，新加坡由于长期遭受英国和日本的殖民统治，加上国土面积狭小、资源贫乏，因此经济十分落后。不但没有现代的工业，而且由于面积小、土地少，农业也不发达，只是充当了英国设在东南亚的一个转口贸易基地。即从欧洲输入工业品分销到东南亚各地，后从东南亚各国收购农矿产品再输往英国。

1959年新加坡独立后，执政的人民行动党积极推行国家工业化政策，并在工业化过程中带动金融、贸易、旅游和运输等相关产业的发展，力图尽快摆脱经济落后的面貌。从1961~1990年先后实施了一个"五年计划"和两个"十年计划"，到20世纪90年代中期，新加坡已形成一个以服务业和知识技术密集型工业为主的新兴工业化国家。2011年其GDP总量已达2598亿美元，人均GDP已越过5万美元。1996年亚太经合组织已把新加坡列为发达国家。

新加坡独立后，其经济发展历程大致经历下述几个阶段：

1. 1959~1966年为"进口消费品替代"阶段

新加坡独立后，为了改变单纯依赖转口贸易、一切消费品均依赖进口的落后面貌，政府决定首先发展日用品生产，满足本国生活需要，并增加就业。为此政府对凡是从事"进口替代"的企业均实行免除所得税、提供信贷支持、提高关税、防止国外商品竞争的措施，给予鼓励和支持，并且在裕廊建立工业区，提供健全的基础设施，吸引企业从事生产。

2. 1967~1979年是实行"资本货物进口替代"阶段

大力发展炼油、造船等资本密集型的工业和电子电器、医药、通信等高附加值工业，并构建亚洲美元市场。为此政府建立出口加工区，对区内企业实行优惠，放松外汇管制，鼓励外资到新加坡兴办上述产业；放松资本货物进口管制，以引进先进技术设备。

3. 1980~1986年是劳动密集型产品出口阶段

经过20年的发展，新加坡已建立了一定的工业基础，一些日用消费品不但能满足本国需要，而且能供应出口。在外汇不断增加的基础上，新加坡政府又鼓励向技术密集型产业升级，例如，实施了对从事技术研发可享受加倍的税收减免、对固定资产投资可享受50%的投资补贴等多项优惠措施。

4. 1986年以后新加坡进入出口资本货物阶段

在大力发展计算机、机器人、集成电路、生物技术等高技术产业的基础上,大力推行国际化、自由化、高科技化和以服务业为中心的"三化一中心"的经济发展战略,促使经济可持续稳定增长。

由于新加坡在不同时期采取了既适应本国国情、又符合国际经济发展趋势的经济发展战略,经过40多年的发展,已形成了以制造业为核心、以服务业为主导、以农业为辅助的多元化产业结构,使国民经济获得了稳定增长。

据统计,20世纪60~70年代,新加坡的GDP年均增长率为9%,90年代前半期更高达10%以上,1997年东南亚金融危机时,虽曾大幅度下降,但从2000年起GDP的增长率又恢复到4%以上。

三、主要产业部门

(一)制造业

炼油、电子电器、运输设备是新加坡制造业的三大支柱。制造业产值约占GDP的28%~30%左右。

1. 炼油业。炼油业起步于1961年,目前日炼油能力为110万桶,是仅次于美国休斯敦、荷兰鹿特丹的世界第三大炼油基地。但自1985年以后炼油业开始衰退,炼油业在国民经济中的地位下降。为了转变这种状况,近年来新加坡加强与英荷壳牌,美国埃克森、美孚等国际"石油巨鳄"的合作,调整投资结构,更新炼油设施,开发新产品。目前炼油工业产值仍占制造业产值的15%左右。

2. 电子电器制造业。自1993年以后,电子电器业已成为新加坡制造业中产值最大、就业人员最多的部门,其产值约占整个制造业产值的45%左右。其电子电器工业已从简单的组装,发展为自主研制、设计和生产。目前是世界上电脑磁盘驱动器和集成电路的重要生产国之一。电子产品出口占工业品出口的2/3。

3. 修造船业。修造船业是新加坡独立后首先发展的工业部分之一。全国有大小船厂50多家,能造1500吨至万吨级货船和10万吨的油轮,全国有20多座干船坞,可修理40多万吨油轮。在造船工业的基础上又发展了海上钻井平台生产。20世纪80年代以后,随着韩国、中国造船业的兴起,造船业在新加坡工业中地位下降,目前只占工业产值的5%左右。

新加坡的制造业在地域分布上分为内外两个环带。内环带主要分布在城市区,以轻工业为主。外环带主要分布在城市的郊区,其中以位于新加坡岛西部的裕廊工业区最为集中。裕廊工业区面积约36平方公里,南部沿海是钢铁、炼油、造船、水泥、发电为主的重化工业区;北部为轻工业区;东北部为职工生活区。各区之间有小山或人工湖相互隔开,既有利相互联系配合,又不相互干扰,布局十分合理。

(二)海运业

新加坡是世界著名的深水良港,水深达 8~11 米,风速与潮差小,又处在马六甲海峡入口处,因此从独立后新加坡就大量发展海运业。目前有 5 个码头、100 多个泊位,其中 4 个是集装箱码头,年装卸集装箱 2000 万 TEV,居世界第一位或第二位。全港有 400 多条航线,通往 130 多个国家和地区。

(三)金融业

新加坡位于东盟各国的中心地带,而东盟目前又是经济发展迅速的地区之一,因此,大力发展金融服务业,为本地区利用外资、出口货物提供金融支持和服务就成为新加坡经济发展的必然选择。目前在新加坡有 6000 多家跨国公司的分支机构和 130 多家外资银行在此设立办事机构。并同纽约、东京、伦敦、香港等金融中心有频繁的业务往来和信息交流,为各类企业提供贸易结算、投资、融资等的服务和咨询。

(四)旅游业

新加坡风景秀丽,气候宜人,人员素质高,交通方便,对发展旅游业十分有利。其服务设施和服务水平已达世界一流水平,每年进出境旅客约 1000 万,年收入约 90 亿美元。新加坡旅游业形式多样,除观光游外,还兴办各种商务旅游、会议游,以及举办各种招商会、研讨会和展览会。

(五)农业

新加坡国土面积小,耕地少,农业在国民经济中不占重要地位,农业产值只占 GDP 的 0.2%,居民所需食品大部分需要从马来西亚等国进口。当地农业主要以从事花卉养植、近海养殖和饲养家禽为主。1985 年以后,新加坡政府划拨 2000 公顷土地,兴办各种农业科技园,力图发展高效、高科技农业。现已在罗央、淡宾尼、义顺等地建有农业科技园。

四、对外贸易

新加坡以贸易立国,2011 年新加坡的 GDP 总量为 2598 亿美元,而当年进出口总额却高达 6627 亿美元,是国内生产总值的 2 倍多,这在世界上都是不多见的。其对外贸易有下述特点:

1. 转口贸易占很大比重

新加坡独立初期转口贸易几乎占其对外贸易总额的 90% 以上,20 世纪 80 年代以后由于自身工业的发展,开始努力发展与别国的直接经济贸易往来,从而使转口贸易所占比重不断下降,但仍占有很大比重。例如,2000 年新加坡对外贸易总额的42.8%是通过转口实现的。例如电子产品当年转口贸易额为200.4亿美元，占该类产品进口额的62%。主要转口对象为马来西亚、泰国、美国、日本、韩国、中国、中国香港和中国台湾等。

2.随着本国工业化的发展，本国产品在出口商品构成中所占比重不断上升

据2000年统计，机电产品出口额为930.46亿美元，其中转口贸易额为432.25亿美元，自产产品为498.31亿美元，已占出口额的53.6%；电子产品出口额为372.7亿美元，转口贸易额为200.4亿美元，自产产品占46.4%。

3.进出口商品结构和地区结构在日趋多元化的同时，却又表现为相对集中

进口商品主要集中在机电产品，如电子零配件、电机、工业机械、汽车、飞机、无线电接收设备、原油、化工产品、烟草、食品等，其中机电设备进口就高达818亿美元、原油87.4亿美元。出口产品主要是电子产品和机电产品，金额高达930.46亿美元，占当年出口额的67.6%，其次是石油制品、化工产品等。

从地区结构来看，居进口前十名的国家依次为日本、马来西亚、美国、中国、中国台湾、泰国、韩国、沙特阿拉伯、德国等。出口的主要国家（地区）为马来西亚、美国、中国香港、日本、中国台湾、泰国、中国、韩国、德国、荷兰等，约占出口总额的75%。

4.发达国家在新加坡设立的分公司是转口贸易的主力军

目前在新加坡设立的跨国公司分公司多达5000多家、区域性总部200多家，主要集中在电子、炼油和石油化工等工业部门。这些分公司把在中国台湾、中国、韩国、马来西亚等国生产的电子产品及零部件，通过新加坡转口到世界各地。

※ 搜集、研读、分析和回答

1.分析韩国、新加坡战后经济腾飞的国际与国内主要条件。

2.什么叫"进口替代战略"和"出口导向战略"，主要内容是什么，有何弊端，有何益处？

3.新加坡如何利用地理位置优势发展经济，其产业结构与所处地理环境有何关系？